SV

Rolf Lindner

Die Entdeckung der Stadtkultur

Soziologie aus der Erfahrung der Reportage

Suhrkamp

Erste Auflage 1990

Satz: Otto Gutfreund, Darmstadt
Druck: Wagner GmbH, Nördlingen
Printed in Germany

CIP-Titelaufnahme der Deutschen Bibliothek
Lindner, Rolf:
Die Entdeckung der Stadtkultur:
Soziologie aus der Erfahrung der Reportage / Rolf Lindner. –
1. Aufl. – Frankfurt am Main: Suhrkamp, 1990
ISBN 3-518-58020-5

Inhalt

»His favorite professor at the University of Chicago, Robert Park, had told Allan that he was an intelligent young man with closed eyes. Allan was working at getting them open, but it was hard to satisfy Mr. Park. Around the seminar table, whenever Allan or some of the other graduate students ventured an opinion, they risked having Mr. Park look at them owl-eyed and inquire, ›Vas you dere, Cholly?‹«

Nicholas von Hoffman, Organized Crimes

Ohne Wolf Lepenies, der mich immer wieder bestärkt und unterstützt hat, wäre diese Arbeit nicht verwirklicht worden. Dafür danke ich ihm. Mein Dank gilt ferner Hermann Bausinger, Hans Peter Dreitzel, Hans Joas und Joachim Moebus für Rat und Tat. Martin Bulmer, Paul M. Hirsch, Edward Shils und vor allem Donald N. Levine haben mir Zeit für Gespräche gewährt; ich hoffe, sie bedauern es nicht. Elizabeth Clemens, Wendy Espeland und Bruce Carruthers haben dafür gesorgt, daß ich mich in Chicago unter Freunden fühlen konnte. Das Special Collections Department, Joseph Regenstein Library, University of Chicago, war eine unerschöpfliche Quelle; die Bibliothek des John-F.-Kennedy-Instituts für Nordamerikastudien, Freie Universität Berlin, hat mir meine Arbeit sehr erleichtert. Die Fritz Thyssen Stiftung (Köln) hat den Abschluß der Arbeit auf großzügige und unbürokratische Weise gefördert. Nicht zuletzt gilt mein Dank Gudrun, die das Manuskript kritisch durchgesehen, und Sarah, die es liebenswerterweise verschont hat.

Einleitung

Das erste, was man mir bei meinem Forschungsaufenthalt in Chicago auf dem Campus der *University of Chicago* unter die Nase hielt, war die wöchentliche ›crime map‹, die in der Studentenzeitung *The Chicago Maroon* veröffentlicht wird.
Die ›crime map‹ ist ein Plan des Unigeländes und des anschließenden Wohngebietes zwischen der 47. und der 60. Straße, auf dem die wöchentlichen Delikte mittels Piktogrammen lokalisiert werden: von der Körperverletzung bis zur sexuellen Belästigung, vom Einbruch bis zum Straußenraub. Burgess und Park hätten ihre Freude an der Karte gehabt, freilich eine gespaltene, findet doch die Technik, die sie zu einem Markenzeichen der Chicagoer Stadtsoziologie machten – das »mapping« – nun auf die eigene »natural area« und unter nicht gerade erfreulichen Vorzeichen Anwendung. »The Savage Hits Back«?
Das Ganze, inklusive der Sicherheit versprechenden, den Fremden aber eher verunsichernden Reihe weißer Nottelephone auf dem Campus, die den Passanten mit der nächsten Polizeiwache verbinden, mag vor allem der Vorbeugung dienen, mag sogar ein Stück weit auf die von Raeithel als typisch für die amerikanische Mentalität bezeichnete Angstlust zurückzuführen sein; Tatsache bleibt, daß der Campus heute eine Insel nicht nur der Gelehrsamkeit, sondern auch der Wohlhabenheit inmitten von Wohngebieten der schwarzen Bevölkerung bildet. Die ökologischen Prozesse, die die Chicagoer in den 20er Jahren so detalliert nachgezeichnet haben, haben auch ihre Arbeits- und Lebenswelt nicht ausgespart, auch wenn ihnen trutzig vor den Toren des Campus Einhalt geboten wurde.
Unwillkürlich habe ich mich gefragt, was wohl Robert Park angesichts des wohlmeinenden Ratschlags getan hätte, sich in westlicher Richtung möglichst nicht jenseits des Cottage Grove zu begeben, er, der so sehr das »nosing around«, das

Herumbummeln und Herumschnüffeln, liebte und zu einer empirischen Kunst entwickelte. »Sie müssen sich Park als einen unermüdlichen Fußgänger vorstellen, der die Stadt Chicago kreuz und quer nach allen Richtungen hin durchstreift und seine Beobachtungen notiert«, schreibt René König in seinem Abriß über »Die Pioniere der Sozialökologie in Chicago«. Das erinnert an Riehls »Wanderstudium« und an die Figur des Flaneurs, wie sie von Walter Benjamin gezeichnet wurde.

Um dieses »nosing around« soll es im folgenden gehen. Im Zuge der gegenwärtigen Renaissance der Chicagoer Soziologie in Europa, nicht zuletzt ein Reflex der neuen Sehnsucht nach Urbanität, wird vor allem an die Tradition der naturalistischen Beobachtung angeknüpft, die als das methodische Erbe der Chicagoer Soziologen angesehen wird. Was freilich auf die Wiederentdecker, gerade in unserer methodenbewußten Zeit, etwas irritierend wirkt, ist die Tatsache, daß Park, der als Inspirator der naturalistischen Beobachtung Chicagoer Prägung gilt, äußerst selten Stellung zu Fragen der Forschungsmethoden bezogen hat.

Statt diesen Zustand zu beklagen, wäre es an der Zeit zu fragen, ob diese ›Abstinenz‹ nicht als ein Indiz für ein besonderes Verständnis vom Vorgehen zu nehmen ist. Was Park zur heutigen Methodendiskussion sagen würde, darüber kann naturgemäß nur spekuliert werden, aber in René Königs Bemerkung, daß Parks einzigartige Kunst darin bestand, »daß er im Gegensatz zu den späteren mit schwerer Forschungstechnologie ausgerüsteten Soziologen *noch mit bloßen Augen zu ›sehen‹ verstand*«, steckt mehr als ein Gran an Wahrheit (König 1984, S. 28; Hervorhebung i. O.). Worum es Park in der Lehre offensichtlich ging, war, den Studenten die Kunst des »Sehens« zu vermitteln, und das hieß allererst die Scheuklappen loszuwerden, mit denen sie durchs Leben gingen. »Go into the district«, »Get the feeling«, »Become acquainted with people«, in diesen aus heutiger Sicht banal anmutenden Anweisungen ist die fundamentale Prämisse der Chicagoer Soziologie enthalten, das Studierzimmer zu verlassen und sich in das ungesicherte Terrain des »wirklichen Lebens« zu begeben.

René König ist zugleich einer der Wissenschaftler, die das vertreten, was ich die *Entlehnungsthese* nennen möchte, die Behauptung nämlich, daß es die Ethnologie sei, die mit ihrem Feldforschungsparadigma das Vorbild für die soziologische Ethnographie stellte. Robert Park selbst hat zu dieser Entlehnungsthese nicht unwesentlich beigetragen. In einer der wenigen Passagen seines Werks, in denen er auf die Methodenfrage explizit eingeht, in seinem Aufsatz »The City: Suggestions for the Investigation of Human Behavior in the Urban Environment«, vergleicht er das Vorgehen des Großstadtsoziologen mit den geduldigen Beobachtungsmethoden, die Ethnologen bei der Untersuchung primitiver Kulturen anwenden.

Es ist in diesem Zusammenhang nicht unwichtig, den Zeitpunkt der Veröffentlichung des Aufsatzes, das Jahr 1925, zu beachten. Die großen, auf Feldforschung beruhenden Monographien von Malinowski und Radcliffe-Brown sind erschienen, die berühmte Einleitung von Malinowski, die ihm den Ruhm des Begründers der teilnehmenden Beobachtung einbrachte, liegt vor und, last not least, arbeiten in Chicago im *Department of Sociology and Anthropology* Soziologen und Ethnologen (noch) unter einem Dach. Gründe genug also, um der Vermutung zuzustimmen, daß die Soziologie in den forschungsleitenden Prinzipien von der Ethnologie inspiriert wurde. Aber schon Parks Lieblingswendung zur Charakterisierung des Vorgehens, »nosing around«, die, gemessen an den Standards der *scientific community*, wenig seriös klingt, sollte uns stutzig machen. Gewiß haben auch Ethnologen ihre Nasen in Sachen gesteckt, die sie nicht unbedingt etwas angehen, aber dies haben sie zumindest durch Begriffskosmetik kaschiert. Die etwas derbere Ausdrucksweise hat andere Quellen: »nosing around« ist eine Wendung aus dem Reporter-Jargon.

Mit dieser Arbeit soll der Nachweis erbracht werden, daß sich die von Park vertretene Ausrichtung der Großstadtforschung letztlich der Tradition der Reportage verdankt. Das ist insofern nicht verwunderlich, als Park nach Erwerb des B.-A.-Grades von 1887 bis 1898 selber als Reporter und Redakteur in New York, Chicago, Detroit und anderen Großstädten tätig war. In Forschungsthematik und Forschungstechnik schlägt sich dieser Einfluß unmittelbar nieder. Parks Rückgriff auf die Ethnologie in der revidierten Fassung seines ursprünglich 1915 erschienenen Aufsatzes erscheint vor diesem Hintergrund als eine Begründungsformel, die dazu dient, die erheblich prestigeschwächere Verwandtschaft mit der journalistischen Reportage zu verdecken.

Die besondere Bedeutung der journalistisch-publizistischen Lehr- und Wanderjahre von Park (zu denen auch die Tätigkeit für Booker T. Washington zu zählen ist) bliebe freilich ohne die Berücksichtigung der habituellen Komponente letztlich unverstanden. In Forschung und Lehre macht sich die Prägung des Habitus, verstanden als ein System dauerhafter Dispositionen und Schemata, durch die publizistische Sphäre bemerkbar. Parks Selbstverständnis als »captain of inquiry«, der ein Team von Forschern anleitet, entspricht der Rolle des *city editor*.[1] Zu diesem Selbstverständnis (aber auch zur Rolle des Redakteurs) gehört die Vermittlung einer Wirklichkeitssicht, die nicht von moralischen Vorannahmen getrübt ist. Daß es sich dabei nicht bloß um Vermittlungslehre handelt, verrät Parks ausgeprägte Anti-Reformer-Attitüde, die für mich das bedeutendste Indiz für das journalistische Erbe bildet. Park verbindet die soziologische Tätigkeit durchaus mit dem Interesse an Gesellschaftsreform; wogegen er sich freilich vehement wendet, ist die bis zum Ersten Weltkrieg vorherrschende Spielart der Melioration. Diese besondere Mischung von sozialer Reform und moralischer Erziehung läßt sich

1 Ich verzichte hier und im folgenden auf eine Übersetzung des Terminus, weil der in mancherlei Hinsicht provinziellere deutsche Lokalredakteur nicht mit dem amerikanischen *city editor* vergleichbar ist.

kaum besser (und kaum grotesker) illustrieren als durch den Umschlag der amerikanischen Ausgabe von William Booths »In Darkest England And The Way Out« (1890), auf dessen Rückseite sich eine Anzeige der Enoch Morgan's Son Co. befindet, die mit dem Zitat »Dirt And Despair Are Close of Kin« für ihre Seife, Marke Sapolio, wirbt. Was es nach Ansicht von Park zu überwinden gilt, um die Soziologie zu einer Wissenschaft auf empirischer Grundlage zu machen, ist jene Perspektive auf die soziale Wirklichkeit, die, erfüllt und geleitet von einer zivilisierenden Mission, Realität nur voreingenommen wahrnimmt; eine Perspektive, die in den amerikanischen Colleges der 20er Jahre durchaus noch präsent ist. Demgegenüber beharrt Park darauf, daß wir uns erst dann Überlegungen darüber erlauben können, wie Menschen möglicherweise (miteinander) leben sollten, wenn wir wissen, wie Menschen tatsächlich (miteinander) leben.

Dieser Perspektivenwechsel, der sich metaphorisch in der Ablösung der Formel »Life as it ought to be (lived)« durch die Wendung »Life as it is lived« manifestiert,[2] führt die Überlegungen über den Horizont einer Rekonstruktion des an eine Person gebundenen Zusammenhangs von Journalismus und Soziologie hinaus.

Eingebettet in eine kulturelle Transformation, die von der *genteel tradition*, der »New England exclusiveness« (Randolph Bourne), mit ihrem schönen Schein und ihrer sozialen Selbstgefälligkeit Abschied nimmt, wird die Figur des Reporters der Jahrhundertwende, in der zugleich ein kultureller Dissident steckt, zum Archetyp einer Annäherung an soziale Wirklichkeit, der es um Berichterstattung, nicht um Berichtigung geht. Eine solche Haltung des interesselosen Interesses steht der modernen Vorstellung von wissenschaftlicher Objektivität, die den Prozeß der Wahrheitsfindung aus

2 Diese Wendung wird zu einer Art Markenzeichen der neuen soziologischen Literatur. Francis R. Donovans »The Saleslady« (1922) zum Beispiel wird in der Werbung mit dem Slogan »Life as it is lived behind the counter ...« angekündigt.

der Koppelung mit einem moralischen Standpunkt zu lösen versucht, weitaus näher als die einer praktischen Soziologie, die durch die Meliorationsperspektive geprägt ist. Letztlich deutet sich in dieser Verschiebung der Übergang von der Präventions- zur Verstehensperspektive an.

Erster Teil

Kapitel I
»News«. Das Neue und der Reporter

> »Ours, it seems, is an age of news, and one of the most important events in American civilization has been the rise of the reporter.«
>
> *Robert Ezra Park*

1. News. Zur Symbiose von Großstadt und Presse

»Diese Straßenlümmel gehen derart in ihrer Tätigkeit auf«, heißt es am 2. August 1856 in *Leslie's Illustrated Weekly Newspaper* über die Zeitungsjungen, »daß sie ihre Ausrufe entlang eines ganzen Wohnblocks, dessen Häuser geschlossen sind, beibehalten, obwohl kein potentieller Kunde in Sicht ist.«

In der Tat bietet der Beruf des Zeitungsjungen dem Straßenjungen ein überaus günstiges Zusammentreffen zweier Umstände: Hier kann er die Notwendigkeit des Broterwerbs mit dem Vergnügen am Lärmen aufs glücklichste vereinen. Der indignierte Ton, der aus der Beschreibung des Abonnementblattes spricht, ist nicht so sehr auf die Straßenlümmel gerichtet, die wohl kaum eine neue Erscheinung waren. Gemeint ist vielmehr das Objekt, das dieser Art der Anpreisung bedarf, ein Objekt, dem die Straßenlümmel als kongeniale Mittler dienen. Denn so wie die lärmenden Zeitungsjungen aus dem Rahmen fallen, so tut dies auch die Ware, die sie feilbieten. Die Nachrichten, deren Essenz sie lautstark kundtun, zeichnen sich dadurch aus, daß sie die Erwartungen hinsichtlich des normalen Gangs der Dinge durchbrechen, daß sie auf ungewöhnliche Tatsachen und regelwidrige Ereignisse verweisen. Dieses auf das Atypische, Unerwartete und Regelwidrige zielende Nachrichtenverständnis bildet den Kern des Neuen Journalismus, der in den 1830er Jahren beginnt, die Presselandschaft von Grund auf zu verändern. Nicht von ungefähr spricht Park im Zusammenhang mit der Herausbildung des Neuen Journalismus von der Säkularisierung der Presse: Die Gesinnungspresse, von der sich der Neue Journalismus absetzt, ist eine Kanzel, von der der Herausgeber, der das Amt des Pontifex innehat, den Lesern seine politische Botschaft verkündet. Auf diese Weise wird, wie es die Park-Schülerin Helen MacGill Hughes (1940) formuliert, die Nachricht zu einer Predigt. In der Regel von Parteien bzw. Parteifraktionen finanziert, ist die Zeitung deren Sprachrohr, ein Resonanzboden von Fraktionsgesinnungen, die sich im demokratischen Widerstreit befinden.

Von Anfang an versteht sich die aufkommende Massenpresse in einem ganz anderen Sinne als demokratisch. Demokratisch ist nun nicht mehr der öffentliche Diskurs selbst, sondern die Tatsache, daß tendenziell alle das entsprechende Organ zu erstehen und zu verstehen in der Lage sind, das Zusammengehen dessen, was Habermas (1975) als die ökonomische und psychologische Erleichterung des Zugangs bezeichnet hat. Der Slogan der *New York Sun* von 1833, dem ersten Blatt der *penny press*, die den Neuen Journalismus verkörpert, bringt dieses Verständnis auf den Begriff: »It shines for ALL!«

Daß das Versprechen, eine Zeitung für alle zu sein, in New York gegeben wird, verweist auf eine der notwendigen Voraussetzungen der Massenpresse, das Vorhandensein von Ballungsräumen. Doch wäre es kurzsichtig, die Existenz der Massenpresse ausschließlich an die Existenz der Großstadt als Absatzmarkt zu binden: Die Großstadt ist zugleich der Ort, der fortwährend Nachrichten generiert. Die wechselseitige Fremdheit, die als ein zentrales Charakteristikum des Großstadtlebens gesehen wird, liefert sowohl den Stoff, wie sie dem Absatz förderlich ist. Was Wunder, daß die ersten Massenblätter in dem historischen Moment aufleben, in dem sich New York zu einer kosmopolitischen Großstadt häutet.

Mit der Penny-Presse, die ihren Namen ihrem Preis verdankt, schält sich jene Form der Geschäftspresse heraus, die nach dem berühmten Diktum von Karl Bücher »Anzeigenraum als

Ware produziert, die nur durch einen redaktionellen Teil absetzbar wird«. Als Geschäftspresse setzt sich die Penny-Presse notwendigerweise über Fraktionsgesinnungen hinweg; sie tut dies in den Anfängen ganz offensiv aus einem Demokratieverständnis heraus, das an die Marktökonomie gebunden ist. Selber an diese gebunden, kehrt die Massenpresse das übliche Verhältnis um: Der Kunde findet nicht mehr, als Subskribent oder Abonnent, zum Blatt, das Blatt sucht seinen Kunden. Die damit verbundene Konzeption einer Zeitung, die Nachrichten druckt, bloß weil sie für Käufer interessant sind (und nicht weil sie einer politischen Sache dienen), wirkte auf die Zeitgenossen schockierend. Wie schockierend, belegen die Epitheta, mit denen der *Herald* von den Konkurrenten der Gesinnungspresse etikettiert wurde: »obscene vagabond«, »profligate adventurer«, »unprincipled conductor« (Hapgood/Maurice 1902, S. 578). Was die Nachrichtenpolitik der frühen ›penny papers‹ von der der politischen Blätter vor allem unterscheidet, sind die Nachrichten lokaler Art. Die Penny-Presse entdeckt das Naheliegende, zugleich aber Abweichende und Kuriose als nachrichtenwerten Stoff. Hier setzt die von Barth charakterisierte symbiotische Beziehung zwischen der modernen Presse und der modernen Großstadt ein: Die größte Pressestory des 19. Jhs. ist das Großstadtleben selbst (Barth 1980, S. 59). Während sich die politischen Blätter auf die politische Berichterstattung beschränken, während die Handelspresse über Großhandelspreise, Börsennotierungen, Wechselkurse sowie über handelsrelevante Geschehnisse aus aller Welt informiert, macht die Massenpresse als genuines Großstadt-(und nicht Interessen-)Organ das Großstadtleben (»stories about town«) zum zentralen Thema. Ein charakteristisches Genre der Penny-Presse ist dabei die Polizeigerichtsnachricht, kurze, die Betroffenen an den öffentlichen Pranger stellende Szenen aus Schnellgerichtsverfahren, die zumeist kuriose und pittoreske, auf alle Fälle ›auffällig‹ gewordene Personen des großstädtischen Lebens betreffen. Mit der Polizeigerichtsnachricht übernimmt

die Presse, wie Park betont, die Aufgabe des kleinstädtischen Klatsches, mit ihr setzt aber auch die Geschichte jenes Artikeltypus ein, der aus europäischer Sicht als pars pro toto für den amerikanischen Journalismus steht: die *Human Interest Story*, »kleine geschwätzige Berichte über belustigende Vorfälle im Leben der Leute« (Hughes 1940, S. 147).
Die Neue Nachricht ist nur zu verstehen in der Doppelbedeutung des angloamerikanischen »news«-Begriffs, als Nachricht und Neuigkeit. Eine Nachricht, die, losgelöst von der sozialen, politischen und wirtschaftlichen Bedeutung, für ein bestimmtes Publikum an sich von Interesse sein soll, wird tendenziell reduziert auf die formale Kategorie der Neuigkeit, die sich selbst genügt. Ihre Anfänge sind relativ bescheiden; sie entsprechen dem kleinstädtischen Klatsch vom »Haben-Sie-gehört?«-Typus. Doch wird mit diesen kleinen geschwätzigen Berichten der Anfang gemacht für eine umwälzende Veränderung dessen, was von nun an als nachrichtenwert gilt: Berichte von Menschen, Einrichtungen und Ereignissen, die unbekannt und unerhört sind, die, gemessen an unseren Erfahrungen, Erwartungen und Vorstellungen, ungewöhnlich sind.
Eben darin liegt die Chance der Massenpresse als Großstadtorgan. Denn was ist, so ist zu fragen, in der amerikanischen Großstadt des 19. Jahrhunderts schon bekannt, gewöhnlich und üblich? Dem Bewohner der amerikanischen Großstadt des 19. Jahrhunderts erscheint, was seine vorgängigen, als Migrant vom Lande oder als Immigrant aus der Alten Welt mitgebrachten Erfahrungen angeht, zunächst einmal alles ungewöhnlich und neuartig, nicht zuletzt die Zeitung »für alle« selbst. In dieser Hinsicht macht die Rede von der symbiotischen Beziehung zwischen Massenpresse und Großstadt Sinn, ist doch die Neue Presse ebenso ein Produkt des Urbanisierungsprozesses wie dessen Vermittler und Beschleuniger. Die Zeitung neuen Typs ist eine zentrale Institution und Instanz des Übergangs von der Tradition zur Moderne, der sich als Übergang vom Land zur Stadt, von der Alten Welt zur Neuen Welt darstellt.

Die symbiotische Beziehung von Presse und Großstadt macht sich nicht zuletzt in der Wechselbeziehung von Urbanisierung und Mentalitätswandel bemerkbar. Das, was im Unterschied zur äußeren als innere Urbanisierung bezeichnet wird, wird durch die Großstadtpresse vorangetrieben. Der Schlagfertigkeit des Großstädters, eine dem großstädtischen Tempo gemäße Fähigkeit, rasch und pointiert zu antworten, kommen Schlagzeile und Slogan nicht nur entgegen, sie dienen ihr auch, syntaktisch wie semantisch, als Entwurf, als Material. In ihrer Erscheinungsweise (Morgen-, Abend-, Sonntagsausgabe und Extrablatt) ebensogut wie in der Art ihrer Distribution (Straßenverkauf) stellt die Großstadtpresse die ideale Synchronisation urbaner Verkehrs-, Wahrnehmungs- und Verhaltensformen dar. Indem sie sich in den ununterbrochenen Wechsel der Eindrücke nicht nur einfügt, sondern, aus ihrem Verständnis der Nachricht als Neuigkeit heraus, diesen Wechsel tagtäglich stimuliert, ist sie zugleich Ausdruck wie Förderer der für das großstädtische Leben als spezifisch aufgefaßten »Steigerung des Nervenlebens« (Simmel). Die selbstreferentielle Berichterstattung – »The New Reporter«, »A Night in a Metropolitan Newspaper Office«, »The Business of a Newspaper« – zeugt von dem Bewußtsein, selber »news«, d. h. außergewöhnlich und erklärungsbedürftig zu sein. Seite an Seite gestellt mit Berichten über neue großstädtische Einrichtungen wie das Warenhaus, das Vaudeville-Theater oder das große Hotel, künden diese Berichte einmal mehr von dem symbiotischen Verhältnis von Presse und Großstadt. Die Ausrufe der Zeitungsjungen, die, wie es um die Jahrhundertwende in einer deutschen Enzyklopädie heißt, die Sucht nach Neuigkeiten systematisch steigern, eine Sucht, die als Produkt des urbanen Lebens angesehen wird, gehören ebenso zu den als großstadtspezifisch wahrgenommenen Reizen, wie der Rhythmus der Rotationsmaschinen zum Sinnbild großstädtischen Tempos, der »boiler shop« der metropolitanen Redaktion zum Sinnbild der großstädtischen Hektik wird.

Die Großstadtpresse wird so zum Ausdruck und Symbol der Moderne. Wie das Kommunikations- und Transportwesen insgesamt ein Beschleunigungsmittel ist, dessen wesentliche Funktion in der Verkürzung der Zirkulationszeit besteht, so ist die Presse – die als Werbeträger der Zirkulationszeitverkürzung dient – als Zeichenträger ein mentaler Beschleuniger, der zu einem radikalen Wandel im Zeiterleben, zur Erhöhung der sozialen Umschlagsgeschwindigkeit beiträgt. Ihrem Verständnis von Nachricht ist, wie die Großstadt selbst, der Imperativ des Wandels eingeschrieben, ein Imperativ, der Abwechslung um der Abwechslung willen gutheißt.
Auf diese Weise trägt die Presse zur Formung »eines neuen Geschlechts von Menschen« bei, das, wie Sombart pointiert, in seiner Ungebundenheit und Unrast den Wechsel nicht als »Ungemach« empfindet, sondern »will«. Das Neue wird, wie es Benjamin für die Moderne überhaupt diagnostiziert hat, bezogen auf das Nachrichtenwesen, zu »eine(r) vom Gebrauchswert der Ware unabhängigen Qualität« (Benjamin 1983, Bd. 1, S. 55). Anders ausgedrückt: das Neue *ist* der Gebrauchswert.
Schon früh bildet sich eine dieser Vorstellung von Nachricht entsprechende professionelle Ideologie des neuen Journalisten heraus, die eine durch die Anmutungen der Großstadt wie durch die Erfordernisse des Gewerbes bedingte Mutation präsentiert, die sprichwörtlich gewordene Nase für Nachrichten. Eine Nase für Nachrichten zu haben, heißt, sie aufzuspüren, zur rechten Zeit am rechten Ort zu sein und das Besondere an einer Situation zu erkennen. Da das Abweichende und Regelwidrige zum Kernbereich des »news«-Verständnisses gehört, werden bald Orte, die in diesem Sinne nachrichtenträchtig sind, zu den Außenposten des Neuen Journalismus. Die Penny-Presse, die als erste die Polizeistation und den Gerichtssaal als nachrichtenheckende Orte entdeckt, bezeichnet die Anfänge des »assignment«-Systems.
Aber obwohl das politisch-parteiliche Selbstverständnis des traditionellen Journalismus durch die Penny-Presse untermi-

niert wird, hält die Gesinnungspresse, national gesehen, ihre führende Stellung bis zum Bürgerkrieg. Erst nach dem Bürgerkrieg und durch Neuerungen vorangetrieben, die mit der Berichterstattung über den Krieg zusammenhängen – wie etwa die Einführung eines Korrespondentennetzes (»eyewitnesses«) –, setzt sich der Neue Journalismus endgültig durch. Die große Ära des Reporters bricht an.

2. Reportertypen und Reportagegenres

Wie andere Berufe, die den Anbruch einer neuen Zeit markieren, wird auch die Tätigkeit des Reporters zunächst zu einem Objekt der Satire. Im März 1877 erscheint in der Zeitschrift *Puck* eine Bilderserie über »The Great American Interviewer« (siehe Abb.), in der der Reporter als Schnüffler erscheint, der wortwörtlich wie metaphorisch seine Nase in Privatangelegenheiten steckt. In dieser Satire kommt die Verwandtschaft des Reporters mit dem Privatdetektiv (der etwa zeitgleich auf der sozialen Bühne erscheint) noch unverhüllt zum Ausdruck, eine Verwandtschaft, die mit der Ausdifferenzierung zunächst, sowohl was die erforderlichen Fertigkeiten als auch was das soziale Profil der Berufsrepräsentanten anbetrifft, durchaus austauschbarer Tätigkeiten, zusehends in Vergessenheit gerät. Die in der Ikonographie der ethnographischen Situation zuweilen auftretende Erinnerung an eine Vernehmungssituation – der forsch wirkende Ethnograph, der dem etwas eingeschüchterten Informanten gegenübersitzt –, ist, was den Ursprung des Interviews, Technik des Reporters wie des Feldforschers, betrifft, nicht grundlos, ist sie doch als Frage-Antwort-Methode unmittelbar der gerichtlichen Vernehmungspraxis entlehnt. Wie aus der wörtlichen Wiedergabe von Vernehmungen im Kontext der Polizeigerichtsnachricht der Penny-Presse die Technik des Interviews außerhalb des Gerichtssaals herauspräpariert wird, hat Nilsson (1971) am Beispiel von James Gordon Bennett und dem *Herald* ge-

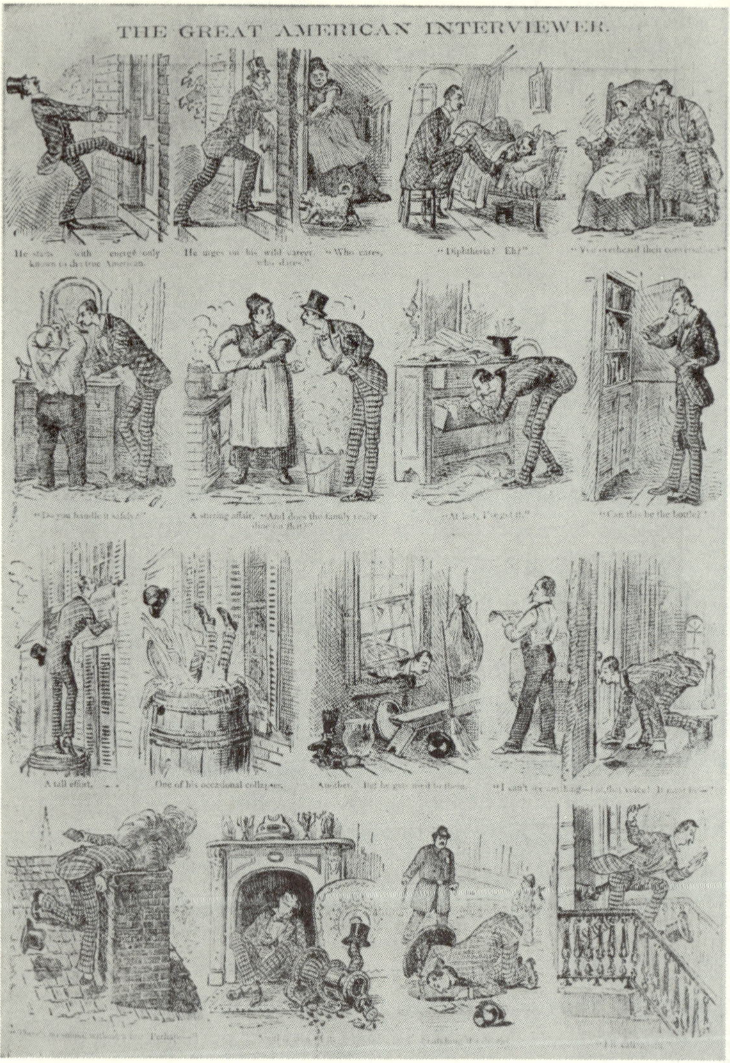

Die Zeichnungen aus *Puck* (März 1877) karikieren die neue »Kunst« des Interviews.

zeigt. Daß bei einem solchen Erbe die »Kunst des Interviews«, die ja darin besteht, Antworten hervorzulocken, zunächst als ein Einbruch in die Privatsphäre verurteilt wird, kann nicht verwundern. Aufgrund der Neuheit des Verfahrens, die den Ungeübten, der noch nicht über entsprechende Topoi verfügt, zu unüberlegten Antworten verleitet, vertritt die Zeitschrift *Nation* 1873 die Auffassung, daß das Interview aus großen Männern Dummköpfe mache.

Bereits 1842 notiert John Quincy Adams voller Verachtung in seinem Tagebuch, daß die Söhne von Präsident Tylor alle Kabinettsgeheimnisse an Leute (»named Permalee and John Howard Payne«) ausplaudern, die »gedungene« Reporter für Bennetts *Herald* seien. Die Verachtung, die aus der Charakterisierung der Reporter als Lohnschreiber spricht, ist ein Indiz für die Neuheit des Berufs und für das niedrige soziale Ansehen derer, die in diesem Beruf tätig sind. Zu diesem Bild vom Reporter paßt, daß die ersten Vertreter dieser Spezies als zweifelhafte Existenzen galten, Berufswechsler, die es mal hier, mal dort versucht hatten, »Nichtstuer«, »Schwadroneure« und »Schnapsdrosseln« obendrein.[1]

Wie zutreffend dieses Bild im großen und ganzen auch gewesen sein mag – Harvards Präsident Eliot spricht noch 1890 von den Reportern als »Trunkenbolde, Versager und Rumtreiber« –, so hat es seinen Grund vor allem im Unverständnis gegenüber einer neuen Berufstätigkeit, über deren Sinn und Zweck Unklarheit herrscht. Gedungen erscheinen Adams die Journalisten der ersten Stunde ja deshalb, weil sie etwas für Geld tun, was zuvor vom Drucker/Verleger/Redakteur in Personalunion erledigt wurde; bemerkenswert (und abstoßend) erscheint ihm diese neue Spezies deshalb, weil ihre Vertreter, statt das offizielle Bulletin abzuwarten, Informa-

1 H. L. Mencken spricht von betrunkenen Zuhältern, verkommenen Geistlichen und gescheiterten Juristen (Dovifat 1927, S. 236). Bezeichnenderweise fühlt sich Bergmann (1971) bei seiner Darstellung der journalistischen Laufbahn von Walt Whitman genötigt, zu betonen, daß Whitman ein seriöser Redakteur, kein »Nichtstuer« gewesen sei.

tionen auf eigene Faust einholen. Adams ist sich offensichtlich noch nicht über das Prinzip der »news« im klaren, ebensowenig wie jene, die (sich) fragen, was in aller Welt jemand tut, der im Gerichtssaal und auf der Polizeistation herumlungert und Leute ausfragt.

Das Image des Journalisten als Nichtstuer und Nichtskönner verblaßt erst allmählich; zur ersten Korrektur hat sicherlich die Tatsache beigetragen, daß in den 70er Jahren *Bachelor of Arts* in den Redaktionen auftauchen. Von einer geregelten Ausbildung aber konnte noch lange nicht die Rede sein. Zwar wurden ebenfalls in den 70er Jahren am Washington College und an der Cornell University die ersten Journalismuskurse angeboten, allerdings mit einem starken Akzent auf Drucktechnik, was noch auf die herkömmliche Verbindung von Drucker und Redakteur verweist. In den 70er Jahren werden auch die ersten Presseclubs gegründet, die allerdings als Anzeichen einsetzender Professionalisierung mit Vorsicht zu genießen sind, scheint es sich doch dabei eher um informelle Treffs gehandelt zu haben, bei denen die (feucht-fröhliche) Geselligkeit eine wichtigere Rolle spielte als die Interessenvertretung einer neuen Berufsgruppe. Dennoch kündigt sich in diesen Presseclubs das Streben nach Professionalität insofern an, als sich hier Personen mit einer gemeinsamen beruflichen Identität, einer gemeinsamen Sprache und gemeinsamen Wertvorstellungen zusammenfinden.

1898 vermerkt das Berufsorgan *The Journalist*, das, 1884 gegründet, selber ein Anzeichen einsetzender Professionalisierung ist, nicht ohne Stolz, daß jede der großen New Yorker Zeitungen mindestens zehn College-Absolventen in ihrer Redaktion habe. Aber noch fehlt es an einer institutionalisierten Spezialausbildung als einer der Voraussetzungen, um den Beruf des Journalisten in den Rang einer Profession zu erheben. Das zu erreichen, ist das explizite Ziel des Verlegers Joseph Pulitzer, der 1908 an der Columbia University ein von ihm finanziertes »College of Journalism« in der Hoffnung begründet, »den Journalismus in den Rang einer akademischen Profession zu erheben, damit er im Ansehen der Gemeinde in ähnlicher Weise wächst, wie es andere Professionen von weit geringerer öffentlicher Bedeutung getan haben« (Pulitzer 1904, S. 657). Nicht nur der Publikationsort dieses pressegeschichtlich relevanten Dokuments mit dem Titel »The College of Journalism« ist von Interesse, nämlich die *North American Review* – also ein *high brow*-Magazin, aber kein Standes- oder Wissenschaftsorgan –, sondern auch der Publikationsanlaß, eine einige Monate zuvor erschienene Stellungnahme gegen die Einrichtung einer besonderen Journalismusschule, deren Hauptargument darauf hinauslief, »daß die Universität den Journalisten nichts in dem speziellen Sinne zu lehren habe, wie sie es bei Rechtsanwälten, Ärzten, Architekten und Ingenieuren tut« (White 1904, S. 25). Pulitzer hat diesem, sich am Ideal der klassischen Professionen orientierenden Argument im Grunde genommen wenig entgegenzusetzen, auch wenn er in der Beantwortung der Frage »Was soll gelehrt werden?« eine Palette von Disziplinen und Gegenstandsbereichen ausbreitet, die den angehenden Journalisten in ihren Grundprinzipien vermittelt werden sollen: vom »Style« bis zu »Ethics«, von »Law« bis zu »Statistics«, von »History« bis zu »Physical Science«. Um den Anspruch zu begründen, mit diesem Studium generale den Beruf des Journalisten in den Rang einer Profession zu erheben, bemüht Pulitzer die Unterscheidung von »business« und »profession«: »Zusammenfassend kann gesagt werden, daß der Bankier oder der Börsenmakler, der Bäcker oder der Kerzenzieher ein Geschäftsmann, ein Händler ist. Aber der Künstler, der Staatsmann, der Denker, der Autor, alle die in Berührung mit dem öffentlichen Geschmack und Geist kommen, deren Gedanken über die Sorge um den eigenen Lebensunterhalt hinausreichen auf das allgemeine Wohl, sie alle sind in einer Profession« (Pulitzer, a. a. O., S. 658).

Unter den Disziplinen, die in ihren Grundzügen am *College of Journalism* gelehrt werden sollen, befindet sich auch die

Soziologie. Es ist nicht nur zum besseren Verständnis des angestrebten Curriculums, sondern auch und vor allem für die in dieser Arbeit behandelte Fragestellung von Interesse, was Pulitzer 1904 über die Soziologie zu sagen hat:

»Soziologie, die Wissenschaft vom Leben des Menschen in der Gesellschaft, ist die Systematisierung der Fakten, die zu sammeln das tägliche Geschäft des Journalisten ist. Die größte Schwierigkeit, diese Wissenschaft zu lehren, besteht darin, daß sie so allgemein und umfassend ist – wie ein Fluß, der Hochwasser führt, ohne ein festes Bett. Dennoch kann ein Dozent, der auch wegzulassen versteht, einen Kursus, theoretisch wie praktisch, entwickeln, der eine der denkbar besten Einführungen in die Zeitungspraxis darstellen würde« (a. a. O., S. 669 f.).

Wie weitsichtig diese Ausführungen sind und in welch verblüffender Weise sie mit Ausführungen von Park übereinstimmen, wird noch zu zeigen sein. Wie wenig allerdings auf der anderen Seite die Einrichtung von Journalismus-Schulen den professionellen Status bereits garantiert, zeigt sich an Menckens bissigen Kommentaren über die »heruntergekommenen Leitartikler und erfolglosen Reporter(n), die an den Journalismusschulen lehren« (Mencken 1975, S. 91). Noch immer, schreibt Mencken 1927 in einem Artikel über »Journalism in America«, verweilt der Journalist, weit davon entfernt, den Status des Arztes oder des Anwaltes erlangt zu haben, im professionellen Zwielicht, dort wo sich auch die gelernte Krankenschwester, der Geistliche und die Mehrzahl der Ingenieure befinden (vgl. a. a. O., S. 129 f.).

Der Polizei-Reporter

Die Aufgabe des Reporters ist es, Neuigkeiten zu suchen, aufzuspüren, zu jagen; ähnlich wie der Detektiv als »Spürhund« gilt, so der Reporter als »newshunter«. Die Ähnlichkeiten zwischen Detektiv und Reporter gehen noch weiter: so wie der eigentlichen Ermittlungstätigkeit die Observation vorangeht, wird die Vorstufe der journalistischen Ermittlungstätig-

keit *(investigation)* als Herumschnüffeln *(nosing around)* bezeichnet.
Es liegt auf der Hand, daß ein Reporter, der Neuigkeiten im Sinne des Außergewöhnlichen und Normwidrigen aufspüren soll, sich an Orte begibt, wo die Wahrscheinlichkeit, solche Neuigkeiten zu erfahren, relativ groß und relativ beständig ist, Orte, die als Distributionsstätten von Neuigkeiten dieser Art bezeichnet werden können. In der Journalistensprache werden solche Orte, in Anlehnung an die Polizeisprache, als »runs« oder »beats«[2] bezeichnet. Durch das *assignment system* werden die Reporter bestimmten »runs« oder »beats« zugewiesen: dem Gericht, dem Hospital, der Leichenhalle, vor allem aber den Dauerproduzenten von »news«, der Polizeistation und der Feuerbrigade. Der Polizeireporter, der einem bestimmten »police-beat« oder »crime-beat« zugeordnet ist, ist denn auch der charakteristische Reportertypus der Zeit, und was für den *cub reporter*, den Nachwuchsreporter, eine Feuerprobe darstellt, ist für den abgebrühten Routinier das tägliche Brot.
Der heute noch bekannteste Polizeireporter jener Zeit war Jacob A. Riis. Riis, 1849 in Ribe, einer dänischen Kleinstadt, geboren, arbeitete mehr als zwei Jahrzehnte, seit 1877, als Reporter, u. a. für die *Tribune, World* und *Sun* in New York sowie als Zeitschriftenautor u. a für *Scribner's* und *Century*. Riis' »beat« war die Mulberry Street im New Yorker East End, eine Art soziale Scheidelinie, begann doch jenseits der Mulberry Street das Territorium der »other half«, der Immigranten und Pauper. Dort arbeiteten in den frühen 90er Jahren eine Reihe von Personen als Reporter, die später in anderen Zusammenhängen Geschichte machen sollten: Lincoln Steffens, der spätere Publizist, Stephen Crane, der naturalistische Autor, und Robert Park, der künftige Soziologe. In 300, Mulberry Street lagen das Hauptquartier der New Yorker Polizei und die Detektivabteilung unter Leitung von Thomas

2 »Beat« meint zugleich die Exklusivstory, ähnlich wie »scoop«.

Byrne, der 1896 unter Korruptionsanklage seinen Dienst quittieren mußte. Riis hielt, wie auch einige seiner Kollegen, direkt gegenüber dem Polizeihauptquartier ein Zimmer, eine Art Büro, für Lincoln Steffens der ideale Beobachtungsposten (vgl. Steffens 1931, S. 202f.). Byrnes und Riis waren die schillerndsten zeitgenössischen Gestalten ihres jeweiligen Faches. Galt Byrnes als autokratischer Polizeichef mit einem Hang zu (milde ausgedrückt) unkonventionellen Fahndungsmethoden, so Riis als unbestrittener »boss reporter« der Mulberry Street.

Riis, der den Rohstoff des Polizeireporters als »murder, fire and sudden death« (1899, S. 119) bezeichnete, schrieb die üblichen Reportagen über Mord- und Selbstmordfälle, Feuersbrünste, Unfälle, Prostitution sowie über eine Reihe anderer Standardthemen des Polizeireporters. Was Riis aus der Masse seiner Kollegen heraushob, war nicht nur sein Blick für Details (so schrieb er z. B. einen Artikel über Graffiti in Gefängniszellen), vor allem begnügte er sich nicht mit der üblichen sensationellen Verarbeitung des journalistischen Rohstoffs. Ausgehend vom Rohmaterial – »The remains of Harry Quill, aged fifteen, were discovered at the bottoms of an air shaft in the tenement where his parents lived« –, untersuchte Riis die Wohn- und Lebensverhältnisse in den Mietskasernen, die zu solchen Mord- oder Selbstmordfällen führten.

Es sind Reportagen über die Arbeits-, Lebens- und Wohnverhältnisse in den Slums der Lower East Side, die ihn über den Tagesjournalismus hinaus berühmt und zu einem engagierten Reformer machten. Den entscheidenden Wendepunkt in seiner Karriere bildete der Artikel »How the other half lives: studies among the tenements«, der im Dezember 1889 in *Scribner's Magazine* erschien. Hier gelang ihm zum ersten Mal eine breiter angelegte Studie über die sozialen Verhältnisse in den Slums von New York. Die Sensation freilich, die dieser Artikel verursachte, war weniger auf den Text als auf die Tatsache zurückzuführen, daß die Reportage mit Fotos, gewissermaßen als Beweismaterial, versehen war. Noch heute ist ja Riis weniger als Sozialreporter denn als Begründer der sozialdokumentarischen Fotografie bekannt.[3] Insbesondere die Tatsache, daß Riis, soweit bekannt, der erste war, der Blitzlicht für Innenaufnahmen in Asylen und Mietskasernen, in Kellerlöchern und in dunklen Hinterhöfen benutzte, hat ihm einen Platz in der Geschichte der Fotografie eingebracht.

Aufgrund des großen Erfolges des Artikels bot ihm Scribner an, eine erweiterte Fassung der Reportage als Buch zu publizieren. 1890 erscheint »How the other half lives. Studies among the tenements of New York« in Buchform, zweifellos das Hauptwerk von Riis, das als Klassiker der Sozialfotografie bis heute immer wieder neuaufgelegt wird. Für Donald N. Bigelow war Riis »eine Art Soziologe, allerdings ohne den Vorteil der akademischen Ausbildung« (1957, S. X), eine Ansicht, mit der er nicht allein steht. In der Tat läßt sich Riis' »How the other half lives« als eine umfassende Studie der Lebensverhältnisse in den Slum-Distrikten von New York lesen, auch wenn der additive Charakter der Studie, der aus der Nutzung des Reportagematerials resultiert, nicht zu übersehen ist. Riis bemüht sich durchaus, ein umfassendes Bild in systematisierender Weise zu zeichnen.

Er beginnt mit einer allgemeinen Darstellung der Wohnverhältnisse in New York, vor allem in den Mietskasernen, skizziert dann die Wohnlage der ethnischen Populationen in Form eines Stadtplans der Ethnien, führt den Leser zwecks Anschauung in eine Mietskaserne, beschreibt die charakteristischen Einrichtungen des Slum, wie z. B. das Two-Cent-

3 Daß Riis ein Gespür für die Vermarktungsmöglichkeiten seiner Fotos hatte, geht aus der Tatsache hervor, daß er sich bereits vor dem Scribner-Artikel das Copyright für den Buchtitel »The Other Half, How It Lives and Dies in New York, With One Hundred Illustrations, Photographs from Real Life, of the Haunts of Poverty and Vice in a Great City« sicherte (vgl. Lane 1974, S. 50). Die Formulierung des ursprünglichen Titels zeigt Riis im übrigen noch in der Tradition der »mystery«-Großstadtliteratur, die er durch seine Arbeit tatsächlich überwindet.

Restaurant und die billigen Logierhäuser, geht in der Folge ausführlich auf einzelne Wohnviertel (Chinatown, Jewtown etc.) ein, gibt ein Bild einzelner Bevölkerungsgruppen und -typen, wie z. B. die Straßenjungen und Gangs, schildert die Situation junger Fabrikarbeiterinnen und versucht am Ende, die aktuelle Situation zusammenzufassen. Versehen mit Plänen und Statistiken im Anhang, läßt sich »How the other half lives« durchaus als ein früher Beitrag zur Großstadtforschung lesen, eine Ansicht, die auch Park vertreten hat, der in Riis' Buch einen direkten Vorläufer des amerikanischen *survey* sah (REPA 5:1). Doch muß auch gesehen werden, daß Riis, in den Augen seiner Biographen ein sentimentaler Idealist, den Reformbestrebungen der Charity Organization Society nahestand, was ihn zu einer Ausnahme unter seinen Kollegen machte. Nicht von ungefähr trug er unter seinen Kollegen den Spitznamen »Der fromme Däne«, war doch sein Duktus zuweilen pathetisch, seine Argumentation moralisierend. Was retrospektiv verwundert, ist, daß sich Riis in der Branche der Zyniker hat durchsetzen können.

Die Rollenreportage

Neben dem *city beat reporter*, dessen konventionelle Gestalt der Polizeireporter ist, verkörpert der *stunt reporter* am ehesten den Neuen Journalismus. Der Stunt-Reporter spürt keine Nachrichten auf, er macht sie. Damit entspricht er in idealer Weise dem Selbstverständnis der Neuen Presse als Nachrichtenfabrik, die nach dem Motto handelt, daß dort, wo es an Ereignissen mangelt, Ereignisse hergestellt werden müssen. Der Begriff »Stunt-Reportage« trifft den Kern der Sache; in der Tat führt der Reporter ähnlich wie später der *stunt-man* in der Filmbranche wagemutige Schaunummern durch. Eine der ersten und zugleich berühmtesten Stunt-Reportagen initiierte George Bennett jr., der den Wahlspruch »I make news« prägte. 1869 beauftragte er den Reporter Henry Morton Stanley (eigentlich John Rowlands), den verschollenen britischen Forschungsreisenden David Livingstone zu finden.[4] George Bennett finanzierte noch weitere Entdeckungsreisen, die ja – als Reisen zum Zweck, etwas Unbekanntes zu finden – per definitionem *news value* besitzen und überdies den Vorteil haben, ein Blatt über längere Zeit mit Berichten zu versorgen.

Für unseren Zusammenhang sind aber weniger diese spektakulären Großunternehmungen von Interesse als vielmehr die zum Genre der Stunt-Reportage gehörende *Enthüllungsreportage*. Das soziologisch Interessante an der Enthüllungsreportage ist der Gebrauch der Methode der verdeckten teilnehmenden Beobachtung, für die sich im Journalismus der Begriff *Rollenreportage* eingebürgert hat:

»... ein geschickter, abenteuerlustiger Autor legt sich eine Tarnung zu oder fälscht Dokumente, um sich Zutritt zu einem Hospital, einem Gefängnis oder einer Anstalt zu verschaffen und macht aus der Schilderung seiner Erfahrungen eine Enthüllung der Verwaltungspraxis in dieser Institution« (Mott 1947, S. 442).

Damit sind die bevorzugten Untersuchungsfelder der Enthüllungsreportage genannt; im Mittelpunkt stehen jene sozialen Orte, die wir heute unter den von Erving Goffman geprägten soziologischen Begriff der totalen Institution subsumieren.

Die berühmteste zeitgenössische Vertreterin der Enthüllungsreportage – möglicherweise die erste Reporter*in* überhaupt – war Elizabeth Cochrane, die unter dem Pseudonym »Nellie Bly« zur ungekrönten Königin des Genres wurde. 1867 in Cochran's Mills, einer kleinen, von ihrem Vater, einem Richter, gegründeten Stadt geboren, begann Elizabeth

4 Zur Geschichte dieser Reportage vgl. Mott 1947, S. 416ff. Zu Stanley als Verkörperung des bürgerlichen Heros siehe Moebus 1972. Als Zeugnis der Selbstheroisierung: Henry M. Stanley, Mein Leben, 2 Bde., München 1911.

Cochrane[5] 1885 ihre Karriere als Journalistin beim *Pittsburgh Dispatch*, dessen Herausgeber, George A. Madden, ihr auch das Pseudonym Nellie Bly, eine Figur aus einem zeitgenössischen Lied, vorschlug. Cochrane schrieb u. a. eine Serie über die Slums von Pittsburgh, wobei sie insbesondere auf die Lage der Arbeiterfrauen einging, in ihre Pittsburgh-Zeit fällt aber auch eine Serie über die sozialen Zustände in Mexiko, wofür sie eigens Spanisch sowie einen mexikanischen Dialekt lernte. 1887 verließ Cochrane Pittsburgh und ging nach New York, wo sie für Pulitzers *New York World* arbeitete. Ihre spektakulärste, mit großem Aufwand betriebene Reportage basierte auf einer von Jules Vernes Buch inspirierten Reise um die Welt, die sie, den fiktiven Rekord von 80 Tagen unterbietend, in 72 Tagen zurücklegte.

In diesem Kontext wichtiger ist freilich, daß Cochrane die auf der verdeckten teilnehmenden Beobachtung beruhende Enthüllungsreportage zur Meisterschaft entwickelte. Sie gab geistige Verwirrung vor (offizielle ärztliche Diagnose: »Dementia mit Verfolgungswahn«) und ließ sich in das berüchtigte Irrenhaus auf Blackwell's Island einweisen, um die Situation der Patienten und die Behandlungsmethoden zu schildern; sie ließ sich verhaften, um in ein Frauengefängnis zu gelangen und die dortigen Zustände sowie die Lage der weiblichen Insassen zu beschreiben; sie ging als angeblich Kranke zur Poliklinik für die arme Bevölkerung, um die medizinische Versorgung zu überprüfen; sie setzte sich Malaria, Gelbfieber und Cholera aus; sie verkleidete sich als Angehörige der Heilsarmee, um die Innenwelt dieser Bewegung und die Reaktion des Straßenpublikums zu recherchieren; und sie arbeitete u. a. in Warenhäusern und als Hausmädchen, um die Arbeitsbedingungen zu schildern. Sie war mit ihren Reportagen so erfolgreich und berühmt-berüchtigt, daß »die Beamten der öffentlichen Einrichtungen begannen, jedes Gesicht einer Bettlerin mit dem

5 Bei ihrem ersten Artikel, den sie als »E. Cochrane« eingesandt hatte, fügte sie ihrem Familiennamen ein »e« an; diese Schreibweise behielt sie dann bei.

Argwohn zu betrachten, das entsetzliche ›Bly girl‹ in irgendeiner Tarnung vor sich zu haben« (Ross 1974, S. 52).[6]
Die Vielfalt der Untersuchungsfelder von Elizabeth Cochrane war, verglichen mit denen ihrer Kollegen und Kolleginnen, außergewöhnlich und ein Indiz für ihre soziologische Phantasie. Rasch fand sie, was immer sie tat, Nachahmer/innen, deren berühmteste die für Hearsts erstes Blatt, den *San Francisco Examiner* arbeitende Annie Laurie (eigentlich Winifred Black) war (vgl. Zuckerman 1984, S. 12-19). Wieweit die Nachahmung des Bly-Modells ging, zeigt sich allein daran, daß auch das Pseudonym »Annie Laurie« einem zeitgenössischen Lied entnommen ist. Einige Zeit lang war die Enthüllungsreportage regelrecht Mode, so daß kaum ein Gefängnis oder eine Irrenanstalt in den Vereinigten Staaten vor Stunt-Reportern sicher war (vgl. Lyons 1971, S. 80). Das zeigt, bei aller soziologischen Phantasie, die der Enthüllungsreportage zugrunde lag, ihre Problematik im Kontext einer auf das Machen von Nachrichten ausgerichteten Presse auf. Jedes neue Untersuchungsfeld und jede neue Zugangsmethode, die sich als erfolgreich erwiesen hatten, wurden bald zur Mode und ebenso schnell wieder fallengelassen, wenn das Interesse der Leser am Thema erlahmte.

Die Milieu-Reportage (urban color)

Von allen Reportern kommt der *urban color*-Reporter der Gestalt des *flâneur* am nächsten. Der Flaneur macht ›Studien‹, und eben das, »Studien«, macht auch der *urban color*-Reporter, der seine Impressionen aus dem metropolitanen Leben (veröffentlicht vor allem in den *sunday supplements*

6 Cochrane trieb die Geheimniskrämerei um ihre Person (die sowohl umsatzfördernd war als auch vor Entdeckung schützte) soweit, daß sie in der Redaktion nur mit einem großen, mit einem Schleier versehenen Hut erschien. Diese Art der Verdeckung spricht zugleich für die ihr zugeschriebene Eleganz.

der Tageszeitungen und in den Magazinen) »Sketches«, »Stories« oder eben »Studies« nennt. Gleichwohl hinkt der Vergleich: In seiner Bedachtsamkeit und Versenkung ist der Flaneur eher eine europäische Figur, dem philosophierenden Spaziergänger ähnlich, während der amerikanische Reporter eher auf der Jagd zu sein scheint. Hinzu kommt eine wichtige Differenz, in der der Unterschied zwischen Alter und Neuer Welt verdichtet ist: Der europäische Journalist/Literat ist historisch orientiert, ein Priester des *genius loci*, wie es Benjamin ausgedrückt hat, während der amerikanische »Jäger nach dem Authentischen« ganz in der Gegenwart aufgeht. Der europäische Flaneur, dem die Stadt ein »mnemotechnischer Behelf« (Benjamin) ist, muß daher die Sprache der Steine verstehen lernen:

»Das Pflaster, auf dem die Toten gegangen sind, die Türgriffe, auf die sie ihre Hand gelegt haben, die Treppen, die sie in Angst oder Freude aufgestiegen sind, die steinernen Kaminsimse, gegen die sie sich gelehnt haben, die Fensterbrüstungen, auf die sie sich mit dem Ellenbogen stützten, alle diese tausend Trümmer vergangener Zeiten, aus denen Paris besteht, beginnen mit Zungen zu reden und erzählen die Schicksale, deren unerschütterliche Zeugen sie waren« (Sieburg o. J., S. 14).

Friedrich Sieburgs »Blick durchs Fenster« selbst wie auch Franz Hessels »Spazieren in Berlin« sind eindrucksvolle Dokumente dieser Herangehensweise an die Stadt, die zu einer »mythologischen Topographie« beiträgt. Die Fäden in die Vergangenheit zurückzuverfolgen, gilt dem amerikanischen Pendant als zusätzlicher Reiz *(a charm in addition)*, wichtig aber ist vor allem die Gegenwart, »die Art und Weise, in der die alte Kultur auf neue Ideen trifft und mit ihnen ringt, der Konflikt der Vorstellungen über Literatur und Leben aus der Alten Welt und der Neuen Welt, der Prozeß der Anpassung an unsere besonderen amerikanischen Bedingungen ... – dies ist ein Zustand, der eine große Anzahl eindruckvoller, leidenschaftlicher und außerordentlich interessanter Persönlichkeiten hervorbringt und ein Milieu schafft, das, im tiefsten Sinne des Wortes, malerisch ist« (Hapgood 1917, S. 471 f.).

Das große Thema des amerikanischen Flaneurs (wenn wir ihn überhaupt als einen solchen bezeichnen dürfen) ist die Binnenexotisierung, die die amerikanische Großstadt des 19. Jahrhunderts durch die Immigranten aus aller Herren Länder erfährt:

»From all parts of the world they are pouring into New York: Greeks from Athens and realms of Sparta and Macedonia...; Jews from Russia, Poland, Hungary, the Balkans, crowding the East Side and the inlying sections of Brooklyn...; Italians from Sicily and the warmer vales of the South, crowding into great sections of their own, all hungry for a taste of New York; Germans, Hungarians, French, Polish, Swedish, Armenians, all with sections of their own and all alive to the joyse of the city, and how eager to live – great gold and scarlet streets throbbing with the thoughts of them« (Dreiser 1923, S. 7).

Die Bilder, die der Journalist zeichnet, sind solche von der Kultur und den Ritualen der verschiedenen ethnischen Gruppen, sind Skizzen vom Leben und Treiben in den ethnischen Vierteln, in »Little Italy«, »Chinatown« und vor allem im jüdischen Ghetto.

Im Unterschied zu reformorientierten Reportern wie Riis fehlt die Reformattitüde allerdings fast völlig. Für den urban color-Reporter ist die Lebensweise, die sich vor seinen Augen entfaltet, als Ausdruck von Vielfalt ein Faszinosum. Er lenkt, metaphorisch ausgedrückt, den Blick weg von sweatshops, den Stätten der Arbeit und Ausbeutung, hin zu den Synagogen, den Stätten der religiösen Riten und der kulturellen Praxis. Daß es eher Neu-Immigranten wie Riis waren, die den Reformerblick entwickelten, dieses Argument ist nicht von der Hand zu weisen. Nicht nur, daß sie selbst durch eine Phase der Mühen gegangen sind, was den Blick für Armut und Elend schärft, neigten die Immigranten – *plus royaliste que le roi* – überdies zu einem bekennerhaften Ultra-Amerikanismus. Für Neuengländer wie Hutchins Hapgood und Lincoln Steffens war die Stadt des ausgehenden 19. Jahrhunderts ein Terrain, dessen Bevölkerung es zu entdecken galt. Daß dabei das Leben der Immigranten aus Süd- und Osteuropa, das sich, gemessen an der Nüchternheit der »old-line

Americans«, farbenprächtig und lebensfroh ausmachte, nicht selten romantisiert wurde, kann nicht wundernehmen. Aber der Reporter hatte auch ein Auge und, im Gespräch mit seinen Gewährsleuten, ein Ohr für Veränderungen, so daß die These von der »second generation« in den Studien über die ethnischen Enklaven bereits vorformuliert wurde.

Ein besonders eindrucksvolles Beispiel für dieses Genre ist eine im *Commercial Advertiser* erschienene Artikelfolge von Hutchins Hapgood, die 1902 unter dem Titel *The Spirit of the Ghetto* in Buchform veröffentlicht wurde. Obwohl die Studie in erster Linie vom intellektuellen und künstlerischen Milieu handelt, von den Journalisten, Literaten und Schauspielern, von den Zeitungen, Zeitschriften und Theatern, hat der Herausgeber der Neuausgabe, Moses Rischin, Hapgoods Buch als die erste authentische Studie des inneren Lebens einer amerikanischen Immigranten-Gemeinde aus der Feder eines Außenseiters bezeichnet (Rischin 1967, S. VII). Besonders beeindruckend, weil der soziologischen Zeit voraus, ist das erste Kapitel (»The Old and the New«), in dem er die orthodoxe jüdische Lebensweise in Rußland und Galizien und ihre allmähliche Auflösung in Amerika beschreibt. Es ist nicht zuviel gesagt, wenn man in dieser Skizze eine Vorwegnahme der Fragestellung sieht, die später Thomas und Znaniecki in ihrem Klassiker »The Polish Peasant in Europe and America« behandelt haben.[7]

Bemerkenswert sind vor allem die Ausführungen über die zweite Generation, in denen die besondere Situation der jun-

7 Nicht uninteressant ist, daß Hapgood und Thomas einen Informanten gemeinsam hatten, nämlich Abraham Cahan, Herausgeber des *Jewish Daily Forward*. Thomas ist u. a. durch die Leserbriefe an den *Forward* zur Berücksichtigung von Briefen als Quellenmaterial angeregt worden. Vgl. zu Cahan: Gollomb 1912, Poole 1911, Rischin 1953. Über Cahan notierte Park in seinem Reisetagebuch von 1929: »Abr. Cahan probably produced the best newspaper that was ever published« (REPA 4:7). Das Blatt, das 1917 eine Auflage von 240000 Ex. erreichte, besteht noch heute, allerdings mit einer Auflage von 20000 Ex. Vgl. »At 90, Yiddish Paper Is Still Vibrant«, *New York Times*, 25. 5. 1987, S. 10.

gen Generation dargestellt wird, die zwischen der Liebe zu den Eltern und der Scham über ihr Aussehen, ihre Sprachmängel, ihre Unwissenheit und ihre Unbeholfenheit schwankt. Hapgood versucht die Einflußfaktoren auszuloten, die auf die zweite Generation einwirken und sie in spezifischer Weise prägen: auf der einen Seite das orthodox-jüdische Milieu des Elternhauses, das auf strenge Einhaltung der traditionellen Lebensweise pocht, auf der anderen Seite die amerikanische Pflichtschule, die den Jüngeren nicht nur eine Sprache vermittelt, der die Eltern kaum oder gar nicht mächtig sind, sondern auch Einflüssen aussetzt, die für die Elterngeneration entweder unbekannt oder irrelevant bleiben, und, gewissermaßen als Synthese bzw. als Lösung aus diesem Dilemma, die Bedeutung der sozialistischen Gruppierungen.

In seiner Einleitung vergleicht Moses Rischin Hapgoods Buch sowohl mit Riis' *How The Other Half Lives* als auch mit Louis Wirths Studie *The Ghetto*. Riis' »Jewtown« und Hapgoods »Ghetto« trennen, obwohl es um ein und denselben Ort geht, Welten, ein Unterschied, der die kontrastierenden Blickwinkel reflektiert, aus denen heraus die Autoren die Lebenswelt der ostjüdischen Immigranten wahrnehmen. Riis' Metaphorik, sein moralisierender Ton, ist, wie Rischin betont, noch ein Echo der Missionierungsbestrebungen, während Hapgoods Darstellung, im Stil ebenso wie im Inhalt, Ausdruck des nüchternen Realismus der jüngeren Generation ist.

Was Wirths Buch anbetrifft, so hält Rischin Hapgoods journalistische Studie für weit überlegen, weil es Wirths Untersuchung an Humanität der Methode mangele. Mit »Humanität der Methode« meint Rischin die Fähigkeit zur Empathie, die es ermöglicht, vor den Augen der Leser tatsächlich den »Geist« des Ghettos erstehen zu lassen. Rischins Kritik wird Wirths Studie, die über weite Strecken historisch angelegt ist, sicherlich nicht gerecht, aber sie verweist auf einen wunden Punkt, der aus der Einstellung der amerikanischen Juden gegenüber den jüdischen Immigranten aus Osteuropa, eine Mischung aus Patronage und Abwehr, herrührt (vgl. Szajkowski 1951). Auch Wirth folgt diesem Muster, wenn er die orthodoxe Lebensweise der Juden in Chicago, die in ihren Formen und Institutionen detailliert beschrieben wird, als sektiererisch und überlebt und, gemessen an den amerikanischen Standards, als inferior bezeichnet. Es ist diese Schlußfolgerung, die Wirths Monographie für Rischin tendenziös erscheinen läßt. Er gibt für dieses Urteil einen guten Grund an: als deutschstämmiger Jude sei Wirth gegenüber den ostjüdischen Immigranten voreingenommen.

Es spricht für Hapgoods Einsicht und Weitsicht, daß er im ersten Kapitel seines Buches auf den Unterschied zwischen Ostjuden und Juden deutscher Herkunft, die sich, als Siedler erster Stunde, mit dem *american way of life* identifizieren, eingeht. Im Vergleich zu Wirths Ghetto, das eine »kleine Welt« ist, provinziell und überlebt, läßt Hapgood vor den Augen der Leser eine andere Welt erstehen, die der amerikanischen Wirklichkeit einen Spiegel vorzuhalten vermag.

Muckraking

Anfang dieses Jahrhunderts nimmt das journalistische Interesse am Großstadtleben in der Gestalt des *muckraking*[8] politischen Charakter an. Unter *muckraking* ist das Abfassen sozialkritischer Artikel zu verstehen, die auf Fakten beruhen. Der hohe Stellenwert, der den Fakten beigemessen wird – »Facts, facts piled up to the point of dry certitude« (Ray Stannard Baker) –, ist nur zu verstehen, wenn man sie als Gegenteil

8 Die Prägung des Terminus *muckraker* (Schmutzaufwirbler) wird Theodore Roosevelt zugesprochen, der ihn, auf Bunyans *Pilgrim's Progress* bezugnehmend, in einer Rede vom 14. 4. 1906 verwendet (abgedruckt in: Shapiro [ed.], S. 3 ff.). Roosevelt, der seine politische Karriere nicht unwesentlich den Enthüllungen von Korruptionsfällen verdankte, reagierte damit offensichtlich auf die zunehmenden sozialistischen Tendenzen unter den Enthüllungsjournalisten.

von Illusionen sieht, die Resultat von Gutgläubigkeit sind. Die Fakten, die die *muckrakers* ausbreiten, liegen nicht auf der Straße, im Gegenteil, sie blühen im Verborgenen; worum es dem »exposure«-Journalisten geht, ist der Blick hinter die Kulissen, auf die Szenen, die sich hinter der Szene abspielen. Im Unterschied zum Stunt-Reporter, der eine geschlossene Institution öffentlich macht, zeigt der »exposure«-Journalist den geheimen Aspekt öffentlicher Institutionen auf. Dabei ist der *Prozeß* der Enthüllung ebenso wichtig wie das *Faktum*, das enthüllt wird; diejenigen, die sich in der Öffentlichkeit rechtschaffen geben, als Heuchler zu entlarven, ist ein über die Offenlegung konkreter Mißstände hinausgehendes, der Enthüllungstätigkeit zugrundeliegendes Motiv.
Die neuen populären »ten cent«-Magazine bilden das Forum für den »exposure«-Journalismus. Im Unterschied zu den traditionellen *highbrow*-Magazinen wie *Atlantic, Century* und *Scirbner's,* die, noch orientiert an den kontinentalen Vorbildern, so etwas wie Bücher in periodischer Form sind, gelten die populären Magazine wie *McClure's, Cosmopolitan* und *Everybody's,* die das Vorbild des *sunday supplement*, insbesondere die *feature-story* aufgreifen und erweitern, als Zeitungen in monatlicher Erscheinungsweise. Der Vorteil, den der Magazinjournalismus den aus dem Tagesjournalismus kommenden Autoren bietet, ist der unbedingt notwendige Mehraufwand an Zeit und Geld für die Recherche; wie immens dieser zum Teil war, zeigt das Beispiel von Ida M. Tarbell, die für ihre 1903/1904 in *McClure's* veröffentlichte Serie »History of the Standard Oil Company« vier Jahre lang recherchierte, mit einem Kostenaufwand von rund 50 000 Dollar. Hinzu kommt, daß diese Magazine, im Unterschied zu den Tageszeitungen, landesweit verbreitet werden; das lenkt die landesweite Aufmerksamkeit des Publikums nicht nur auf den angeprangerten Tatbestand, sondern auch auf die Journalisten, die, wie etwa Tarbell, Gustavus Myers oder Lincoln Steffens, mit einer Serie in die Geschichte der amerikanischen Publizistik eingehen.

Die Anfänge der Enthüllungsreportage, Vorläufer der klassischen muckraking-Periode zwischen 1903 und 1906, bilden Erweiterungen der Slum- und Unterwelt-Studien. Das läßt sich recht anschaulich anhand der Reportagen von Josiah Flynt Willard zeigen, der Artikelserien wie »True Stories From The Under-World« (zusammen mit Francis Walton, d.i. Alfred Hodder) (*McClure's*, vol. XV/XVI, 1900/1901) und »In The World Of Graft« (*McClure's*, vol. XVI/XVII, 1901) veröffentlichte. Weder Zugangsweise (verdeckte Beobachtung) noch Thema (Unterwelt) sind neu; neu ist der Blickwinkel, der sich nunmehr auf die Verbindungen zwischen Unterwelt und respektabler Gesellschaft konzentriert.
Die Reportagen zielen in erster Linie auf die Aufdeckung dessen, was Flynt, einen Begriff aus dem Unterwelt-Argot übernehmend, als »graft« (Schiebung, Korruption) bezeichnet. Die kurios anmutende Bedeutung, die der Übernahme des Terminus aus der Gaunersprache beigemessen wurde,[9] beleuchtet den Stellenwert, den das muckraking für das Leserpublikum hat, besser als dessen einzelne Enthüllungen. ›Graft‹ signalisiert den Blick hinter die Kulissen, verspricht ›insider‹-Wissen und bildet daher eine Metapher für den detektivischen Charakter der journalistischen Tätigkeit, die als enthüllende, unabhängig von Ziel und Zweck, *news value* besitzt. »In The World Of Graft« basiert auf Interviews mit Berufsverbrechern in New York, Chicago und Boston. Flynt deckt nicht nur die jeweils besonderen ›Geschäftsverbindungen‹ zwischen Ganoven auf der einen und Politikern, Polizisten und Richtern in diesen Städten auf der anderen Seite auf, was wichtiger ist, ist die Irritation, die durch die Verkehrung der herkömmlichen Vorstellungen von ›Gut‹ und ›Böse‹, von ›Redlichkeit‹ und ›Unredlichkeit‹ erreicht wird. Chicago ist für die Ganoven eine »ehrliche« Stadt, weil sich die dortige Polizei, im Unterschied zu New York, an die Abmachungen

9 *The Literary Digest* (Febr. 2, 1907) betitelte ihren Nachruf auf Josiah Flynt mit »The man who gave us the word graft«.

hält; was hier letztlich decouvriert wird, ist die Illusion, daß mit bestimmten Positionen bestimmte Tugenden verbunden sind.
Charakteristisch für das muckraking ist, daß Schiebung und Korruption zunächst bei jenen nachgewiesen werden, die qua Berufsethos redlich zu sein haben: bei Polizisten, Politikern, Richtern. Erst danach schwappt die muckraking-Welle auch auf den Bereich der Privatwirtschaft über. Die historische Reihenfolge der Themen des »exposure«-Journalismus, auch wenn sie Lippman in ihrer Idealtypik überzeichnet haben mag (1968, S. 17ff.), verweist auf den letztlich moralischen Charakter dieses Feldzugs der Desillusionierung. Zunächst stehen Vertreter des öffentlichen Lebens am Pranger, dann werden diese Standards auf Wirtschaftsunternehmen übertragen, die öffentliche Dienstleistungen privat verwalten (Eisenbahn-, Versicherungsgesellschaften usw.), um schließlich die Praktiken einzelner Privatunternehmensbereiche (sweatshop-Industrie; Lebensmittelindustrie; Patentmedizin) bloßzulegen.
Ob die Bewegung des muckraking letzten Endes zur Monopolisierung des Kapitals beigetragen hat, wie Vowe (1978, S. 264) behauptet, ist in dieser Allgemeinheit schwer zu entscheiden. Sicher ist, daß die Attacken auf bestimmte unternehmerische Bereiche und bestimmte Praktiken in diesen Bereichen eher im Sinne der Interessen der Großindustrie waren als daß sie im Gegensatz zu ihnen standen; zu denken ist dabei etwa an die sweatshop-Industrie und an die Patentmedizin. Gewiß blieb das muckraking als Reformbewegung nicht folgenlos; so erreichte sie z. B. das Verbot der Kinderarbeit und setzte den »Pure Food and Drug Edict« durch. Aber im großen und ganzen handelte es sich dabei im Endeffekt doch um nicht viel mehr als um ein »social face-washing« (Hofstadter), bei dem längst überfällige Veränderungen durchgesetzt wurden.
Entgegen McClure's werbewirksamer Beteuerung, daß diese Untersuchungen (gemeint war Flynts ›Graft‹-Serie) nicht ge-

macht worden seien, um die eitle Neugier zufriedenzustellen, hatte auch und gerade die Enthüllungsreportage ihren eigenen *curiosity*-Wert, nannte sie doch Namen, Orte, Daten. Cantwells Behauptung, daß die *muckraking*-Artikel nicht deshalb gelesen wurden, weil sie *Korruption* in Minneapolis aufdeckten, sondern weil sie über *Minneapolis* berichteten, ist nicht so leicht von der Hand zu weisen:

»In doing this they drew a new cast of characters for the drama of American society: bosses, professional politicians, reformers, racketeers, captains of industry. Everybody recognized these native types; everybody knew about them; but they had not been characterized before; their social functions had not been analyzed. At the same time, the muckrakers pictured stage settings that everybody recognized but that nobody had written about – oil refineries, slums, the redlight districts, the hotel rooms where political deals were made – the familiar, unadorned, homely stages where the teeming day-to-day dramas of American life were enacted« (Cantwell 1968, S. 22f.).

Die Enthüllungsreportagen, die vergleichend vorgehen, weil sie landesweit verbreitet werden, stellen rudimentäre Beiträge zu einer komparativen Großstadtsoziologie dar. Den Lesern wird eine deskriptive Einführung in die Soziologie der modernen amerikanischen Gesellschaft, in die Soziologie neuer Berufsgruppen und Institutionen gegeben. Zum ersten Mal gelingen dabei Verallgemeinerungen: Es stellt sich heraus, daß bestimmte Praktiken nicht New-York-, Chicago- oder Philadelphia-spezifisch sind, sondern den gesellschaftlichen Verhältnissen geschuldet sind.

3. Der Reporter als urbaner Kundschafter

Die amerikanische Presse des ausgehenden 19. Jahrhunderts, Institution und Instanz des Übergangs zur Moderne, leistet einen Beitrag zur Herausbildung einer Mentalität, die den großstädtischen Bedingungen entspricht. In ihrer Erscheinungsweise (Morgen-, Abend-, Sonntags- und Extrablatt), in der Art ihrer Distribution (Straßenverkauf) und in ihrer Präsentation (Schlagzeilen) schlägt sich der großstädtische Rhythmus nieder. Die Titelseite der Tageszeitung ist, darauf hat Fisher (1975) aufmerksam gemacht, mit ihrer Präsentation unterschiedlicher Ereignisse, selbst eine Art ›Menschenmenge‹ und bildet den raschen Wechsel von Erfahrung heraus. Indem sie den Lesern ein Bild der Stadt als eines Theaters zeichnet, in dem plötzliche, gewaltsame Geschehnisse einander mit konvulsivischer Geschwindigkeit ablösen (Weisberger 1961, S. 136), »spritzt« die »crime-and-fire«-Presse, um eine Bemerkung von Benjamin über das Feuilleton aufzugreifen, »das Gift der Sensation der Erfahrung gleichsam intravenös ein« (Benjamin 1983, II, S. 966). Aber bei aller berechtigten Kritik der Sensationspresse wird dabei vergessen, daß dieses »Gift der Sensation« in der Natur der Großstadterfahrung selbst begründet ist. Für jene, die vom Lande oder aus der Alten Welt in die Großstadt kommen – und das ist die überwältigende Mehrheit –, ist die amerikanische Großstadt tatsächlich eine Sensation, ein Spektakel, ein Theater mit permanenter Aufführung. Aus dieser Tatsache wird nicht nur die *human interest story*, sondern auch der frühe Großstadtroman gespeist; die Beschreibung von Caroline Meebers (»Sister Carrie«) Ankunft in Chicago kann in dieser Hinsicht als paradigmatisch gelten.

Sich in der Großstadt, mit ihrem ununterbrochenen Wechsel der Eindrücke, ihrer verwirrenden Vielzahl an Signalen und ihren fragmentierten Räumen zurechtzufinden, *ist* ein Abenteuer, das von dem Neuankömmling eine kulturelle Anpassungsleistung, ja, die »Neuformierung von Charakter und Wesen, von Psyche und Physis« verlangt (Korff 1986, S. 145). Kann das deutlicher gemacht werden als durch den Bericht des deutschen Reisenden Arthur Holitscher, der sich 1912 in Chicago, »der schrecklichsten Stadt des Erdballs«, auf der Straße in einen »Wirbelsturm von Menschen« hineingetrieben fühlt, »daß mir Hören und Sehen vergeht« (1916, S. 9)? Die Großstadt lädt geradezu zur Nachforschung ein, legt den Eintritt in fremde Räume nahe. Als Zeitungsreporter schätzte

Theodore Dreiser Chicagos Heterogenität, die Viertel, die »angefüllt waren mit großen, schwarzen Fabriken, Viehhöfen, Stahlwerken, Pullmandepots«, »jene rauhen Nachbarschaften, wo... trunkene und lüsterne Schlampen und Rabauken in ihrer selbstgemachten Hölle herumlungern«, und, als Kontrast, jene Gegenden, »wo livrierte Diener an den Türen standen und Wagen durch weite Tore unter schweren Gewölben hereinfuhren« (Dreiser 1922). In den Augen von Dreiser ist das Großartige der Großstadt ihre Vielfalt. Die Reportagen, die sich dieser Vielfalt verdanken, bieten mit ihren Beschreibungen der Stadt, mit ihren Darstellungen großstädtischer Einrichtungen und Berufsgruppen und mit ihren Geschichten über ethnische Viertel und ihre Bewohner den Lesern Ersatz für fehlende Anschauung, bringen Fremdes nahe und machen Neues verständlich.

Der Reporter fungiert in diesem Kontext als Kundschafter, der seinen Lesern von Glanz und Elend der Großstadt berichtet. Stellvertretend für den Leser tritt er die Reise ins Innere von Metropolis an: Er ist es, der aus der Innenwelt der sweatshops, der Schlachthöfe und der Fabriken berichtet; er bringt dem Leser die Welt der Vaudeville-Theater, der großen Hotels und der Warenhäuser nahe; er kundschaftet Mietskasernen aus und streift durch Rotlichtbezirke, und er ist es, der sich auf die Reise ins »Mosaik der kleinen Welten« von Metropolis, auf einen Trip »Around The World In New York« begibt, wie der Titel einer von Park besprochenen Artikelserie lautet. Als Kundschafter entwickelt der Reporter Recherchetechniken, die dem Image des Abenteurers ebenso wie den veränderten Gegebenheiten in der großstädtischen Welt entsprechen: die Beobachtung und das Interview, die Untersuchung vor Ort und die undercover-Recherche. Die Großstadt setzt die Kunst des Beobachtens frei; erst in ihr ist die Rolle des Beobachters möglich, erst dort ist die Chance gegeben, in verschiedene Rollen zu schlüpfen. Wie der Ethnologe hat auch der Reporter seine Gewährsleute, »key persons« wie den Hausmeister, den Hotelportier, den Bartender und seine

›eingeborenen‹ Informanten in den ethnischen Vierteln. Wie der verdeckt vorgehende teilnehmende Beobachter übernimmt er Rollen als Arbeitslose(r) und Wohnungsuchende(r), als Arbeiter(in) und Verkäufer(in), als Bettler(in) und Geisteskranke(r), um den Lesern Einblick in fremde Lebenswelten und in die Arbeitsweise bestimmter Institutionen zu vermitteln.

Wie fragmentarisch auch immer, vermittelt der Reporter seinen Lesern die Innenansichten fremder Lebenswelten. Indem er das Unbekannte (den Gottesdienst in einer Synagoge, das Patronatsfest in »Little Italy«, die sozialen Organisationen von »Chinatown«) vor Augen führt, hilft er, Unwissen zu überwinden und zu Toleranz zu ermutigen. Die detaillierte Ortsangabe (»between Ninety-sixth street and One Hundred Sixteenth on the East Side of Manhattan Island«) ist dabei nicht nur Dekor, sondern auch eine von den Lesern nachvollziehbare Erschließung des großstädtischen Raumes.

»Auf der Reise um die Welt in New York« werden weiße Flecken auf der geistigen Landkarte der Leser getilgt und mit Leben erfüllt. Auf diese Weise trägt der Reporter dazu bei, die Großstadt »zu einem Gefüge vielfältiger Lebenswelten und Kulturformen zusammenzuschweißen« (Korff 1987, S. 645).

Damit erfüllt der Reporter jene ästhetische Funktion, von der George Herbert Mead in seinem Aufsatz »The Nature of Aesthetic Experience« spricht. Für Mead trägt jede Erfindung, die es möglich macht, sich in die Situation anderer zu versetzen, die die Chance eröffnet, an den Gedanken anderer teilzuhaben, zur Vergesellschaftung bei. Zu diesen Erfindungen zählt er auch die Presse. Dabei unterscheidet er zwischen der informativen, das Publikum mit unmittelbar handlungsrelevanten Nachrichten versorgenden Funktion (Nachrichten, als deren Prototypen der Börsenbericht und die Wahlergebnisse genannt werden) und der ästhetischen Funktion, die sich im »story«-Journalismus niederschlägt. In der Regel wird der Reporter nicht ausgesandt, um Fakten zu beschaffen, sondern

um eine »story« zu bekommen. Diese mag trivialer Art sein, mag den Leser nur mit sentimentalen Entschädigungen für die eigene Misere versorgen. Aber wenn die Geschichte, die der Reporter einholt, dazu dient, »dem Leser seine eigene Erfahrung als die gemeinsame Erfahrung der Gemeinde zu vermitteln, als deren Teil er sich fühlt« (Mead 1926, S. 390), dann erfüllt die Presse eine ästhetische Funktion, d. h. sie trägt dazu bei, Menschen derart zusammenzuführen, daß sie in das Leben des jeweils anderen eintreten können. Der »literarische Journalismus«, den Lincoln Steffens als leitender Redakteur des *Commercial Advertiser* (1897-1901) propagiert hat, entspricht in der Programmatik ganz dem Modell des story-Journalismus, wie es Mead gezeichnet hat: »... it is scientifically and artistically the true ideal for an artist and for a newspaper: to get the news so completely and to report it so humanly *that the reader will see himself in the other fellow's place*« (Steffens 1931, S. 317; meine Hervorhebung, R. L.).
Die Reportagebeispiele, die ich vorgestellt habe, gehören sicherlich zum Besten der Gattung, d. h. sie deuten deren Möglichkeiten eher an, als daß sie Ausdruck des journalistischen Alltags sind. Dieser wird um die Jahrhundertwende eindeutig durch die Sensationsberichterstattung des »gelben Journalismus« dominiert, die mit ihren Schockeffekten zu einer Art von Erfahrung beiträgt, die, so Habermas, nicht kumuliert, sondern regrediert und die Leser mit jenen Tagträumen versorgt, von denen Mead sagt, daß sie uns für unsere Niederlagen, unsere Unterlegenheit und unsere uneingestandenen Fehlschläge entschädigen.
Daß dem so ist, läßt meinen hypothetischen Schluß, daß die Großstadtreportage für die *urban sociology* Chicagoer Provenienz Pate gestanden hat, nicht unbedingt falsch erscheinen, im Gegenteil. Gerade weil der Reportage im Kontext eines Pressewesens, das auf Gewinn zielt, Grenzen gezogen sind, kann sie als ein nicht eingelöstes Modell der Großstadterkundung von einer realistischen Soziologie aufgegriffen werden, die sich zugleich als ein Medium der kommunikativen Ver-

ständigung begreift. In seiner Autobiographie hat Steffens diesen Gesichtspunkt in die Worte gefaßt, daß das, was Reporter wissen, aber nicht berichten, entweder Soziologie oder Literatur wird. Denn ebenso wichtig, wenn nicht wichtiger, als sein Stellenwert als Berufsfeld ist die Bedeutung des Journalismus als Erfahrungsraum.

Kapitel II
Der Soziologe als City Editor: Robert Ezra Park

»Why go to the North Pole or climb Everest for adventure when we have Chicago?«

Robert Ezra Park

1. Daily News und Thought News

Don Martindale hat die Chicago School of Sociology einmal als »urbanism incorporated« bezeichnet. Obwohl das Themenspektrum der Chicagoer Soziologie, wie die Liste der zwischen 1920 und 1935, also in der klassischen Phase, abgeschlossenen Dissertationen bezeugt, weit gefächert ist[1], wird sie mehr oder weniger mit Feld (Metropole Chicago) und Forschung (Ethnographie) gleichgesetzt (Bulmer 1984, S. 12).
Diese Gleichsetzung zeigt sich nicht nur darin, welche Studien als Klassiker in die Soziologiegeschichte eingegangen sind, sondern auch an dem, was im Kontext der Wiederentdeckung als Vermächtnis der Chicago School angesehen wird: sowohl die Neo-Chicagoer im Umkreis der Zeitschrift *Urban Life* wie die sich auf die Chicagoer Tradition berufenden Ethnologen im Umkreis der Zeitschrift *Terrain. Carnets du Patrimoine ethnologique* konzentrieren sich auf ethnographische Forschung im städtischen Raum.
Wenn behauptet wurde, daß die journalistische Reportage Pate für die soziologische Großstadtforschung gestanden hat, dann ist diese Aussage an die Biographie eines Mannes gebunden, der sich selbst, will man Everett C. Hughes Glauben schenken, im Alter von 50 Jahren als Versager gesehen hat: *Robert Ezra Park* (1864-1944). Nun mag die Einschätzung

1 Vgl. Faris 1970, S. 137ff., sowie die Rangskala der M.-A.- und Ph.-D.-Themen zwischen 1915 und 1935 bei Lofland 1983, S. 499.

des Scheiterns aus einer dramaturgischen Absicht herrühren, der namentlich Biographen huldigen, wenn es der Lebensweg, den sie nachzeichnen – der ja in letzter Instanz ein erfolgreicher war –, zuläßt. Sicher ist, daß sich Park über lange Strecken seines Lebenswegs als Suchender empfand, der noch nicht zu seinem ›Beruf‹ gefunden hatte. Aus solchem Stoff sind in der Tat gescheiterte Existenzen gemacht, die an der Diskrepanz zwischen Wunsch und Wirklichkeit zugrunde gehen. Der dramatische Effekt der Aussage verdankt sich jedoch der Umkehrung dieses Prinzips, die in der Sentenz »wie ein Phönix aus der Asche« sprichwörtlich geworden ist: Im selben Lebensjahr, in dem sich Park laut Hughes als gescheitert betrachtet, kommt er an die soziologische Abteilung der Universität Chicago und wird für rund zwei Jahrzehnte deren Zentralfigur.

Park, 1864 in Harveyville, Luzerne County, Pennsylvania, geboren, aufgewachsen in Red Wing, einem kleinen Ort am Ufer des Mississippi, studiert zunächst ein Jahr Ingenieurwissenschaften, dann, vom Herbst 1883 bis zum Frühjahr 1887, Philologie, Geschichte und Philosophie an der Universität von Michigan, letzteres bei Dewey.[2] Nach Erwerb des B.-A.-Grades arbeitet er bis 1898 als Reporter und Redakteur in Minneapolis, Detroit, Denver, New York und Chicago. Als *general assignment*-Reporter deckt er das gesamte zeitgenössische Repertoire ab: von der Gerichtsreportage über den Lokalbericht bis zu Theaterkritiken. 1898 nimmt er in Harvard sein Studium wieder auf, hört dort u. a. bei William James und Hugo Münsterberg und erwirbt 1899 seinen M.-A.-Grad. Im WS 1899 setzt Park sein Studium in Berlin, wo er bei Simmel und Paulsen[3] hört, fort, geht dann nach Straßburg, um bei Windelband und Knapp zu studieren und folgt schließlich

2 Park belegte bei Dewey u. a. Kurse über »Empirische Psychologie«, »Psychologie und Philosophie«, »Hegels Logik« und »Kants Kritik der reinen Vernunft«.

3 Bei Simmel hörte Park u. a »Soziologie« sowie »Philosophie des 19. Jhs.«, bei Paulsen u. a. »Schopenhauers Welt als Wille und Vorstellung«.

Windelband nach Heidelberg,[4] wo er 1903 mit einer Arbeit über »Masse und Publikum. Eine methodologische und soziologische Untersuchung« zum Dr. phil. promoviert. Im Herbst 1903 kehrt Park in die Vereinigten Staaten zurück, wird zunächst Assistent für Philosophie in Harvard, arbeitet gleichzeitig als Sekretär der *Congo Reform Association* und wird schließlich 1905 Presseagent für den farbigen Bürgerrechtler Booker T. Washington, für den er auch als *ghost writer* wirkt. 1914, im Alter von 50 Jahren, holt ihn William Isaac Thomas als *lecturer* an das soziologische Department der Universität Chicago.

An diesem Werdegang fällt die publizistische Tätigkeit als eine Art Zäsur auf, die man angesichts der Dauer von nahezu 12 Jahren kaum als Episode bezeichnen kann. Es drängt sich nicht nur die Frage auf, warum Park Journalist wurde, sondern auch die, warum er nicht Journalist blieb. Letzteres führt Faris (1970, S. 28) auf Parks Interesse zurück, unter die Oberfläche des ihn beschäftigenden Gegenstandes (hier: die Großstadt und das Nachrichtenwesen) zu gelangen. Gewiß entspricht ein solcher Modus, wie noch zu zeigen sein wird, Parks Mentalität; in Rechnung zu stellen ist aber auch, um ein nicht allzu idealisierendes Bild zu zeichnen, die prekäre Berufssituation von Journalisten, deren Laufbahn sich häufig von einem bestimmten Zeitpunkt bzw. Alter an als eine Sackgasse erweist. In einem Brief an seine Braut und spätere Frau Clara Cahill schreibt Park 1893:

> »When I fall to worrying about the future – when I fear I am destined always to be a reporter at 25 Dollar at week – when I have the moment of real dizziness and distrust, one thought of you has made them vanish« (zit. n. Raushenbush 1979, S. 24).

Der Hinweis auf den Verdienst ist ein Indiz dafür, daß Park nicht zur ersten Riege der Reporter gehörte; 1892 betrug das

4 Bei Windelband belegte Park u. a. »Logik«. In Heidelberg studierte er außerdem bei Hettner und belegte die Kurse »Einführung in das geographische Verständnis deutscher Landschaft und Kultur« sowie »Geographische Übungen«.

Robert E. Park, Berlin 1900
Zeichnung von Clara Cahill Park.

durchschnittliche Gehalt eines »general assignment«-Reporters 25 Dollar die Woche (vgl. Mott 1950, S. 489). Aber Park wollte, wie viele seiner Kollegen, auch nicht sein Leben lang Reporter bleiben. Das hat nicht nur etwas damit zu tun, daß man spätestens mit 40 Jahren zu den alten, ausgebrannten Reportern gehörte.[5] Wichtiger ist, daß die Tätigkeit als Reporter als eine Art Durchgangsstadium auf dem Weg zum Herausgeber oder, ein häufiges, mehr oder weniger heimliches Motiv derer, die sich dem Journalismus zuwandten, als Interim auf dem Weg zum Schriftsteller angesehen wurde. Wer noch mit 40 in der Profession war, hatte schlicht den Anschluß bzw. den Absprung verpaßt: Reporter zu sein war für einen großen Teil derer, die diesen Beruf in den 1890er Jahren aufnahmen, Teil einer persönlichen Suchbewegung. Dieses Motiv ist auch zentral für das Verständnis von Parks Werdegang.

Zweifellos war Park unzufrieden mit, ja, wie er unter dem Eindruck seiner New Yorker Erfahrungen schreibt, angewidert von dem Zustand der zeitgenössischen Presse (REPA 1:3). Diese mit der Hoffnung auf eine *journalistische* Alternative verbundene Unzufriedenheit kommt in einer kurzen, aber nachhaltig wirkenden Episode in seiner journalistischen Laufbahn zum Ausdruck.

Um 1890 unterbreitete der Journalist Franklin Ford dem Philosophen John Dewey den Plan für eine neuartige Zeitung, die Teil eines gigantischen Intelligenz-Trusts sein sollte.[6] Die

5 Park selbst hat einen diesbezüglichen (allem Anschein nach von Lincoln Steffens übernommenen) Hinweis in seiner »Autobiographical Note« gegeben, in der es heißt, daß »das Leben des durchschnittlichen Zeitungsmannes zu der Zeit etwa acht Jahre dauerte. Blieb er länger in dem Beruf, dann fiel sein Wert beständig« (Park 1950, S. v). Drastischer äußerte sich Mencken: »Der Ausweg ist, falls möglich, sich mit dreißig zur Ruhe zu setzen oder mit vierzig mit dem Rasiermesser über die Halsschlagadern zu gleiten« (Mencken 1975, S. 57).

6 Bei meiner Darstellung der »Thought News«-Episode beziehe ich mich auf Coughlan (1975), Czitrom (1982), Feuer (1959), McGlashan (1979/80) sowie auf unveröffentlichte Seminarnotizen zum Thema Presse von Park (REP 2:8). Den Begriff Intelligenz-Trust hatte Ford von Dewey. Kuklick

Idee zu diesem Trust hatte Ford, der als exzentrisch und ›spinnert‹ beschrieben wird[7], aus seiner journalistischen Praxis gewonnen. Als Redakteur des Finanzblattes *Bradstreet's* hatte er die Anfrage eines Geschäftsmannes erhalten, der um nähere Auskünfte über die ökonomische Situation der Landwirtschaft in einer bestimmten Region im Westen bat. Ford schlug daraufhin dem Management von Bradstreet's die Einrichtung eines »National Bureau of Investigation« vor, das Angebot und Nachfrage zusammenführen und Auftragsstudien, etwa für potentielle Investoren, durchführen sollte.

Sein Plan, der letztlich darauf abzielte, das »organische Prinzip« der Gesellschaft auf der Basis der neuen Kommunikationsmittel zu verwirklichen, wurde vom Management abgelehnt.[8] Nach jahrelangen vergeblichen Versuchen, andere Zei-

(1980) ordnet Deweys »Intelligence Trust« neben Veblens »Soviet of Technicians« und Wards »Sociography« den zeitgenössischen Konzepten einer Diktatur der Experten zu.

7 McGlashan verweist darauf, daß die Unterstellung des ›Spinnertums‹ vor allem von deweyphilen Autoren verbreitet wurde. Das mag seinen Grund darin haben, daß es gerade Dewey war, der bei der Bekanntgabe des Thought News-Projekts zur Zielscheibe sarkastischer Kommentare in der Tagespresse wurde: »It is generally understood ... that Mr. Dewey proposes to get out an ›extra‹ everytime he has a new thought« (zit. n. Coughlan, a.a.O., S. 104). Auch Joas (1980, S. 214, Anm. 25) kritisiert, daß bei Coughlan aus den »revolutionären Syndikalisten« Franklin und Corydon Ford »einfache Spinner« werden. Das Argument freilich, daß Ford seinen Zeitgenossen nicht nur als seltsam erschien, sondern es tatsächlich auch war, läßt sich nicht so ohne weiteres von der Hand weisen. Mich überzeugt die Position von Oliver Wendell Holmes jr. am meisten, der in einem Brief an F. E. Pollock äußerte, daß ihm Ford »halbspinnert« vorkomme: »Aber der Mann hat Ideen« (Burton 1982, S. 12).

8 Ford sprach von der nachrichtensammelnden und nachrichtenverbreitenden Maschinerie aus Druckerpresse, Lokomotive und Telegraph. Letzten Endes lief das Projekt auf die Vereinheitlichung des sozialen Körpers qua Sozialisierung des Wissens hinaus: »In place of writing about sociology so-called, we proceed to publish the sociological newspaper« (Ford 1892). Einige Jahre später sagte Dewey in einer Vorlesung: »Interpretation is the aim of social science. A proper daily newspaper would be the only possible social science« (Niederschrift Cooley, zit. n. Matthews 1977, S. 28). Joa-

tungsherausgeber für dieses Projekt zu gewinnen, ›tourten‹ Franklin Ford und sein Bruder Corydon (der als ein noch eigenartigerer Charakter beschrieben wird) die philosophischen Fakultäten von Columbia, Cornell, Harvard, Yale und anderer Universitäten auf der Suche nach einer Person, die die Reichweite des Prinzips und seine praktische Bedeutung verstand, um schließlich bei Dewey zu reüssieren. Dewey war von der Idee begeistert. In einem enthusiastischen Schreiben an William James vom 3. 6. 1891, in dem er von der »wundervollen persönlichen Erfahrung« mit Ford berichtet, erklärt Dewey, daß er Ford die Einsicht verdanke, daß die Philosophie, die bislang die Einheit von Geist und Außenwelt bloß behauptet habe, nunmehr die Bedingungen ihres objektiven Ausdrucks herzustellen vermag (Feuer, a.a.O., S. 548 f.). Das Projekt des »Intelligenz-Dreiecks« bestand in der Einrichtung dreier Gesellschaften, (1) einer Nachrichtenagentur, die verschiedene Zeitungen, nämlich ein nationales Blatt (»Newsbook«), ein in mehreren regionalen Ausgaben erscheinendes Lokalblatt (»The Town«) sowie ein Anzeigenblatt (»The Daily Want«) herausbringen, (2) eine »Class News Company«, die Spezialblätter (»Grain«, »Fruit«, »Chemical News« etc.) publizieren, sowie (3) einem Nachrichtenbüro namens »Fords« (sic!), das vor allem Banker, Geschäftsleute und Politiker mit Informationen versorgen sollte. Auch über den Slogan war sich Ford schon im klaren: »Buy your facts at Fords.«[9] Das Intelligenz-Dreieck sollte so

chim Moebus hat mich darauf aufmerksam gemacht, daß Ford in der Tradition des saint-simonistischen Assoziationsprinzips steht. Ich verfolge den mich überzeugenden Hinweis an dieser Stelle nicht weiter.

9 Es mag die Mischung von detaillierten Angaben (so legt Ford nicht nur den Slogan vor, sondern kündigt überdies bereits die New Yorker Adressen des Informationsbüros – »Wall street, Broadway and Worth street, Fourteenth street, Twenty-third street, Thirty-fourth street, Fifty-ninth street and Harlem« – an) und utopisch anmutendem Entwurf gewesen sein, die dazu beigetragen hat, daß seine Vorschläge nicht die gebührende Beachtung fanden. Im nachhinein wirkt das Medienkonzept aus traditionellen Intelligenzblättern und heutigen Datenbanken, von Zielgruppenzeit-

organisiert werden, daß ein Tatbestand (z. B. eine Entdekkung in der Chemie) an drei Publika weitervermittelt werden sollte: »The Social Rendering, meeting the Interest of the Whole through the News Association; »The Special Rendering, meeting the Class Need through the Class News Company«; »The Individual Rendering, meeting the Particular Demand for Information through Fords« (vgl. Graphik in Ford, o. J. [1892], S. 4). Als Eröffnung dieser Informationsrevolution war die Herausgabe der Zeitung »Thought News – A Journal of Inquiry and a Record of Fact« (so der in Aussicht genommene Titel) vorgesehen. Park, der Anfang 1892 erstmals aus der Zeitungsbranche aussteigen wollte, erfuhr durch Dewey von diesem Projekt und entschloß sich spontan zur Mitarbeit. Was ihn besonders beeindruckte, war die Konzeption der Presse als »common carrier«, als Distributor und Organisator von Wissen.

Im April 1892 wird *Thought News* als ein Journal angekündigt,

»which shall not discuss philosophical ideas per se but use them as tools in interpreting the movements of thought; which shall treat questions of science, letters, state, school and church as parts of the one moving life of man and hence common interest, and not to relegate them to separate documents of merely technical interest; which shall report new investigations and discoveries in their net outcome instead of in their overloaded gross bulk; which shall note new contributions to thought, whether by book or magazine, from the standpoint of the news in them, and not from that of patron or censor« (zit. n. Coughlan, a. a. O., S. 102).

Warum das Projekt gescheitert ist, bleibt unklar. Die erste

schriften und Anzeigenblättern außerordentlich weitsichtig, ja visionär, »zu fortgeschritten für die Reife derer, die die Idee im Kopf hatten«, wie es Dewey retrospektiv einschätzte (Feuer, a. a. O., S. 535). Es mag die fehlende Anerkennung der visionären Ideen sein, die in Ford eine intellektuelle Überheblichkeit stimulierte, die sich bis zu Zügen des Größenwahns steigerte. In späteren Jahren nahm er für sich in Anspruch, »so viel getan zu haben wie Darwin, mit zweimal so viel, was zu tun bleibt« (zit. n. Burton 1982, S. 12).

Ausgabe von *Thought News* wurde zwar gesetzt, aber nie gedruckt. Es mag sein, daß die Reaktionen auf die öffentliche Ankündigung Dewey entmutigt haben.[10] Nichtsdestoweniger aber hatte die *Thought News*-Episode sowohl auf Dewey (deutlich kommt der Nachklang in »The Public and Its Problems« [1927] zur Geltung) als auch auf Park einen bleibenden Einfluß. Park verdankte Ford nicht nur die Idee der »Big News«, die für ihn, ähnlich wie die Vorstellung vom Soziologen als »Super-Reporter«, zum Schlagwort wurde; vor allem schlug sich Fords Vorstellung von Kommunikation als kohäsivem gesellschaftlichem Prinzip in Parks Nachrichten- und Kommunikationstheorie nieder.[11] Es ist erstaunlich, aber wohl symptomatisch für den geringen Stellenwert, den Parks Soziologie hierzulande einnimmt, daß Habermas in seiner Theorie kommunikativen Handelns Parks Überlegungen unberücksichtigt läßt. Habermas' aus der Marxschen Differenzierung von Produktivkräften und Produktionsverhältnissen gewonnene Unterscheidung von Arbeit und Interaktion, von instrumentellem und kommunikativem Handeln findet ihre Entsprechung in Parks Unterscheidung von Konkurrenz und Kommunikation. Ähnlich wie für Habermas instrumentelles Handeln mit dem Zwang der äußeren Natur korrespondiert, so ist für Park Konkurrenz ein Ausdruck und Mittel des so-

10 In der *Detroit Tribune* vom 11.4. 1892 heißt es: »Just how Mr. Dewey is to report thought no one seems to exactly understand, and Mr. Dewey has not yet explained ... It is generally understood ... that Mr. Dewey proposes to get out an ›extra‹ everytime he has a new thought – in that case the subscribers will be largely dependent upon the stability of Mr. Dewey's digestion for their news« (zit. n. Coughlan, a. a. O., S. 104).

11 Neben den verschiedenen Nachrichten-Aufsätzen und seinem Aufsatz »Physics and Society« (1940) denke ich dabei insbesondere an seine »Reflections on Communication and Culture« aus dem Jahre 1938, in denen er, eine Überlegung von Sapir aufgreifend, zwischen referentiellen und expressiven Formen der Kommunikation (z. B. Wissenschaft/Literatur) unterscheidet. Auffallend ist die Ähnlichkeit dieser Unterscheidung mit Meads Differenzierung der informativen und ästhetischen Funktion der Presse.

zialdarwinistisch aufgefaßten Kampfes ums Überleben, der sein soziales Korrektiv in Kommunikationsprozessen findet. Konkurrenz ist für Park das Prinzip der Individuation, während Kommunikation als ein integrierendes und vergemeinschaftendes Prinzip operiert. Kommunikation schafft jenen Konsens, durch den eine soziale Gruppe den Charakter einer kulturellen Einheit gewinnt. Anders ausgedrückt ist Kommunikation, wenn nicht gar identisch mit, so doch unabdingbar für den kulturellen Prozeß der Verständigung, den »konsensfähigen Deutungsschemata« im Sinne von Habermas. Als vergesellschaftendes Prinzip trägt Kommunikation zur Hervorbringung einer kulturellen (moralischen) Ordnung bei, die als Korrektiv gegenüber dem Wildwuchs der symbiotischen (ökologischen) Ordnung fungiert.

Unübersehbar ist die Übereinstimmung mit bzw. Orientierung an Deweys Reflexionen über Kommunikation und Gesellschaft. Parks Unterscheidung von physiologischer und instinktiver Ordnung einerseits, rationaler und moralischer Ordnung andererseits (Park 1940) findet ihre Entsprechung in Deweys Differenzierung von physischer/biologischer und sozialer/kultureller Aggregation. Mehr noch: In der Verbindung »rational und moralisch« sind bereits die sprachlich vermittelten Prozesse der Voraussicht und der Empathie mitgedacht, die für Dewey die Grundpfeiler des Gemeinschaftslebens bilden. Voraussicht als systematischer und intentionaler Prozeß und Empathie als die Fähigkeit, sich in andere hineinzuversetzen, sind aber zwei grundverschiedene Aspekte menschlicher Erfahrungsfähigkeit. Es ist die Überbetonung der planenden Voraussicht und die völlige Vernachlässigung der Einfühlung, die Park in seinem Seminar »The Press« zur Kritik an Fords Modell führt: »Ford did not take account of what I have called the cultural process; the process by which we get such an understanding of one another, such a common understanding that we can differ, can have public opinion, can discuss« (Class room plan, The Press, Feb. 25, '21, REP 2:8).

Auch wenn sich in der Zuwendung zum *Thought News*-Prozeß eine Kritik an dem zeitgenössischen Journalismus äußert, wäre es ein Fehler, den Einfluß der tatsächlichen journalistischen Praxis auf die soziologische Laufbahn von Park zu unterschätzen. Mag auch die Berufstätigkeit aufgrund der letztlich begrenzten Möglichkeiten desillusionierend gewirkt haben, so ist sie als Erfahrung, auch und gerade über das Publizierte hinaus, kaum überzubewerten.

Thought News-Projekt und journalistische Praxis scheinen sich wie die Vermittlung systematischen Wissens zur Aneignung von Erfahrungswissen zu verhalten. Diese von William James übernommene, mit einer langen Tradition versehene Unterscheidung von »acquaintance with« (Kennen) und »knowledge about« (Wissen),[12] spielt in Parks wissenschaftlichen Arbeiten, in seiner Lehre und in seinen biographischen Selbstverständigungen eine zentrale Rolle. In ihr spiegelt sich Parks Denkweise, das Fortschreiten von Erfahrungen zu Begriffen, ein gewissermaßen lebensprogrammatisch gewordenes »learning by experience«, wie es etwa am Beispiel des »marginal man«-Konzepts evident wird.

Die Philosophie der Wissensformen entspricht, als Abstraktion, den vorgängigen Erfahrungen von Park; nur so läßt sich auch der unmittelbare Gebrauch dieser Unterscheidung in der Lehre angemessen beurteilen. »Become acquainted with people« als Handlungsanweisung bedeutet, sich ins »Feld« zu begeben.

»Acquaintance with« ist das Wissen, das man durch Erfahrung aus erster Hand erwirbt, während »knowledge about« systematisches Wissen meint, das konkrete Realität durch Begriffe ersetzt. Das »Kennen« geht für Park stets dem »Wissen« voraus: »It is, in the last analysis, from acquaintance knowledge

12 William James rekurriert in »The Meaning of Truth« (1885) auf John Grote (»Exploratio Philosophica«, 1865), der wiederum von Hegel (»Phänomenologie des Geistes«, 1807) inspiriert wurde. Vgl. auch Merton (1972) unter einer für diese Untersuchung anregenden Fragestellung.

and nowhere else that we derive the raw materials for our more recondite and sophisticated ideas about things« (Park, The Sociological Method, Typoscript, S. 6; REPA 5:4).
Park zeigte sich von der Anzahl der Beispiele beeindruckt, bei denen die Sozialwissenschaften einige ihrer profundesten Einsichten Personen verdankten, deren Wissen eher auf einer weiten und intimen Kenntnis der Menschen und ihrer Handlungen als auf methodisch angelegten Untersuchungen einer systematischen Wissenschaft beruhte. In solchen Fällen kann es zu erfahrungsgesättigten »Einfällen« kommen, die in der Geschichte der Wissenschaft, so Park, häufig den Auftakt für bedeutende Entdeckungen bilden. Als Beispiele für Wissenschaftler mit einem großen Erfahrungsradius nennt Park Walter Bagehot, Adam Smith, William Graham Sumner und Georg Simmel:

»None of these men, with the possible exception of Simmel, were systematic students of society. They were, however, men whose intellectual interests led them to range widely over the surface of events and to reflect deeply upon the human scene in the various aspects in which it presented itself to them. One might describe them, perhaps, as human naturalists, curious and interested observers of human relations, somewhat as Darwin and the naturalists of the last century were of the interrelations of the lesser organisms« (Park 1950 [1940b], S. 304).

Im Insistieren auf Anschauung verbirgt sich eine existentielle Komponente, die sich in der Hinwendung zum Journalismus niederschlägt. Park findet sein Erfahrungsfeld in der journalistischen Praxis, die er retrospektiv als Lehrzeit begreift.
Parks journalistische Tätigkeit wäre aufgrund der gängigen Praxis der zeitgenössischen Tagespresse, Artikel nicht namentlich zu kennzeichnen, nur schwerlich rekonstruierbar, wären nicht einige Dokumente erhalten, die einen Eindruck vom Inhalt und der Spannweite dieser Tätigkeit vermitteln. Park selbst hat in seinem »Newspaper«-Seminar einen Abriß seiner Tätigkeit gegeben:

»I Detroit. Going after the Rich. Writing Feature Stories.
II Denver. Writing hangings and murders for six months.
III New York and the New York Journal. Essex Market Police Court ... Jacob Riis' How The Other Half Lives ... East Side News; Strunky's. Greenwich Village.
IV Chicago. The Levee.«

In einer anderen Seminarskizze heißt es ergänzend: »Muckraking. Going after the Gamblers (Hunting up the Opium Dens). The New Journalism. The New York World's Crime Stories« (REP 2:8).

Zusätzlich zu diesen Stichworten liegt ein scrapbook[13] von Park (ein zu jener Zeit übliches Vorlagebuch mit Zeitungsausschnitten) aus den Jahren 1893/94 vor, aus dem wir u. a. entnehmen können, daß Park, neben Literatur- und Theaterkritiken, Artikel über eine Staatsschule für Taubstumme (»Live In A World Of Silence«) und über ein Armenasyl (»A City Of Paupers«) geschrieben hat. Park, der zur Hochzeit der city beat-Reportage tätig war, hat, wie ja schon andeutungsweise aus den Stichworten hervorging, das übliche Repertoire von der Gerichts- bis zur Enthüllungsreportage abgedeckt. 1934 berichtet er in einem Interview, daß er von Bill Brownlee, dem Chefredakteur des *Minneapolis Journal*, wo er seine ersten drei journalistischen Jahre verbrachte, auf die Spur von Spielhöllen und Opiumhöhlen gesetzt wurde; eine Tätigkeit, die nach seinen eigenen Worten »den Beginn meines Interesses an der Soziologie bedeutete, obschon ich damals das Wort noch gar nicht kannte« (Baker 1981, S. 260). In dem Interview beschreibt Park sein Vorgehen in der Erinnerung folgendermaßen:

13 Im scrapbook hat Park die nicht gekennzeichneten, aber von ihm stammenden Artikel mit einem »REP« markiert, was nicht ausschließt, daß er auch an den anderen Beiträgen (als Reporter oder als rewriteman) beteiligt war.

»I got into the opium den with good luck and I had a few pipefuls of the awful stuff. The place was crowded with the riff-raff of the town, and they were talking openly about the gambling house that I wanted to get into. One of them, not knowing who I was, consented to take me to the place. We did get in, but we didn't get very far. One of them who owned the ›establishment‹ was well known at the police court, and in turn knew every reporter on the beat. He recognized me and you may be sure I was hustled out of the place on the spot. Scared? You can answer that! But I did get the story« (Taub 1934, o. S.).

Diese Darstellung verweist nicht nur auf einige der Untersuchungsorte der zeitgenössischen Sensationspresse, sondern gibt auch einen Hinweis auf die zu jener Zeit übliche *undercover*-Recherche. Wir werden später sehen, daß Park von seinen Studenten ähnliches erwartete: »This was one of the great thrusts in Chicago, because people had to get out and if they wanted to study opium addicts they went to the opium dens and even smoked a little opium maybe« (Cottrell, JTC 1:6). Nach seiner Minneapolis-Zeit arbeitete Park u. a. in New York (für ihn das Mekka jedes ehrgeizigen Journalisten), und zwar beim *New York Journal* und für die Sonntagsausgabe der *New York World*, was vermuten läßt, daß er längere feature stories geschrieben hat. In seiner New Yorker Zeit traf Park in seiner Eigenschaft als Reporter – ihm war u. a. der Essex Market Police Court als ›beat‹ zugewiesen – häufig auf Riis, und er wurde von ihm, wie er im *Michigan Daily*-Interview berichtet, ständig um den Erfolg gebracht (»scooped«). Vierzig Jahre nach diesen Ereignissen mag dies eine Erinnerung an eine denkwürdige Begegnung mit einer Persönlichkeit sein, die in die Zeitgeschichte eingegangen ist; in der aktuellen Situation wird die Tatsache, daß ihm ein Konkurrent ständig zuvorgekommen ist, kaum ohne Folgen geblieben sein. Die besondere Härte der New Yorker Zeitungsszene (von Dreiser [1922] vorzüglich geschildert), in der die Konkurrenzkämpfe mit legalen und illegalen Mitteln geführt wurden, hat, das läßt sich wohl mit einigem Recht vermuten, dazu beigetragen, daß diese Phase im journalistischen Mekka relativ kurz ausgefallen ist.

Dennoch scheint die New Yorker Erfahrung oder besser die Erfahrung New Yorks für Parks spätere Laufbahn besonders prägend gewesen zu sein. Das New York des ausgehenden 19. Jahrhunderts wurde als ein riesiges Schauspiel begriffen, als dessen Genießer aus erster Hand und als Vermittler an ein breites Publikum der Reporter fungierte: »Walking on upper Broadway on a bright afternoon, or watching the oncoming and outcoming human tide as it poured morning and evening over Brooklyn Bridge, was always for me a thrilling spectacle« (Park, zit. n. Matthews, a. a. O., S. 9f.).[14] Aber für Park bedeutete die Großstadt mehr als nur ein Schauspiel. Sie wurde für ihn, wie für eine Reihe seiner bekannteren Reporterkollegen, zur Schule, zum College.[15]

Was New York für den zeitgenössischen Beobachter faszinierend machte, ist nicht die große Stadt an sich, nicht Quantität, Menge, Zahl allein, sondern die in dieser Quantität enthaltene Vielfalt, die sich der Stellung New Yorks als Empfangsraum der Immigranten aus aller Welt verdankte:

»... one had only to wander casually and not at any great length to come upon the Irish in the Lower East and West Sides; the Syrians in Washington Street ...; the Greeks around 26th, 27th and 28th Streets on the West Side; the Italians around Mulberry Bend; the Bohemians in East 67th Street, and the Sicilians in East 116th Street and thereabouts« (Dreiser 1924, S. VII f.).

14 Ein ganz ähnliches Bild, bis in die Diktion hinein, findet sich bei Dreiser (1923, S. 6f.).

15 Die Rede von der Großstadt als College war ein zeitgenössisches Stereotyp unter Journalisten: »The area of the city in which Riis worked became the school he attended and the library he consulted« (Bigelow 1957, S. IX). Ähnlich Lincoln Steffens in seiner Autobiographie: »Reporting at police headquarters was like a college education in this, that one had to take several courses altogether. There was the police news, police policies and politics; the Ghetto, with its synagogues, theatres and moral struggles; the strikes; and, on the side, Wall Street. It differed from college in this, that I was interested in each of these courses and could see that they belonged together. They all contributed to the learning of life as it is lived (sic!)« (1931, S. 231).

Daß es nur ein kleiner Schritt von der Vorstellung der Großstadt als College zu der Sicht der Großstadt als soziologisches Laboratorium ist, leuchtet unmittelbar ein. Aufgrund seiner Lehrzeit in New York und an den anderen Zeitungsorten entwickelt Park erste Vorstellungen von empirischer Großstadtforschung (siehe Dokument nächste Seite) und entwickelt in ersten Umrissen seine Konzeption der Großstadt als eines sozialen Organismus mit »segregated areas« und »moral regions« (vgl. Park 1950, S. VIII). Die stete Ankunft neuer Einwandererethnien und die Abwanderung der zuvor Gekommenen in andere Quartiere führte jene Prozesse, die sich in den ökologischen Konzepten der Invasion und Sukzession niederschlagen, unmittelbar vor Augen. Der rasche, beobachtbare Wandel zwingt das Denken der Stadt in der Kategorie des Prozesses – statt in der der Struktur – förmlich auf.
Gewiß wurde Park durch den muckraking-Journalismus für Themen wie politische Korruption und das boss-System in der Lokalpolitik sensibilisiert. Daß er aber, wie Faris (1967, S. 28) vermutet, durch Lincoln Steffens' Buch *The Shame of the Cities* zur Stadtsoziologie fand, kann schon deshalb bezweifelt werden, weil Steffens' Exposés, die den Anstoß zur 1899 erfolgten Wiederaufnahme des Studiums durch Park gegeben haben sollen, erst 1903 erschienen sind. Park ist nicht in erster Linie an der Aufdeckung bestimmter politischer Mißstände interessiert, sondern am Prinzip der Aufdeckung selbst, kündigt sich doch hier eine neue Einstellung gegenüber den sozialen Tatsachen an. Interessant war Steffens für Park vor allem deshalb, weil er ihm als Repräsentant jener Zwischengeneration galt, die, aufgezogen im Geiste des Puritanismus, lernte, zwischen Moral und Politik zu unterscheiden und die Tatsache zu akzeptieren, daß moralische Normen relativ sind (Park 1933, S. 956; vgl. unten: Kap. IV, 3). Es war diese neue Einstellung, die es ermöglichte, selbst noch die Interessen der Reformer als eigennützige Interessen zu erkennen.
Park teilte diese Skepsis und war bereits zu seiner Reporterzeit der unparteiische Beobachter, der an den Institutionen

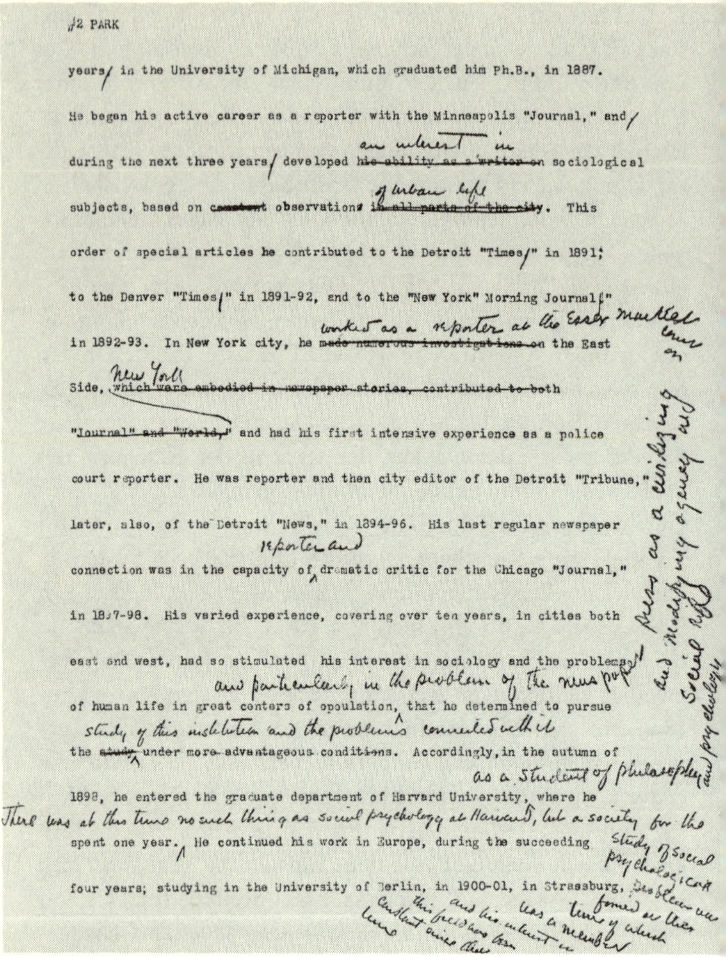

#2 PARK

years in the University of Michigan, which graduated him Ph.B., in 1887.

He began his active career as a reporter with the Minneapolis "Journal," and during the next three years developed his ability as a writer on sociological subjects, based on constant observations in all parts of the city. This order of special articles he contributed to the Detroit "Times" in 1891; to the Denver "Times" in 1891-92, and to the "New York" Morning Journal" in 1892-93. In New York city, he made numerous investigations on the East Side, which were embodied in newspaper stories, contributed to both "Journal" and "World," and had his first intensive experience as a police court reporter. He was reporter and then city editor of the Detroit "Tribune," later, also, of the Detroit "News," in 1894-96. His last regular newspaper connection was in the capacity of dramatic critic for the Chicago "Journal," in 1897-98. His varied experience, covering over ten years, in cities both east and west, had so stimulated his interest in sociology and the problems of human life in great centers of population, that he determined to pursue the study under more advantageous conditions. Accordingly, in the autumn of 1898, he entered the graduate department of Harvard University, where he spent one year. He continued his work in Europe, during the succeeding four years; studying in the University of Berlin, in 1900-01, in Strassburg,

Biographische Angaben für die *National Cyclopedia of American Biography*. Interessant sind Parks handschriftliche Korrekturen. So wird z. B. aus »(as a reporter he) developed his ability as a writer on sociological subjects« »... developed an interest in sociological subjects«.

und Lebensformen an sich Interesse bekundete. Die mit der Darstellung einhergehende Tendenz, das Erfahrene in verallgemeinerbares Wissen umzusetzen, läßt sich anhand eines Zeitungsartikels über eine Anstalt für Pauper und Geisteskranke aus dem Jahre 1893 mit dem Titel »A City of Paupers« aufzeigen.

Der Artikel beginnt mit einer Beschreibung der Landschaft, in der das Asyl angesiedelt ist. Detailliert wird, in der Manier der Landschaftsmalerei (»The little station is but a dot in the landscape...«), der Ort der Handlung geschildert, ähnlich wie später die soziologischen Monographien mit einer Ortsbeschreibung (»Hobohemia«, »Gangland«, »The Shadow of the Skyscraper«) beginnen. Das Wayne County House wird als eine kleine Welt für sich (»little world all by itself«), als eine Art »segregated area« dargestellt, weit entfernt von den Mühen und Lasten des Alltags. Derart lokalisiert, geht Park auf die Anstalt (ihre Gebäude, ihre Ausstattung, ihre Ökonomie und ihre Verwaltung) ein, stellt dem Leser einzelne Insassen der Anstalt (ihre Lebensgeschichte, ihr Schicksal, ihren gegenwärtigen Zustand) vor, gibt Beobachtungen und, soweit möglich, Gespräche wieder. Ähnlich wie Park später von der ökologischen zur kulturellen Ordnung, von der Bestandsaufnahme der sozialen Fakten zu den Ansichten und Einstellungen vorstößt, so geht er in seinem Artikel von der Darstellung der Außenwelt des Asyls zur Schilderung der Innenwelt der Insassen über. In der Schlußpassage heißt es dann:

»Strange and incomprehensible is the fate that takes from man the mind that makes him human and leaves him a mere thing, governed by the passions that he knows not the sources of – out of all tune with his fellow men, no longer a social being, but a mere fragment of spiritual force torn from the life of the race to which it belongs and wandering about in indefinite space upon impulses quite its own, no longer a thing governed by the laws of ordinary human life. It is impossible to visit these two asylums, one of the insane who are no longer social beings, and one for the incompetents, the fragments of a defeated race without perceiving that social disorder, no matter what its form, is a disease, a disease that manifests itself sooner or later in the individual in regularly recognized form« (Park 1893, o. S.).

Nicht die Schlußfolgerung selbst soll hier diskutiert werden als vielmehr die Art, wie geschlußfolgert wird. In dem raschen Sprung vom »Besuch« des Asyls (≈ acquaintance with), mit einer Schilderung des Schicksals der Insassen, zur »Erkenntnis« (≈ knowledge about), daß soziale Unordnung eine Krankheit sei, die sich im Individuum sichtbar niederschlage, scheint bereits jene Tendenz durch, die Bowdery in einer Analyse der soziologischen Schriften von Park folgendermaßen umreißt: »Benutzt Park gewisse spezielle Worte oder Ausdrücke, um Generalisierungen zu formulieren, die jedes denkende, aufmerksame Individuum mit oder ohne soziologische Kenntnis und Ausbildung auch treffen kann? Ich bin der Auffassung, daß viele von Parks Konzepten und Generalisierungen von dieser Art sind« (Bowdery 1951, S. 134). Gewiß muß bei diesem Urteil berücksichtigt werden, daß es sich bei Bowderys Analyse um eine an der Faculty of Political Science, Columbia University, vorgelegte Doktorarbeit handelt, sie mithin als eine Schrift angesehen werden muß, die die Position des eigenen Hauses zu befördern sucht. Festzuhalten bleibt allerdings, daß Bowdery einen wunden Punkt in der Parkschen Soziologie getroffen hat, der sich bereits in seinen journalistischen Arbeiten ankündigt, seine Neigung nämlich zu raschen Generalisierungen aus speziellen Beobachtungen. Das spricht nicht gegen Parks epistemologische Unterscheidung der Wissensformen in »acquaintance with« und »knowledge about«, in Erfahrungswissen und wissenschaftliches Wissen, zeigt aber die Gefahren auf, die darin liegen, daß man diese Unterscheidung für bare Münze nimmt.

2. »... a good work as lieutenant.«
Park in Tuskegee

Am 18.4. 1904 schreibt Park an den Sekretär des farbigen Bürgerrechtlers Booker T. Washington, Emmett Scott:

»Your kind letter received yesterday and I note what you say about the material waiting for the right man to work it up. I hope that I am, as you suggest, the man to do it. I distrust my ability to perform any great original task in the world but I believe that I can do a good work als lieutenant and have no other ambition except that of doing the best that lies in me under the direction of some first class man« (REPA 3:8).[16]

Der resignative Ton des Schreibens verrät mehr über Parks Situation als das retrospektiv eingebrachte Motiv, der akademischen Welt müde gewesen zu sein. Daß Park durchaus eine akademische Position in Betracht zog, wird durch die Korrespondenz mit H. B. Ward deutlich, der Park in einem Brief vom 9. 6. 1904 mitteilt, daß er alles versucht habe, um den Präsidenten vom Hamilton College für ihn zu interessieren (REPA 2:8). Der Übergang vom Studium in Deutschland zurück in die Vereinigten Staaten ist nicht so reibungslos verlaufen, wie es die Assistentenstelle, die Park vom Herbst 1903 bis zum Frühjahr 1905 in Harvard innehatte, suggeriert. Die Bezeichnung »Assistent« ist wohl euphemistisch; wie aus den Harvard-Akten hervorgeht, war Park nicht in der Lehre tätig, sondern betreute Studenten bei ihren Abschlußarbeiten und Examina in Philosophie 1 a, wobei ihm Hugo Münsterberg auch noch Kompetenzüberschreitungen vorwarf (REP 5:2; REPA 2:3). Relativ niedrig dotiert (1500 Dollar jährlich), war Park gezwungen, zusätzlich als Außenredakteur für die *Associated Sunday Magazines* zu arbeiten. Ob sich Park durch diese Tätigkeit, die er auch in den Tuskegee-Jahren beibehielt, eine Hintertür offenhalten wollte, sei dahingestellt. Deutlich wird jedenfalls, daß es falsch wäre, Parks journalistische Tätigkeit im engeren Sinne auf die Jahre 1887 bis 1898 zu begrenzen. Überdies war er 1904/05 Presseagent der *Congo Reform Association*, einer mit G. Stanley Hall als Präsidenten bestallten Organisation zur Bekämpfung der autokratischen Herrschaft König Leopolds von Belgien im »Freistaat«

16 Mit dieser Begründung entspricht Park exakt den »persönlich-charakterlichen Voraussetzungen« im Berufsbild des Ghostwriters, »die sich als ›Eckermann-Komplex‹ zusammenfassen lassen« (Peter 1985, S. 38).

Kongo. Seine Aufgabe war, die Öffentlichkeit über die Situation im Kongo aufzuklären; das tat er u. a. mit drei Zeitschriftenartikeln, die als Parks einzige muckraking-Artikel im strengen Sinne der Gattung angesehen werden können.[17]
1905 wird Park schließlich Presseagent und Ghostwriter für Booker T. Washington, eine Position, die er bis 1913 innehat. Was Park in dieser Zeit auch immer vollbracht hat, die Position selbst war wenig prestigeträchtig. Das wird indirekt daran deutlich, daß die Stelle zunächst einem anderen schwarzen Bürgerrechtler, nämlich W.E.B. Du Bois, mit der ausdrücklichen Versicherung angeboten wurde, daß eine Annahme dieses Angebots für ihn nicht bedeuten würde, auf das Niveau eines Ghostwriters herabzusinken. Als solcher aber wurde Park intern zunächst angesehen (vgl. Booker T. Washington-papers, vol. 10, 1981, S. 40).
Ein Vergleich mit Park-Biographien aus soziologischer Sicht verrät ein wenig von der Begriffskosmetik, die Park später zum Thema von studentischen term papers machte (Hughes in: Raushenbush, a.a.O., S. 188). Während in den BTW-papers von Park als »ghost writer« die Rede ist, firmiert er in soziologischen Biographien als »Sekretär« (Odum), »informeller Sekretär« (Coser) oder »Assistent« (Raushenbush). Ein Grund für die Begriffskosmetik ist sicherlich, daß Ghostwriting eine wenig prestigeträchtige, weil anonyme Tätigkeit ist; noch heute gilt diese Tätigkeit als »PR-Dienstleistung ohne Profil« (Peter 1985, S. 33).
Park war sich des geringen Prestiges der offiziellen Positionsumschreibung durchaus bewußt. In einem Brief an Washington vom 20. 7. 1907 heißt es: »I don't fancy wearing the title of a press agent but as long as you and I understand each other I shant let that trouble me« (REPA 3:9). Park erledigte für Washington einen Teil der Korrespondenz, schrieb für ihn Reden, ersann öffentlichkeitsrelevante Themen, organisierte

17 »A King in Business: Leopold II of Belgium, Autocrat of the Congo«, »International Brooker: The Terrible Story of the Congo«; »Blood Money of the Congo«, alle 1906/07 in *Everybody's Magazine* erschienen.

Konferenzen und redigierte die meisten Zeitschriften- und Buchpublikationen Washingtons in den Jahren 1905 bis 1912. So stellte er etwa die zweibändige *Story of the Negro* (1909) zusammen und konzipierte *My Larger Education* (1911), den zweiten Teil der Washington-Autobiographie. Besondere Aufmerksamkeit verdient *The Man Farthest Down. A Record of Observation and Study in Europe* (1912), eine Schilderung der Lebensumstände der europäischen Unterklasse in Form eines Reiseberichts. Dieses Buch, das nach Expertenmeinung in erster Linie von Park verfaßt worden ist, spiegelt am besten Parks journalistische Vergangenheit.

Der Titel »The Man Farthest Down« ist der Zeitschriftenserie »Following The Color Line« von Ray Stannard Baker entlehnt, die 1907/08 im *American Magazine*, als Buch 1908 im Verlag Doubleday, Page & Co., veröffentlicht wurde.[18] Park und Baker haben sich, was die »Rassenfrage« angeht, gegenseitig beeinflußt. Für seine Serie recherchierte Baker in Tuskegee, ließ sich von Washington Hinweise sowie eine Liste von Interviewpartnern geben, korrespondierte mit Park und gab Washington, Park und Scott Artikelentwürfe zur Einsicht. In seiner Darstellung der Situation der Farbigen legte er einen besonderen Akzent auf die Beziehungen und Konflikte zwischen den Rassen sowie auf die Situation der Mulatten; eben diese Fragen bildeten auch Parks Schwerpunkte bei seiner Beschäftigung mit der Rassenproblematik.[19]

18 Die Buchausgabe wurde im *American Journal of Sociology* besprochen. In der Rezension heißt es u. a.: »Dies ist eine aufgrund ihrer Objektivität und ihres psychologischen Verständnisses bemerkenswerte Untersuchung des Negerproblems. Obgleich ein Produkt der höheren Art des modernen Journalismus, nähert es sich dem Charakter einer wissenschaftlichen Arbeit in der peinlichen Genauigkeit seiner Nachforschungen und in der akkuraten Präsentation der Fakten; vom Wert der Interpretationen übertrifft es häufig, das ist die Ansicht des Rezensenten, sogar viele erklärt wissenschaftliche Abhandlungen« (Ellwood 1909, S. 119f.).

19 *Following The Color Line* wurde im Park/Burgess-Reader als Literaturempfehlung aufgeführt. In dem von Park verfaßten Abschnitt »Race

The Man Farthest Down ist Resultat einer von Washington und Park gemeinsam unternommenen Reise, die in acht (!) Wochen durch England, Schottland, Deutschland, Österreich-Ungarn, Italien, Sizilien, Polen und Dänemark führte. Zweck dieser Reise war, sich ein Bild von den Lebensumständen der europäischen Unterklasse (insbesondere der Landarbeiter und Kleinbauern) zu machen und sie mit denen der schwarzen Bevölkerung in den Vereinigten Staaten zu vergleichen. Bei diesem Vergleich muß es zwischen Washington und Park zu Auseinandersetzungen gekommen sein, neigte der Bürgerrechtler doch dazu, die europäische Unterklasse bloß als Negativ für die schwarze Bevölkerung zu nutzen. Park warf Washington vor, gar nicht an den Menschen interessiert, nicht wirklich neugierig zu sein (Harlan 1983, S. 292). Diese Vorhaltung ist insofern von Interesse, als der Washington-Biograph Mathews aus dem Buch die unersättliche Neugier Washingtons herausliest (Matthews 1949, S. 260f.). Die Haltung, die er (aufgrund des in erster Person gehaltenen Berichts notgedrungen) Washington zuschreibt (»I find markets more instructive than museums«), entspricht aber ganz Parks Habitus. Daher ist anzunehmen, daß die Szenen im Buch, in denen die unermüdliche Freude an der Beobachtung der einfachen Leute, so Mathews, zum Ausdruck kommt (die Beschreibung von Marktszenen in Catania, die Darstellung von Geschichtenerzählern und Bänkelsängern, die Schilderung der Lotterie in Neapel u. ä. m.) auf Beobachtungen von Park zurückgehen.

Der Aufbau des Buches spiegelt das journalistische Seriengenre wider, und in der Tat erschien dieser Bericht zuerst in

Conflicts« heißt es: »Das meiste, was über den (Rassenkonflikt) geschrieben wurde, ist oberflächlich ... Die beste Darstellung der amerikanischen Situation ist zweifellos Ray Stannard Bakers *Following The Color Line*« (Park/Burgess 1924, S. 646). Was die Analyse der Situation der Mulatten angeht, vgl. Kapitel VIII »The Mulatto: The Problem of Race Mixture« in der neuaufgelegten Buchfassung (1964, S. 151-174).

Serienform in der Zeitschrift *Outlook* (1911); zugleich aber weist er formale Ähnlichkeiten mit den soziologischen Untersuchungsplänen auf, die Park später in der Lehre entwikkelt.

Wie wichtig Park diese Arbeit, möglicherweise auch als ein Vehikel beruflicher Veränderungen, war, geht aus einem Brief an Washington vom 26.4. 1911 hervor, in dem er auf Nennung als Co-Autor besteht:

»It seems to me the best thing to do would be to put my name on the book as a joint author. In case that is done a statement could be made in the preface or in the introduction as to what my part in the book was. In case that is done I should not like to be represented as a professional writer who had helped you to put together the book. Rather I should like it to appear that I had been working at Tuskegee, interested in the school as others who are employed here. I would not want to (be) represented as engaged in any philanthropy or ›unselfish‹ work (sic!)« (BTW-papers, vol. 11, 1981, S. 116f.).

Aus diesem Schreiben, dem Washington voll und ganz entsprach,[20] wird deutlich, daß Park befürchtete, als geheuerter Schreiberling zu erscheinen. In der Tat war er weitaus mehr als ein Lohnschreiber. Er hielt Vorlesungen am Tuskegee-Institut und Reden vor Vereinigungen prospektiver Gönner, organisierte Konferenzen und nutzte seinen Aufenthalt in Tuskegee und seine zahlreichen, im Auftrag von Washington unternommenen Reisen in die Südstaaten zu einer intensiven Auseinandersetzung mit der Rassenproblematik. Ähnlich wie seine Reporterzeit verstand Park seine Tuskegee-Zeit nicht nur als Berufstätigkeit, sondern auch als ein Studium im Sinne des »aquaintance with« (REPA 3:10; Raushenbush, a.a.O., S. 49f.). Auf seinen Reisen machte er sich Notizen über Land und Leute, sprach mit Offiziellen und hielt in seinem Notizbuch die Lebensgeschichten von Hunderten von Schwarzen fest.

20 Der Autorenhinweis lautet »by Booker T. Washington [12 Pkt.] with the collaboration of Robert E. Park [außer Kapitälchen in 6 Pkt.]«. Im ersten Kapitel »Hunting (sic!) the man farthest down« hebt Washington auf den Seiten 14 bis 17 den Beitrag von Park am Zustandekommen des Buches hervor.

Im Frühjahr 1912 lädt Park, im Namen von Washington, William Isaac Thomas zur Teilnahme an der »International Conference on the Negro« in Tuskegee (19.4. 1912) ein. Da in diesem Schreiben kenntnisreich auf die Publikationen von Thomas eingegangen wird, nimmt dieser die Einladung an, nur um zu entdecken, daß der Brief gar nicht von Washington selbst, sondern von Park stammt: »Das war der Anfang einer langen und fruchtbaren Verbindung« (Thomas, zit. n. Raushenbush, a. a. O., S. 68). Bereits vier Tage nach der Konferenz schreibt Thomas einen enthusiastischen Brief an Park, und in einem weiteren Schreiben vom 6. 5. 1912 heißt es dann:

»It has been the greatest thing that ever happened to me to meet you, and if we can pull this thing off, as we are going to, and eventually get together here and teach alongside it will make life interesting... I have told Small on this thing. He said right off that he got a very fine impression of you. He is a very fine fellow, and will do almost anything I say within his power. It would strengthen our department greatly to have you here. We ought both to have a six months teaching arrangement, as I have now, and could go into the field then together half the time« (REPA 2:7).

Im Herbst 1913 erhält Park eine Einladung an das soziologische Department der Universität Chicago als Dozent für Rassenfragen. Der erste Kurs, den Park dort hält, hat den Titel »The Negro in America«, unter besonderer Berücksichtigung der Rassenbeziehungen und Rassenkonflikte.

Soziologiegeschichtlich ebenso wichtig erscheint die Tatsache, daß es die Erfahrung von Tuskegee und die Zusammenarbeit mit Washington waren, die Park zur Formulierung seines Konzepts mit der nachhaltigsten Wirkung, dem des »marginal man«, anregten. In einer undatierten, vermutlich aus den frühen 1910er Jahren stammenden Notiz – »The Marginal Man; a study of the Mulatto Mind« – taucht das Konzept zum ersten Mal auf, das später, auf Phänomene sozialer und räumlicher Mobilität übertragen, zu einem bedeutenden heuristischen Prinzip für die Untersuchung soziokultureller Randständigkeit wird.

Im Herbst 1913 endet eine der längsten Lehrzeiten, die jemals von einem Gelehrten absolviert wurde:

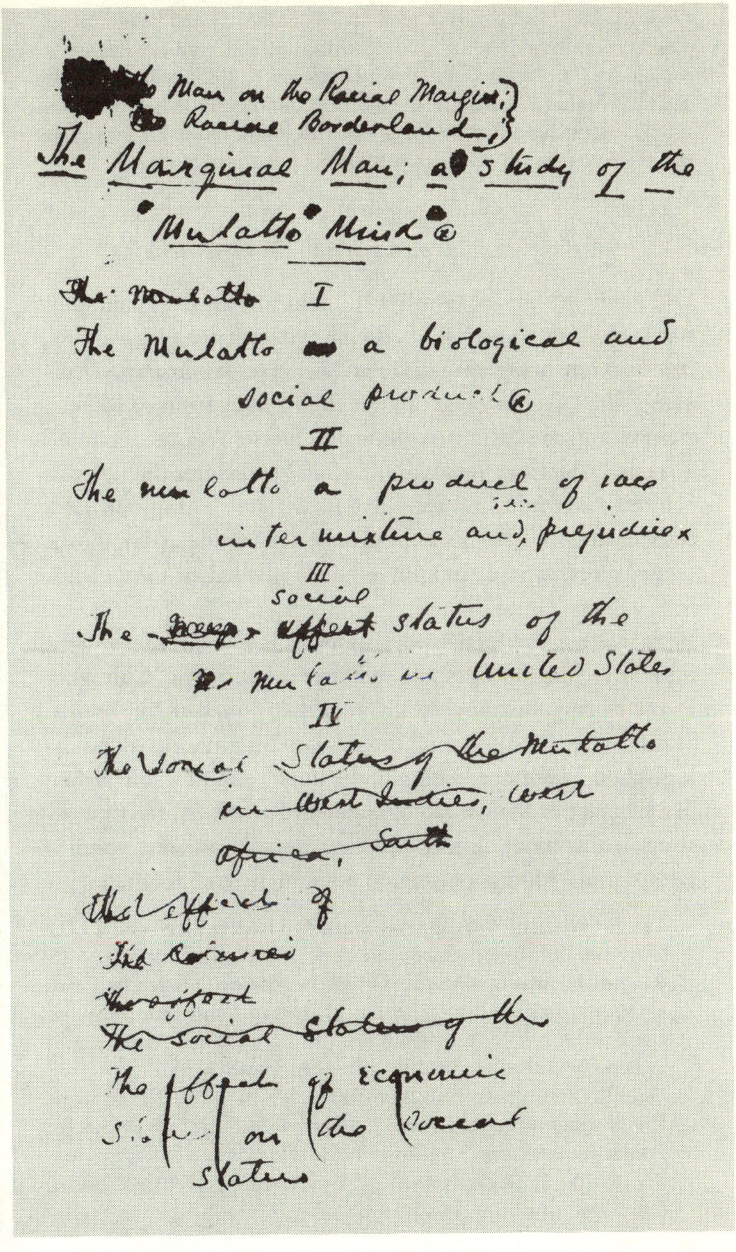
Man on the Racial Margin;
Racial Borderland;
The Marginal Man; a Study of the "Mulatto" Mind

~~The Mulatto~~ I
The Mulatto a biological and social product

II
The mulatto a product of race intermixture and prejudice

III
The ~~[illegible]~~ ~~effect~~ social status of the mulatto in United States

IV
The social ~~status of the~~ mulatto ~~in West Indies~~, West ~~Africa~~, ~~South~~

~~The effect of~~
~~The [illegible]~~
~~The effect~~
~~The social status of the~~
The effect of economic status on the social status

»As a reporter I had learned a good deal about the city and I had used my position as a city and Sunday editor to make systematic studies on the urban community. During my connection with Booker T. Washington and Tuskegee, I had learned a great deal about the Negro. It was from these two sources mainly that graduate students found materials for the researches which I directed after I went to Chicago« (Park, zit. n. Odum 1951, S. 132).

3. Großstadt als pars pro toto für Gesellschaft

Die Konzeption der Großstadt, nicht nur als ein geographisches Phänomen, sondern als eine Art sozialer Organismus, findet ihren programmatischen Niederschlag in Parks Aufsatz »The City: Suggestions for the Investigation of Human Behavior in the City Environment«. Dieser Aufsatz, erstmals 1915 im *American Journal of Sociology* veröffentlicht,[21] von Everett C. Hughes als eine Art Antrittsvorlesung von Park bezeichnet, stellt für Shils die Quelle der Leitideen dar, die die amerikanische Stadtsoziologie beeinflußt haben (Shils 1948, S. 9).

Bevor ich auf den Stellenwert dieses Aufsatzes als Ideenquelle und Forschungsprogramm der urban sociology Chicagoer Prägung eingehe, möchte ich zunächst seinen theoretischen Status beleuchten. Was auffällt, ist das völlige Fehlen der ökologischen Theorieperspektive, die doch zum Markenzeichen der Chicagoer Stadtsoziologie geworden ist. In der Erstfassung des Essays kommen die Begriffe »Ökologie«, »ökologisch« und »Humanökologie« noch nicht vor; folglich fehlt

21 Der Artikel wurde 1925 in revidierter Form in dem Sammelband »The City« von Park/Burgess/McKenzie wieder abgedruckt. Park hatte im Titel »City Environment« durch »Urban Environment« ersetzt, zweifellos ein soziologischerer Begriff, der die rural/urban-Antithese in sich birgt. Diese nachträgliche Veränderung wird von den meisten Autoren nicht bemerkt, was als ein Indiz dafür angesehen werden kann, daß sie einen Vergleich der Fassungen versäumt haben. Vgl. u. a. Bell/Newby 1971, S. 92; Bulmer 1984, S. 246, Anm. 3; Burgess 1982, S. 23; Faris 1970, S. 52; Frazier/Gaziano 1979, S. 8; Geist 1971, S. 48; Hannerz 1980, S. 23; Hughes 1971, S. 546; Madge 1963, S. 89; Oberschall 1972, S. 237; Raushenbush 1979, S. 79; Stein 1960, S. 15.

auch der gesamte, aus der Pflanzen- und Tierökologie übernommene Begriffsapparat (»Dominanz«, »Invasion«, »Sukzession« usw.). Das heißt nun nicht, daß ökologische Prozesse unbeachtet bleiben. In der Hervorhebung der Herausbildung abgesonderter Gebiete nach Berufen und Ethnien (wobei der Begriff »segregated area« dem ebenfalls noch nicht verwendeten »natural area« ideengeschichtlich vorangeht), deutet sich das ökologische Verteilungsmodell ebenso an wie das ökologische Modell der Verdrängung im Verweis auf die bodenpreisbedingte Sonderung von Wohnvierteln. Aber diese Explikation ist weitaus anschauungsnäher als der entwickelte humanökologische Erklärungsansatz und auf Erfahrung gegründet. Der territorialen Gliederung der Stadt mit einer je spezifischen Verteilung und Segregation von Geschäfts- und Verwaltungszentren, Berufs- und Bevölkerungsgruppen wurde bereits mit dem journalistischen »assignment/beat«-System Rechnung getragen. Als Reporter dem »Broadway«, der »Wall Street« oder der »Bowery« zugewiesen zu werden, bedeutet ja nicht, nur zuständig zu sein für Theater, Finanzen oder Soziales, vielmehr lag dieser Zuweisung auch die quasiökologische Vorstellung von der funktionalen Ausdifferenzierung des großstädtischen Raumes zugrunde. Es ist die auf Erfahrung beruhende Kenntnis (»acquaintance with«) der räumlichen Ausdifferenzierung, die Park Interesse an Humangeographie und Humanökologie finden ließ. Es kann davon ausgegangen werden, daß Park während seiner Studienzeit in Deutschland auf Ratzels Anthropogeographie aufmerksam wurde. Bei Hettner in Heidelberg belegte Park im SS 1903 »Geographische Übungen«, was darauf schließen läßt, daß er an Kartenaufnahmen und Beobachtungen im Gelände teilgenommen hat. Den wichtigsten diesbezüglichen Einfluß auf Park hatten in den 20er Jahren die französischen Humangeographen J. Vidal de la Blache und Jean Brunhes, deren in englischer Übersetzung erschienene Werke Park im *AJS* (vol. 26 resp. vol. 32) besprochen hat.

Erste Elemente des humanökologischen Ansatzes finden sich im Park/Burgess-Reader, wo ein Lesestück des Pflanzenphysiologen Frederic E. Clements enthalten ist, der, neben Eugenius Warming, den größten Einfluß auf die Herausbildung der Humanökologie gehabt hat. Clements verdanken die Chicagoer die zentralen Konzepte der Invasion und Sukzession, bei ihm finden sie auch die Kategorie der »natural area«, die an die Stelle der anschauungsnäheren »segregated area« tritt.

Bei Park bildet die Ökologie, und dies gilt es gegenüber späteren Verselbständigungen festzuhalten, sowohl in empirischer wie theoretischer Hinsicht einen Unterbau der soziologischen Analyse im eigentlichen Sinne. In theoretischer Hinsicht geht Park von einem hierarchischen Modell menschlicher Beziehungen – ökologischer, ökonomischer, politischer und sittlicher (bzw. kultureller) Art – aus, denen distinkte Human- und Sozialwissenschaften entsprechen: 1) Humangeographie und Humanökologie, 2) Ökonomie, 3) Politische Wissenschaften und 4) Sozialanthropologie und Soziologie. Der Humanökologie geht es um die elementaren, häufig mißverständlich als sub- bzw. vorsozial bezeichneten Prozesse menschlichen Zusammenlebens in einer sich stets verändernden, durch begrenzte Ressourcen gekennzeichneten Umwelt. Park fragt danach, ob es unterhalb dessen, was als Gesellschaft bezeichnet wird (die sich für ihn, Dewey folgend, in und durch Kommunikation konstituiert), ein funktionales Beziehungsgeflecht gibt. Er findet dies in der in Analogie zur Tier- und Pflanzenwelt als (sym)biotisch bzw. ökologisch bezeichneten Gemeinschaft, die Resultat der sich aus dem Kampf um Existenz und Arterhaltung ergebenden Wechselbeziehungen ist. Um diese Wechselbeziehungen auf der biotischen Substruktur zu kennzeichnen, spricht Park von Interstimulation im Unterschied zu Interaktion.

Die Unterscheidung zwischen der aus dem Konkurrenzkampf resultierenden biotischen Substruktur und der sich in und durch Kommunikation herausbildenden kulturellen Superstruktur ist grundlegend für Parks Sozialökologie. Die ökologische (biotische) Ordnung bildet das Fundament dessen, was das eigentliche Untersuchungsgebiet des Soziologen ausmacht: jenes über Kommunikation und Interaktion geschaffene Gebilde von Sitten und Überzeugungen, Gewohnheiten und Traditionen, kurz von Kultur, das erst die menschliche Gesellschaft von Pflanzen- und Tiergemeinschaften unterscheidet.[22]

Die sozialräumliche Gliederung der Stadt ist Effekt der Konkurrenz um knappe materielle und räumliche Ressourcen. Folglich dient die dem ökologischen Verteilungsmodell entsprechende Technik der kartographischen Darstellung, d. h. der graphischen Bestandsaufnahme der räumlichen Verteilung der in Frage stehenden Merkmale und Phänomene, der Erstellung eines Hintergrundes, eines Szenarios, einer Bühne, auf der sich jene Szenen abspielen, die erst recht eigentlich von soziologischem Interesse sind. Deutlich wird dies etwa an Thrashers Karte »Chicago's Gangland«, an Andersons Karte der Institutionen in »Hobohemia« oder an Cresseys Karte, die die Lage der Tanzsäle in Chicago zeigt. Der Leser wird durch diese Karten über Lage und Verbreitung jener Phänomene im Weichbild der Stadt unterrichtet, die Gegenstand der soziologischen Analyse sind. Wie anschauungsnah Park dabei vorging, zeigt ein Beispiel aus der Lehre, wo er den Prozeß der Segregation anhand einer Straße in New York illustriert, die nahezu ausschließlich von Revuemädchen bewohnt wird: »On a bright afternoon it was a regular sunset of blond heads. In those days all chorus girls – almost all chorus girls – were blondes« (REP 8:21); ein besonders schönes Beispiel für die Einschätzung von William O. Brown, daß Park »was a master of the insight-giving story and anecdote« (REPA 6:6).

22 »Ecology was to Park a way of getting an underpinning for sociology in the narrower sense of interaction of people through their sentiments« (E. C. Hughes an W. Raushenbush, 20. 7. 1968, REP 7:7).

Es ist freilich daran zu erinnern, daß die Technik der kartographischen Darstellung *(mapping)*, die zu einem Markenzeichen der Chicagoer Stadtsoziologie wurde, beileibe nicht neu war: aus der Epidemiologie übernommen (vgl. Frentzel-Beyme 1985),[23] war sie zuvor bereits im social survey bekannt. Die »Descriptive Maps of London Poverty« in Charles Booths Werk *Life and Labour of the People in London*, dessen Lektüre Park in seinem social survey-Kurs (neben den Arbeiten von Matthew, Riis, Woods u. a.) empfahl, sind dafür ein beredtes Zeugnis. In seiner Einleitung zum Booth-Auswahlband in der »Heritage of Sociology«-Serie zeichnet Pfautz (1967) überdies die ökologische Argumentationslinie in Booths Werk nach, bis hin zu der in nuce vorgedachten Theorie der konzentrischen Kreise (Booth: »rings«) und zu Überlegungen zum Prozeß der Sukzession (Booth: »general law of successive migration«). Durch Jane Addams wurde diese Untersuchungsperspektive nach Chicago importiert. Anne Firor Scott (1967) ist schwerlich zu widersprechen, wenn sie darauf beharrt, daß die Mitarbeiter des Hull House Settlements bereits in den frühen 1890er Jahren ökologische Untersuchungen einzelner Wohnbezirke durchführten und damit den Untersuchungen am Department den Weg bahnten; freilich weist Burgess selbst auf dieses Erbe hin (Burgess/Bogue 1964, S. 4). »The great interest and significance attached to Mr. Charles Booth's maps of London have served as warm encouragement«, heißt es in den *Hull-House Maps and Papers* (»A Presentation of Nationalities and Wages in a Congested District of Chicago«, 1895). Auf der Basis einer an Booths Vorgehen angelehnten Haus-zu-Haus-Enquete werden Lagepläne vorgelegt, die die ethnische Zusammensetzung der unmittelbaren Nachbarschaft des Settlements zwischen Halsted Street im Westen, State Street im Osten,

23 Daß diese Technik auch im Journalismus Verwendung fand, läßt sich anhand von Park zeigen, der in den 90er Jahren als Journalist mittels spot maps den Herd einer Diphtherie-Epidemie ausmachte.

Polk Street im Norden und 12th Street im Süden und die wirtschaftliche Situation der Bewohner (gemessen am Lohnniveau) veranschaulichen. Aufgrund der engen Verbindung einzelner Mitglieder des soziologischen Departments mit dem Settlement wird diese Technik bereits in dessen Frühphase praktiziert. 1901 legt Charles J. Bushnell eine im *Journal* veröffentlichte Doktorarbeit über den Distrikt der Chicagoer Schlachthöfe (»A Study of the Stock Yards Community at Chicago, as a Typical Example of the Bearing of the Modern Industry upon Democracy, with Constructive Suggestions«) mit sozialstatistischen Daten und Übersichtsplänen vor. Die Faktoren, die anhand des Stadtplans graphisch dargestellt werden (der räumliche Zusammenhang zwischen ausländischer Population und Kindersterblichkeit, zwischen öffentlichen Einrichtungen wie z. B. Kirchen, Klubs und philanthropischen Einrichtungen und Kriminalität u. a. m.), machen die Perspektive deutlich, unter der die Übersichtsstudien durchgeführt werden. Wie es in den *Hull-House Maps and Papers* ausdrücklich heißt, geht es in erster Linie um ein Hilfsmittel zur Verbesserung der Gesellschaft (»constructive work«), nicht um einen Beitrag zur soziologischen Forschung. Dies trifft auch auf Bushnells Untersuchung zu, deren viertes Kapitel »konstruktive Vorschläge« enthält (»What The City Government May Do«; »What The Clubs And Settlements May Do«; »What The Charities And Philanthropies May Do« usw.). Zwar bleiben Rudimente dieses Vorgehens in den Chicagoer Monographien erhalten, generell aber läßt sich sagen, daß man sich nicht mit dem mapping als Bestandsaufnahme und Darstellung der mittels Survey-Techniken erhobenen sozialen Fakten begnügt: Es bildet nicht den End-, sondern den Ausgangspunkt der soziologischen Analyse.

Dem liegt jene Unterscheidung von sozialer Übersichtsstudie und sozialer Forschung zugrunde, die Young (1939) zum Organisationsprinzip ihres Methodenbuches macht: der social survey als »Buchhaltung des sozialen Lebens« (Park) und die soziale Forschung als Untersuchung von Einstellungen und Werten, Situationen und Prozessen in situ. Während sich das im Kontext der Wohlfahrtspflege durchgeführte Kartographieren, dem letztlich eine sozialepidemiologische Annahme zugrunde liegt, in der Regel mit dem Nachweis des Zusammenhangs von Raum und Pathologie (saloon = depravity) zufriedengibt, um den Hebel der Verbesserungstätigkeit adäquat ansetzen zu können (settlement = uplifting), vermittelt das Chicagoer mapping die Anatomie eines Untersuchungsgebietes (base map) und die Verteilung der interessierenden Phänomene im Raum (spot maps) als Ausgangspunkt soziologischer Untersuchungstätigkeit. Mit Bedacht ist in diesem Zusammenhang von Bühne die Rede. Parks Vorstellungen kommen dem literarischen Verfahren der Einführung in den Handlungsraum weitaus näher als einer letztlich tautologisch argumentierenden Sozialökologie, die in dem räumlichen Vorhandensein sozialpathologischer Erscheinungen zugleich ihren Grund sieht. Das Bild der Bühne macht aber noch in anderer Hinsicht Sinn: Die physischen Faktoren bilden, weit davon entfernt, wirkungslos zu sein, sowohl das Fundament wie den Resonanzboden des soziokulturellen Lebens.

Was die Raumforschung angeht, so unterscheidet sich Park, was bisher zu wenig beachtet wurde, von Burgess. Überspitzt formuliert kann man Burgess als »Sozialepidemiologen« im Sinne des griechischen epidemios, Park als »Feld(er)forscher« charakterisieren. Dem liegen unterschiedliche Modelle der »Feld«-Aneignung: »Administration« versus »Erkundung«, und unterschiedliche Modelle der professionellen Orientierung zugrunde: das »engineering«-Modell einerseits, das »enlightenment«-Modell andererseits. Morris Janowitz, von dem diese Unterscheidung stammt, betont, daß Burgess und Wirth in Chicago am stärksten dem »engineering«-Modell verpflichtet waren, während Park dessen schärfster Kritiker war (Janowitz 1972, S. 117). Schlaglichtartig deutlich wird diese Differenz anhand der Einleitungen Parks zu den Monographien und den Zusammenfassungen von Burgess.

Es lassen sich hier nicht nur unterschiedliche Traditionslinien der Chicagoer Soziologie nachzeichnen (Henderson → Burgess; Thomas → Park), ich bin überdies der Meinung, daß sich in diesen Unterschieden der unterschiedliche Werdegang von Burgess und Park widerspiegelt, der sich idealtypisch mit der Figur des »Reformers« einerseits, der Figur des »Reporters« andererseits umreißen läßt. Auf diese Unterscheidung, die mir den Schlüssel zum Verständnis der Chicagoer Soziologie zu bilden scheint, werde ich im zweiten Teil noch ausführlich eingehen.

Der Verweis auf die Differenz hinsichtlich der Feld-Aneignung und der professionellen Orientierung darf freilich nicht dahingehend mißverstanden werden, daß es zwischen Burgess und Park zu Animositäten gekommen sei. Park und Burgess ergänzten sich, was die Institutionalisierung und Durchsetzung des Chicagoer Ansatzes anbetrifft, auf ideale Weise. Es ist gerade die Mischung von Erkundung und Administration, von »enlightenment« und »engineering«, die die Chicagoer Soziologie in den 20er Jahren durchsetzungsfähig machte und organisatorisch stabilisierte. Institutionsgeschichtlich gesehen haben wir mit Burgess und Park ein ähnliches Zweigespann vor uns, wie es Lazarsfeld und Merton am Bureau of Applied Social Sciences in Columbia bildeten.[24]

Schlägt sich in »The City« von 1915 die humanökologische Perspektive primär als ein Produkt der Anschauung, nicht der theoretischen Verarbeitung nieder, so macht sich im gesamten Text ein anderer, nicht durch Referenzen offengelegter Einfluß geltend, der von Georg Simmel.

Donald N. Levine hat verschiedentlich auf Simmels Wirkung auf die amerikanische Soziologie aufmerksam gemacht (1976, 1981, 1984). Daß ein solcher Einfluß vorhanden ist, kann

24 Zur Bedeutung des Stellenwerts von Personenkonstellationen für das Verständnis der Wirklichkeit von Institutionen vgl. Lepenies 1981.

nicht verwundern, wenn man in Rechnung stellt, daß Simmels Denken sehr früh Eingang in die amerikanische Soziologie gefunden hat. Bereits 1895, ein knappes Jahr nach der Erstveröffentlichung im *Jahrbuch für Gesetzgebung, Verwaltung und Volkswirtschaft*, liegen die grundlegenden Erörterungen über das »Poblem der Soziologie« in den *Annals of the American Academy of Political and Social Science* in Übersetzung vor. Vom 2. Jg. (1896) an ist Simmel regelmäßig – bis zum 16. Jg. – in dem vom Soziologischen Department der Chicagoer Universität herausgegebenen *American Journal of Sociology* vertreten; veröffentlicht werden weite Teile der »Soziologie« (Kap. 2, 3, 4, 5, 8 sowie in einer von Small annotierten Fassung Kap. 1) und Auszüge aus der »Philosophie des Geldes«. Dennoch, meint Levine, wäre Simmel in der amerikanischen Soziologie möglicherweise vergessen worden, hätte es nicht Robert Park gegeben (Levine 1971, S. XLIX). Park hat sich nicht nur um die weitere Verbreitung von Simmel verdient gemacht, indem er Lesestücke (u. a. amerikanische Erstveröffentlichungen wie beispielsweise den Exkurs über den »Fremden«) in den Park/Burgess-Reader übernahm[25] und damit mehreren amerikanischen Studentengenerationen das Simmelsche Denken nahebrachte; er hat überdies, indem er sich für die Publikation von Nicholas Spykmans *The Social Theory of Georg Simmel* stark machte, die Auseinandersetzung mit Simmel befördert.[26]

In gewisser Hinsicht können wir in dieser »Intervention« (Levine) einen Akt des Dankes sehen, hatte doch Park, wie er 1927 auf die Anfrage von L. L. Bernard bekundete, »(mit) Ausnahme der Vorlesungen von Simmel ... nie eine systematische Unterweisung in die Soziologie« (Baker, a. a. O., S. 264). Um so stärker tritt der Einfluß dieser Vorlesungen

25 Simmel ist im Reader mit 10 Lesestücken vertreten.

26 In einem Schreiben an Gordon Lang von der University of Chicago Press, in dem er sich für Spykmans Studie einsetzt, betont Park, daß Simmel »has written ... the most profound and stimulating book in sociology ... that has ever been written«. Brief vom 8. 7. 1924, REPA 2:1.

zutage, die er im WS 1899 mitgeschrieben und 1931 (in deutscher Sprache) herausgegeben hatte.[27]

»The City« ist, ohne daß dies durch Referenzen offengelegt ist, von Simmelschen Gedankengängen durchzogen; ja, dieser Text kann als Exempel für Levines Feststellung genommen werden, daß Park bei Simmel eine grundlegende Art des Denkens über Gesellschaft fand, die dazu geführt hat, daß Park und Simmel in der amerikanischen Soziologie bis zu einem gewissen Grad zusammengedacht werden.[28]

Worin besteht nun diese Art des Denkens über Gesellschaft? Simmel hatte, auf der Suche nach dem eigenen und neuen Objekt, dessen Erforschung die Soziologie zu einer selbständigen Wissenschaft macht, die zeitgenössischen Vorstellungen von Gesellschaft als realer Entität einerseits, bloßer Abstraktion andererseits gleichermaßen ablehnend, zu jener Gesellschaft *sensu strictissimo* gefunden, die dort existiert, wo mehrere Individuen in Wechselwirkung treten:

> »Diese Wechselwirkung entsteht immer aus bestimmten Trieben oder um bestimmter Zwecke willen. Erotische, religiöse oder bloß gesellige Triebe, Zwecke der Verteidigung wie des Angriffs, des Spiels wie des Erwerbs, der Hilfeleistung wie der Belehrung und unzählige andere bewirken es, daß der Mensch in ein Zusammensein, ein Füreinander-, Miteinander-, Gegeneinander-Handeln, in eine Korrelation der Zustände mit anderen tritt, d. h. Wirkungen auf sie ausübt und Wirkungen von ihnen empfängt. Diese Wechselwirkungen bedeuten, daß aus den individuellen Trägern jener veranlassenden Triebe und Zwecke eine Einheit, eben eine ›Gesellschaft‹ wird« (Simmel 1983 [1908], S. 4).

27 Soziologische Vorlesungen von Georg Simmel. Gehalten an der Universität Berlin im Wintersemester 1899 (= Society For Social Research, Series 1, Number 1). Inhalt: Herkunft der soziologischen Forschung. Umfang der Soziologie. Bestimmung der Aufgabe der Soziologie. Erstes Thema: Die Selbsterhaltung der Gesellschaft. Zweites Thema: Über- und Unterordnung.

28 Als ein Indiz dafür können die Zitationstabellen angesehen werden, die Levine u. a. aus ausgewählten Textbüchern zusammengestellt haben. In den beiden Textbüchern, in denen Park die Rangskala anführt, wird auch Simmel am relativ häufigsten genannt (Levine u. a. 1981, S. 75).

Durch in abgegrenzten, identifizierbaren Formen ablaufende Wechselwirkungen wird aus dem räumlichen Nebeneinander und zeitlichen Nacheinander ihre Interessen verfolgender Menschen Gesellschaft: »Soll es also eine Wissenschaft geben, deren Gegenstand die Gesellschaft und nichts anderes ist, so kann sie nur diese Wechselwirkungen, diese Arten und Formen der Vergesellschaftung untersuchen wollen« (a. a. O., S. 6).
Park ist der formalen Soziologie sowohl in seiner Dissertation als auch bei der Stoffauswahl und -anordnung der *Introduction to the Science of Sociology* gefolgt. »Masse« und »Publikum« lassen sich als zwei Formen der Vergesellschaftung begreifen, die dadurch entstehen, daß eine große Anzahl von Personen in Wechselwirkung treten. Nirgendwo sonst in seinem Werk scheint Park der Soziologie der reinen Formen näher als in seiner Dissertation (Levine 1972). Aber auch die vier für Park wichtigsten Interaktionstypen – Wettbewerb, Konflikt, Akkomodation und Assimilation –, denen er in der »Einführung« einen zentralen Platz einräumt, lassen sich im Sinne von Simmel als Formen der Vergesellschaftung lesen, wie überhaupt die Zusammenfassung der Stoffe unter abstrahierende Konzepte (der elementarsten wissenschaftlichen Form) ganz der formalen Soziologie entspricht.
Aber es ist nicht so sehr der Begriff der *Form* der Wechselwirkung als vielmehr der Begriff der *Wechselwirkung* selbst, der den von Simmel übernommenen Leitgedanken der Parkschen Soziologie bildet. In einem Notizbuch aus den Jahren 1929/30 hat sich Park Basiskonzepte nebst deren Begründern bzw. Vertretern notiert, die für ihn von soziologischer Relevanz sind. Aus dieser Zusammenstellung, die ein exzellentes Beispiel für Parks Eklektizismus, aber auch, positiv formuliert, für den Werkzeugcharakter ist, den Konzepte für ihn haben, lassen sich in selten anzutreffender Klarheit die wissenschaftlichen Einflüsse rekonstruieren. Genannt werden u. a. Comte und Spencer (»social organism«), Durkheim (»collective representation«), Ross (»social control«), Thomas (»attitudes«), Sumner (»mores«) und Dewey (»communication«).

Simmel ist in dieser Auflistung mit zwei Konzepten vertreten, dem der *Interaktion* und dem der *sozialen Distanz* (REPA 4:7). Eben diese Konzepte bilden nach Levine u. a. den Kern der Simmel-Aneignung durch Park, wie sie im Park/Burgess-Reader zutage tritt:

»...die Befassung mit der Distanz als Schlüsseldimension der Gesellschaft und mit spezifischen Formen der Interaktion, wie sie unter sich wandelnden Umständen vorkommen« (Levine u. a., a. a. O., S. 48).

Aber in der Art und Weise, wie Park diese Konzepte handhabt, zeigen sich auch die Unterschiede zu Simmel. Während für Simmel Nähe und Distanz Elemente jeglicher Form der Vergesellschaftung bilden, Distanz gerade Nähe, Nähe aber Distanz präjudizieren kann (exemplifiziert an der Reisebekanntschaft einerseits, an der Figur des Nachbarn andererseits), so daß Personen einander nah und fern zugleich sein können, geht es Park um die Gemeinsamkeiten schaffende Interaktion, die durch das Medium der Kommunikation Distanzen sozialer und räumlicher Art überwindet. Auch wenn beide, Simmel und Park, auf die Frage: »Wie ist Gesellschaft möglich?« die nämliche Antwort: »Durch Prozesse der Wechselwirkung« geben, so unterscheiden sie sich doch dahingehend, daß sich Simmel mit dieser Antwort zufriedengibt, während Park die Gemeinsamkeit des Handelns als Ideal betont. Soziologie soll die Bedingungen freilegen, die die Individuen zur korporativen Existenz veranlassen; dies sind u. a. die Kommunikationsprozesse, mittels derer in Wechselwirkung stehende Individuen zu einem Konsens gelangen.
Park folgt also Simmel dahingehend, daß er Gesellschaft in der Kategorie des Prozesses statt der der Struktur denkt, womit er sich ›Simmel-verständiger‹ erweist als Albion Small, der sich in seinen Kommentaren zu Simmels »The Problem of Sociology« an dem Begriff »Form« stößt, dem er den Begriff des »Prozesses« entgegenstellt. Form meint aber bei Simmel nichts anderes als die Momentaufnahme von Prozessen; Simmel hält Prozesse qua Abstraktion von je spezifischen Inhalten als Prozesse in reiner Gestalt fest. Für Park konnte Gesell-

schaft, wie er in einem Seminar vortrug, »be visualized as like a table, which was only a complex of atoms in motion« (Matthews, a.a.O., S. 134), ein Bild, das an Simmels Vorstellung von den »mikroskopisch-molekularen Vorgänge(n) innerhalb des Menschenmaterials« erinnert, jenen »Wechselwirkungen zwischen den Atomen der Gesellschaft, die die ganze Zähigkeit und Elastizität, die ganze Buntheit und Einheitlichkeit dieses so deutlichen und so rätselhaften Lebens der Gesellschaft tragen« (Simmel 1983 [1908], S. 15).

Die angedeuteten Unterschiede in der soziologischen Perspektive werden besonders anhand eines Vergleichs von Simmels Essay »Die Großstädte und das Geistesleben« mit Parks programmatischem Artikel deutlich, Unterschiede, die bereits den Titeln – »Geistesleben« versus »Investigations of Human Behavior« – eingeschrieben sind. Für Simmel gehört die Großstadt zu jenen Produkten des modernen Lebens, die die Frage nach den Anpassungen der Persönlichkeit, »durch die sie sich mit den ihr äußeren Mächten abfindet« (1957, S. 227), aufwerfen. Es sind zwei Gründe, aus denen heraus die Großstadt Anlaß zu Anpassungen gibt: zum einen die Schwierigkeit, »in den Dimensionen des großstädtischen Lebens die eigene Persönlichkeit zur Geltung zu bringen« (a.a.O., S. 239), zum anderen der Tatbestand, daß sie durch das Übergewicht dessen charakterisiert ist, was man den objektiven Geist, die objektive Kultur nennen kann. Beides legt, als Entgegensetzung und als Mittel der personalen Selbsterhaltung, den Trieb zur Herausbildung betonter Individualität bis hin zum »exaggerierten Subjektivismus« nahe.

Simmel sah die Großstadt als Beispiel sui generis für eine Entwicklung, bei der die Versachlichung der Beziehungen mit der Auflösung traditioneller Bindungen und die Nivellierung mit Individualisierung einhergeht, eine Ambivalenz, die für ihn Kennzeichen der Moderne ist. Park folgt Simmel darin, Großstadt nicht nur, wie zeitgenössisch üblich, als Entfremdungs-, sondern auch als Emanzipationszusammenhang zu verstehen; ja, bei ihm nimmt Entfremdung die Form einer

Krise an, die sich letztlich als fruchtbar erweist. Daher ist es ein gravierendes Mißverständnis, Park der Anti-Großstadt-Fraktion der amerikanischen Intelligenz zuzuschlagen (M. und L. White 1964). Im Gegenteil gehören Parks Überlegungen zur Großstadt, wie Goist (1971) überzeugend darlegt, zu den ersten Beiträgen, die nicht in der Antithese von Gemeinschaft (dörflich) und Gesellschaft (städtisch) denken. Für Park sind Großstädte, gerade als Zerstörer von Traditionen, Labore moderner Subjektivität.

In der Dialektik von Auflösung und Freisetzung, die die Dynamik der Großstadt ausmacht, klingt Simmels Denken durch. Aber während Simmels Überlegungen wenig mit empirischer Forschung und nichts mit der Lösung praktischer Probleme zu tun haben, gibt die als Entgegensetzung zur Nivellierung sich herausbildende Sonderart für Park einen Grund dafür ab, daß sich die Großstadt in besonderer Weise als soziologisches Laboratorium zum Studium menschlichen Verhaltens eignet. Damit eng verknüpft ist die von Park geteilte Auffassung Simmels, daß der Großstädter »›frei‹ (ist) im Gegensatz zu den Kleinlichkeiten und Präjudizierungen, die den Kleinstädter einengen« (a. a. O., S. 237). In den spezifisch großstädtischen Extravaganzen treffen Möglichkeit und Notwendigkeit der Individualisierung in der Großstadt wie in einer Sammellinse zusammen. Aber die »tendenziösesten Wunderlichkeiten«, wie sie in der Großstadt anzutreffen sind, sind für Simmel nur zugespitzte Illustrationen, um darzulegen, daß die Großstädte »einen ganz einzigen, an unübersehbaren Bedeutungen fruchtbaren Platz in der Entwicklung des seelischen Daseins (gewinnen)« (a. a. O., S. 242).

Park liest Simmels geschichtsphilosophische Betrachtungen naiv empirisch. Die Großstadt, die, in der Dialektik von Auflösung und Freisetzung, die Freiheit von Präjudizierungen und die Ausbildung individueller Sonderart ermöglicht, wird für ihn gerade deshalb zum idealen Ort soziologischer Forschung, wo menschliches Verhalten und soziale Prozesse *in situ* und *in the making* studiert werden können:

»Because of the opportunity it offers, particularly to the exceptional and abnormal types of man, a great city tends to spread out and lay bare to the public view in a massive manner all the characters and traits which are ordinarily obscured and suppressed in smaller communities. The city, in short, shows the good and evil in human nature in excess. It is this fact, more than any other which justifies the view that would make of the city a laboratory or clinic in which human nature and social processes may be most conveniently and profitably studied« (1915, S. 612).

Letztlich münden Simmels soziologische Erörterungen in kulturphilosophische Reflexionen über das Schicksal der Persönlichkeit in der Moderne, die er einzig als kultivierte, d. h. die objektiven Gebilde in den eigenen Vollendungsprozeß einbeziehende zu denken vermag. Park hingegen geht es, auf der Grundlage empirischer Daten, um eine Diagnose sozialer Prozesse, die das Individuum strukturell freisetzen und damit ein Feld von Möglichkeiten eröffnen, das in kleinen Gemeinden nicht gegeben ist. Für ihn ist die Großstadt eine »Menschenwerkstatt«, die nicht nur Züge menschlicher Natur, die ansonsten unterdrückt bleiben, freisetzt und den Charakter wie das Wesen des Menschen umformt, sondern auch ganz neue »Varietäten« hervorbringt. Das heimliche Thema bei Simmel ist Dissoziation, bei Park Heterogenität. Dieser Unterschied zeigt sich explizit in der Bewertung der Folgen wachsender Arbeitsteilung. Während nämlich Simmel eine Verkümmerung der Persönlichkeit als ganze befürchtet, sieht Park eine Chance für die aus dem Banne der Tradition entlassenen Individuen, einen ihrem Naturell, ihren Talenten und ihren Ambitionen entsprechenden Platz in der Gesellschaft zu finden und auf diese Weise einen Beitrag zum Gemeinwohl (common good) zu leisten. Dieser Unterschied wird durch die unterschiedliche Erhebung bzw. Handhabung empirischer Daten nochmals verdeutlicht. Während Simmel dazu tendiert, zur Veranschaulichung eines abstrakten Punktes seinen Wissensvorrat zu durchstöbern, um eine passende Anekdote zu finden,[29] mißt Park der direkten Beobachtung, der

29 So illustriert Simmel die Überlegung, daß die Städte der Sitz der höchsten

Aufzeichnung von Lebensgeschichten, der Lektüre von Autobiographien (etwa von Immigranten) einen hohen Stellenwert im soziologischen Erkenntnisprozeß bei. Simmel ist im Grunde nicht neu-gierig, Park sehr wohl.
Park verdankt Simmel ein theoretisches Schema, das ihm ermöglicht, die Fragestellungen, die ihn beschäftigen, kategorial einzuordnen. In der Perspektive aber scheiden sich die Geister. Simmel steht repräsentativ für die deutsche, philosophisch argumentierende Soziologie, Park für die amerikanische, empirisch verfahrende Soziologie, ein »Simmel americanized« (Cahnmann).

In Norman Hayners Studie »Hotel Life and Personality« (1928), die Ergebnisse seiner Doktorarbeit (die erst 1936 unter dem Titel »Hotel Life« veröffentlicht wurde) vorstellt, wird, fast Zeile für Zeile, der Einfluß von Simmels Essay »Die Großstädte und das Geistesleben« deutlich, der der theoretischen Rahmung empirischer Daten dient.[30] Nachdem Hayner im ersten Abschnitt seiner Abhandlung Statistiken und Zensusdaten über Anzahl und Lage der Hotels sowie über die Hotel-Population ausgebreitet hat, geht er in den beiden folgenden Abschnitten (»Characteristics of Hotel Life« und »Personality Patterns in the Hotel Environment«) auf die Besonderheiten des Lebens in Hotels und ihre Auswirkungen auf die Person des Gastes ein. Bei Hayner wird das Hotel zum Mikrokosmos (und damit zugleich zu einem sozialen Laboratorium), in dem alle jene Besonderheiten und Eigentümlichkeiten wieder auftauchen, die die Großstadt und den Großstädter auszeichnen. Über weite Strecken könnte man die

wirtschaftlichen Arbeitsteilung sind, am Beispiel des Quatorzième, also anhand jener Person, die die Beteiligung an Gesellschaften, zu denen dreizehn Gäste geladen sind, zu ihrem Beruf macht.

30 Die erste offizielle Übersetzung dieses Aufsatzes unter dem Titel »The Metropolis and Mental Life« hat Edward Shils 1936 vorgelegt, aber Hayner hatte Anfang der 20er Jahre für seine Zwecke eine eigene Übersetzung angefertigt (JTC 1:9).

Begriffe »Hotel« und »Hotelgast« durch »Großstadt« und »Großstädter« austauschen. Das muß nicht heißen, daß die Analyse des Hotellebens falsch ist, im Gegenteil: Man kann ja im Hotelgast mit einigem Recht den Idealtypus des »homo urbanus« sehen. Was dennoch Unbehagen bereitet, ist die unbekümmerte Art und Weise, in der Hayner Simmels Reflexionen über die seelischen Erscheinungen der Großstadt, für Simmel Reflexe der »völlig durchgedrungenen Geldwirtschaft«, auf den empirischen Gegenstand »Hotelleben« überträgt.

Hayner interpretiert das Hotel als einen anonymen Ort, an dem die Beziehungen zwischen Gastgeber und Gast, im Unterschied zu den persönlichen Beziehungen in den Tavernen früherer Zeit, unpersönlich, versachlicht und indifferent sind. Indifferenz zeichnet auch die Beziehungen der Hotelgäste untereinander aus; körperliche Nähe geht im Hotel mit sozialer Distanz einher. Aber die für das Hotelleben charakteristische Anonymität ermöglicht zugleich einen hohen Grad an persönlicher Freiheit. Der Zwänge ledig, die in kleinen und intimen Kreisen herrschen, vermag der Hotelbewohner seinen Impulsen zu folgen, eine Tendenz, die Hayner am Beispiel des Prohibitionisten illustriert, der im Hotel betrunken aufgefunden wurde.[31]

Über die Zeit bildet der Hotelgast einen eigenen Habitus heraus. Er wird entweder blasiert oder weltmännisch und spielt aufgrund der Vielzahl der Eindrücke Gleichgültigkeit (»blank faces«) vor, um sich durch innere Distanzierung zu schützen. Zum Schluß unterscheidet Hayner vier Persönlichkeitsmuster, die man, mit Simmel, als spezifische Ausformungen der Persönlichkeit verstehen kann, durch die sie sich mit den ihr äußeren Mächten abfindet: Ruhelosigkeit, d. h. die Schwierigkeit oder Unfähigkeit, sich an die anonyme, unpersönliche Atmosphäre im Hotel zu gewöhnen; Indivi-

31 Diese Anekdote könnte von Park stammen, entspricht sie doch der Reporter-*folklore*, in der der Blick und der Sinn für Paradoxien eine zentrale Rolle spielt.

duation, d.h. das freie Spiel der von Zwängen entlasteten Impulse; Blasiertheit als Abwehrreaktion gegenüber den Reizungen und Erregungen, die mit dem Leben im Hotel verbunden sind, und schließlich Kultiviertheit oder »weltmännische Art«, eine Art Immunisierung gegenüber den Einflüssen des Hotel-Milieus.

In seiner Einleitung zum Park-Auswahlband »On Social Control and Collective Behavior« bezeichnet Turner (1967, S. XVII) die weit verbreitete Auffassung, daß Parks Vorgehen induktiv sei, »guided by intuition rather than systematic concerns«, als ein äußerst verzerrtes Bild. Für ihn hat Park einen verfeinerten Begriffsapparat zur Schaffung eines Bezugssystems entwickelt, durch das es möglich ist, signifikante Regelmäßigkeiten zu beobachten. Das von Turner skizzierte Muster, dem alle Arbeiten von Park folgen, scheint den Kritikern aber eher recht zu geben: kreative Begriffsbildungen zu suchen, die empirische Beobachtungen erhellen, und Konzepte zu benutzen, die Licht auf einen weiteren Radius an Beobachtungen werfen. Die Veränderungen, die in der Zweitfassung des City-Aufsatzes von 1925 gegenüber der 1915er Fassung festzustellen sind, bilden ein Beispiel für dieses Verfahren. Abgesehen von einigen Einschüben in den laufenden Text sind diese Veränderungen allesamt in der der Skizzierung der Untersuchungsfelder vorangestellten Eingangspassage enthalten und betreffen in erster Linie den Begriffsapparat. Deutlich wird, daß Park inzwischen zu seiner Sicht von Gesellschaft als einer »Hierarchie von Beziehungen« gefunden hat, deren Grundschicht die ökologische Struktur bildet. Nunmehr tauchen die in der Erstfassung vermißten ökologischen Termini (Ökologie, Humanökologie, »natural area« usw.) in der Eingangspassage auf, ohne freilich zu Veränderungen im Untersuchungsprogramm zu führen.
Neu ist auch der Verweis auf Spenglers zwischenzeitlich erschienenes Werk »Der Untergang des Abendlandes«, das Park auf seiner Deutschlandreise 1922 kennengelernt hatte.

Dessen Erwähnung ist insofern von Bedeutung für Park, als Spengler, dabei in seinen kulturphilosophischen Überlegungen durchaus mißverstanden, ihm ein Stichwort liefert, das für die Begründung des Untersuchungsprogramms unabdingbar wird. Aus der Spenglerschen Sentenz, »What his house is to the peasant, the city is to the civilized man«, zieht Park nämlich das Stichwort von der Großstadt als dem natürlichen Lebensraum des zivilisierten Menschen. Damit hat Park das fehlende Glied in einer Argumentationskette gefunden, die darauf abzielt, die Großstadt als genuines Forschungsfeld der Soziologie zu reklamieren und sie zugleich als *pars pro toto* für Gesellschaft überhaupt zu nehmen. Da nunmehr die Untersuchungsbereiche der Sozialwissenschaften (»primitive man« auf der einen, »civilized man« auf der anderen Seite) säuberlich disziplinär geschieden sind, ist Park nunmehr überdies in der Lage, auf die anthropologischen (ethnologischen) Methoden zu rekurrieren, ohne der Nachbardisziplin ins Gehege zu kommen.

Im Anschluß an die Bezugnahme auf Spengler folgt jene berühmte Passage, die zur Entlehnungsthese geführt hat:

»Anthropology, the science of man, has been mainly concerned up to the present with the study of primitive peoples. But civilized man is quite as interesting an object of investigation, and at the same time his life is more open to observation and study. Urban life and culture are more varied, subtle, and complicated, but the fundamental motives are in both instances the same. The same patient methods of observation which anthropologists like Boas and Lowie have expanded on the study of the life and manners of the North American Indian might even be more fruitfully employed in the investigation of the customs, beliefs, social practices, and general conceptions of life prevalent in Little Italy on the Lower North Side in Chicago, or in recording the more sophisticated folkways of the inhabitants of Greenwich Village and the neighborhood of Washington Square, New York« (1925, S. 3).

Diese in die Zweitfassung eingefügte Passage ist insofern von zentraler wissenschaftsgeschichtlicher Bedeutung, als sich eine Reihe von Autoren auf sie bezieht, um die These zu belegen, daß die soziologische Feldforschung als Methode aus der Ethnologie entlehnt wurde. Diese Entlehnungsthese wird in disziplinspezifischer Weise als Legitimationsfigur eingebracht, um eine eigene Geschichtstradition herzustellen und die kognitive Identität des Faches zu begründen. Girtler (1979, S. 51) z. B. führt die Entlehnungsthese an, um die methodologische Strategie der Chicago School als »eine durchaus ›kulturanthropologische‹« zu reklamieren. Damit will er seine Überlegung untermauern, daß einer Einschränkung der Kulturanthropologie auf das Studium schriftloser Kulturen widersprochen werden muß; ein argumentativer Schachzug, der aufgrund des Verlustes des traditionellen Objekts der Kulturanthropologie, die sogenannten Naturvölker und Stammesgesellschaften, notwendig geworden ist (vgl. Lindner 1987). Hannerz (1980, S. 30f.) führt die Entlehnungsthese in seinem umfassenden Versuch einer systematischen Grundlegung der *urban anthropology* an, um die Chicagoer Stadtsoziologie »ausdrücklich« in die Tradition der neuen Disziplin aufzunehmen.[32]

Am interessantesten für uns (weil der ursprünglichen Intention der Einfügung ungewollt am nächsten) ist der Argumentationszusammenhang, innerhalb dessen Thomas (1983, S. 477f.) auf die Entlehnung verweist. In seiner Begründung einer Kritischen Ethnographie führt Thomas eine »freundliche Debatte« mit einer positivistisch orientierten Kollegin an, die die Vorzüge »harter« Daten gegenüber ethnographischen »Geschichten« (stories) hervorhebt. Ethnographie sei, so die Kritikerin, nicht viel mehr als »herumzuhängen« (hanging around). Gegenüber dieser und ähnlicher Kritik führt Thomas die Entlehnungsthese an, um mit ihrer Hilfe zu zeigen, daß die Kritik nur insofern berechtigt sei, als zeitgenössische Forscher (um deren Kritik es Thomas im wesentlichen geht) die ursprüngliche Position der Chicagoer verwässerten, die nicht nur eine Methode (direkte Beobachtung) und eine Epistemologie (Rea-

32 Hannerz erwähnt allerdings auch Parks journalistische Erfahrungen und den literarischen Naturalismus als Anstoß für die ethnographische Zugangsweise.

lismus) impliziert, sondern auch, bezogen auf die untersuchten sozialen Zustände, ein kritisches Potential in sich birgt.
Die nachträglich eingefügte Passage gewinnt also in unterschiedlichen Kontexten einen hohen Stellenwert, sei es, um einen legitimen Anspruch auf Gegenstand und Methode zu begründen, sei es, um Disziplinen voneinander abzugrenzen, sei es, um die ›wahre‹ Geschichte der Disziplin gegenüber ›falschen‹ zeitgenössischen Deutungen ins Spiel zu bringen. Damit verdoppeln die Vertreter der Entlehnungsthese den logischen Status der nachträglich eingeführten Passage: als eine Legitimationsfigur nämlich, die die Nähe der soziologischen Feldforschung zur ethnologischen Feldarbeit in den Vordergrund rückt, um die erheblich prestigeschwächere Verwandtschaft mit der journalistischen Recherche zu verdecken.
Zum Vergleich des Vorgehens des Großstadtsoziologen mit dem des Ethnologen greift Park noch einmal in seiner Einleitung zu Zorbaughs »The Gold Coast and the Slum«: »The Gold Coast and the Slum offers an example of a kind of investigation of urban life which is at least comparable with the studies that anthropologists have made of the cultures of primitive peoples« (Park 1985 [1929], S. XX). Was den Leser dieser Studie aber als erstes beeindruckt, ist deren literarische Qualität; unwillkürlich wird man an das Ideal des literarischen Journalismus von Steffens erinnert.[33] Aber im Unterschied zur trockenen Terminologie der ökologischen Studien im engeren Sinne oder des pflichtübungshaften Gebrauchs der ökologischen Termini in den ethnographischen Studien wird hier die ökologische Perspektive in eine literarische Darstellung eingewoben:

»Here change has followed fast upon change. With the growth of the city [eine Reminiszenz an Burgess' gleichnamigen Aufsatz?] commerce has en-

33 Zeitgenössische Rezensenten haben das ähnlich gesehen: »The whole study is illuminated by a literary style, vivid, crisp, and alert. It is worthy of a title once used by Theodore Dreiser, ›The Color of a City‹« (sic!) (Rupert B. Vance in: *Social Forces,* vol. 8, 1929, S. 321).

croached [= invasion] upon residential property, relentlessly pushing it northward or crowding it around the lake shore, until now the Near North Side is chequered with business streets. Into this area, where commerce is cometing the conquest [= dominance] of the community, has crept the slum. Meantime great industries have sprung up along the river, and peoples speaking foreign tongues have come to labor in them. The slum has offered these alien peoples a place to live cheaply and to themselves [= natural area]; and wave upon wave of immigrants has swept over the area – Irish, Swedish, German, Italian, Persian, Greek, and Negro – forming colonies, staying for a while, then giving way to others [= succession]. But each has left its impress and its stragglers, and today there live on the Near North Side twenty-nine or more nationalities, many of them with their Old World tongues and customs« (Zorbaugh 1983 [1929], S. 3 f.).

Die ambivalente Rezeption gerade dieser Studie deutet nicht nur die Nähe zur journalistischen Reportage nochmals an, sondern verweist, wenn man die Blickwinkel der unterschiedlichen Standpunkte miteinander verbindet, auf die tatsächliche Verwandtschaft zwischen einer auf Beobachtung beruhenden naturalistisch-realistischen Reportage und einer auf ethnographischen Zugangsweisen beruhenden Analyse des städtischen Lebens und städtischer Lebensweise. Sowohl für Shils als auch für Matza verkörpert Zorbaughs Studie die Interessen von Park am besten, wobei Shils dies eher kritisch, Matza anerkennend hervorhebt. Matza bezeichnet Zorbaughs Buch sogar als den einflußreichsten Beitrag der Chicago School: »Zorbaugh dokumentiert in immer noch unübertroffener Weise die Variationen normalen Verhaltens in verschiedenen Gebieten eines kleinen Teils von Chicago: Zorbaugh erreichte, worum sich Robert Park bemüht hatte« (1973, S. 57). Für unseren Untersuchungszusammenhang besonders aufschlußreich ist der anschließende Satz: »Man hat den Eindruck, als ob ein Anthropologe auf Chicago herabgestiegen sei [im Original: »an anthropologist let loose in Chicago«] und das städtische Leben Amerikas in seiner ganzen Vielfalt entdeckt hätte« (ebd.). Eben diese Studie aber gilt anderen Soziologen als Paradebeispiel für die deskriptive Darstellungsweise und den illustrativen Umgang mit Konzepten, ein Vorgehen, das dem eines aufmerksamen Journalisten entspreche (vgl. etwa Faris, a.a.O., S. 66, S. 83). Für Bowdery schließlich ist der größte Teil von Zorbaughs Buch »devoted to a reporter type of investigation and research« (a.a.O., S. 131).

4. Ein gewaltiges Forschungsprogramm: »The City«

> »The world had been discovered. This adventure is finished. But the world is still young, still eager for adventure; what next? There are other worlds to be discovered; even more interesting. The world of great cities. The immigrant colonies. The Ghettos and the Chinatowns.«
>
> *Robert Ezra Park*

Ob nun als gewaltiges Forschungsprogramm (Madge), als die definitive Darstellung des Departments (Kuklick) oder als Manifest und Programm dessen bezeichnet, was die »Chicago School« werden sollte (Bell/Newsby): Unisono wird der programmatische Charakter von »The City« betont, wird der Reichtum an empirischen Fragestellungen hervorgehoben, der darin enthalten ist.

Nicht von ungefähr wird die »Chicago School«, trotz ihrer thematischen Spannweite, mit den stadtsoziologischen Untersuchungen gleichgesetzt. Diesen diente »The City«, wie Bulmer bemerkt, als Blaupause. Wissenschaftssoziologisch ist das plausibel: In gewisser Weise ist der Schulen-Charakter der Chicagoer Soziologie bereits mit diesem konzertierten Untersuchungsprogramm vorgegeben.[34] Wie sehen nun die »Vorschläge zur Untersuchung menschlichen Verhaltens in

34 Diese Annahme wird indirekt dadurch bestätigt, daß es die Periode von 1920 bis 1932, also die von Park geprägte Periode ist, die als die »klassi-

der städtischen Umwelt« aus? Park handelt das Untersuchungsgebiet »Großstadt« in vier Abschnitten ab:

I The City Plan and Local Organization
II Industrial Organization and the Moral Order
III Secondary Relationships and Social Control
IV Temperament and the Urban Environment

Alle Abschnitte folgen dem bereits angedeuteten Dualismus von Struktur (physischer Organisation) und Kultur (sittlicher Ordnung). Im Abschnitt I wendet sich Park gegen die vorherrschende Meinung, daß die Großstadt ein artifizielles Produkt der Stadtplanung sei, eine Vorstellung, die sich gerade aufgrund der geometrischen Form der amerikanischen Stadt, die dem Modell des Schachbretts folgt, aufdrängt. Maurice Halbwachs (1932) hat in seinem großen Bericht über die Chicagoer Soziologie Chicago und Paris miteinander verglichen. Paris, eine alte, langsam gewachsene Stadt, deren Problem darin bestand, die alte Infrastruktur den neuen Erfordernissen anzupassen (wobei der politisch motivierte Haussmann-Plan den dramatischen Akzent setzt); Chicago, ein auf Halbwachs fast brutal wirkendes Kunstprodukt von regelmäßig angeordneten, geraden Straßen, die sich im Rechteck schneiden. Die Unterschiede zwischen der Alten und der Neuen Welt lassen sich kaum besser illustrieren als anhand des unterschiedlichen Verständnisses dessen, was, bezogen auf die Stadt, »Winkel« heißt: der wissenschaftlichen Methoden folgende, geometrische Winkel der amerikanischen Stadt und der metaphorisch gemeinte, malerische, lauschige oder dunkle Winkel der europäischen Stadt.

Was Park besonders interessiert, ist das Unterlaufen der architektonischen (Block) und administrativen (Bezirk) Vorgaben durch Prozesse menschlicher Natur, so daß sich ungeplante, ›natürliche‹ Areale herausbilden. Aufgrund ökonomi-

sche Ära der Chicago School« gilt. Bulmer (1984, S. 205) sieht den prinzipiellen Grund für den Niedergang der Chicago-Soziologie in den 30er Jahren im Weggang von Park.

scher und beruflicher, ethnischer und kultureller Interessen verteilen sich die Populationen (wie die Arten) auf quasi-natürliche Weise auf bestimmte Stadtviertel und Wohngebiete, dorthin, wo sie ›hingehören‹. In dieser Hinsicht sind natürliche Areale immer schon soziale Gebilde (erster Ordnung). Das Adjektiv »natural« impliziert zugleich eine Naturgeschichte des Areals, in deren Verlauf die jeweilige Population eigene Normen, Traditionen und Verhaltensmuster herausbildet, so daß dem Beobachter das topographisch lokalisierbare und räumlich definierbare natürliche Areal als Kulturraum vor Augen tritt:

»Each separate part of the city is inevitably stained with the peculiar sentiments of its population. The effect of this is to convert what was at first a mere geographical expression into a neighborhood, that is to say, a locality with sentiments, traditions, and a history of its own« (1915, S. 579).[35]

Das eigentliche Thema des ersten Abschnittes sind die »cities within cities«, die »colonies«, »districts« und »segregated areas«, das, was Park später mit dem Konzept der *natural area* faßt. Es geht um eine Analyse der städtischen Struktur (Geschichte des Areals; Bevölkerungsverteilung nach ökonomischen, beruflichen, ethnischen Kriterien) und der Kultur der segregierten Gebiete (Tradition, Sittenkodex, soziale Rituale).

Als Sitz des Geschäftslebens und der Geldwirtschaft befördert die moderne Großstadt die Individualisierung und Spezialisierung ihrer Bewohner. Wachsende Arbeitsteilung, das Aufkommen von Einrichtungen, die als Regulative der Interdependenz der Individuen in der Marktökonomie Rechnung tragen, sowie Krisensituationen, die aus der individuellen Mobilität erwachsen, sind Charakteristika der Großstadt. Dies sind zugleich die wesentlichen Themen von Abschnitt II.

Ausgehend von dem deutschen Sprichwort »Stadtluft macht

35 Vgl. zu den »natural areas« als »distinct cultural areas« Park 1929a, S. 36f. Obwohl Park die Prozesse bereits in »The City« beschrieben hat, ist anzunehmen, daß bei dem Rückbezug auf das Konzept der »cultural area« der kulturanthropologische Einfluß zu Buche schlägt.

frei« geht Park zunächst auf die Möglichkeiten ein, die die Großstadt als Lebensraum den Individuen bietet. Es ist die Großstadt, die den Individuen die Chance eröffnet, ihre besonderen Fähigkeiten zu entwickeln; es ist die Großstadt, die über einen Markt für diese speziellen Fertigkeiten verfügt; und es ist in der Großstadt, wo tendenziell jeder Beruf, »even that of a beggar«, den Charakter einer Profession annimmt. Daher ist das Studium neuer Berufe zentral für die Großstadtforschung; Park stellt eine Liste von Berufstypen vor, die ihm einer Untersuchung wert erscheinen.
Der Prozeß der Arbeitsteilung steigert gleichzeitig – im Sinne der Spencerschen kompetitiven Kooperation – die Interdependenz der auf sich selbst gestellten Individuen. Diese Interdependenz bringt zum einen neue Formen sozialer Solidarität hervor, die nicht auf der Gemeinsamkeit der Gefühle, sondern auf der Gemeinsamkeit der Interessen beruhen (Berufsvereinigungen, Gewerkschaften, Interessenverbände), sie macht zum anderen Instrumente erforderlich, die der Korrektur mangelnden Gleichgewichts dienen; Park nennt u. a. den Markt, die Börse und die Handelskammer sowie Berufs- und Handelsblätter, die die Vertreter der einzelnen Berufszweige über neue Methoden und Techniken informieren.[36]
Typisch für Gesellschaften mit hohem Mobilitätsgrad ihrer Mitglieder sind Krisensituationen, die psychologisch bedingt erscheinen; bei Finanzpaniken ebenso wie bei Aktionen des Mob. Im letzten Teil des zweiten Abschnittes nimmt Park Motive seiner Doktorarbeit »Masse und Publikum« auf. Parks Interesse gilt den Formen kollektiven Verhaltens und ihrer Kontrolle, wie sie beispielsweise durch politische Bosse und Arbeiteragitatoren praktiziert werden.
Auch in Abschnitt III geht Park vom Dualismus von Raum und Verhalten aus. Die Veränderungen in der industriellen Organisation gehen mit Veränderungen in den Beziehungen und Gewohnheiten der Großstadtbevölkerung einher. Der gene-

36 Hier klingt deutlich das *Thought News*-Projekt nach.

relle Charakter dieser Veränderungen wird durch die Ersetzung primärer (face-to-face) Beziehungen durch indirekte, sekundäre Beziehungen angedeutet, was Probleme der sozialen Kontrolle aufwirft. Park plädiert für eine Untersuchung der traditionellen Institutionen (Kirche, Schule, Familie) und ihrer Veränderungen (Anpassung) unter dem Einfluß der Großstadt; für die Untersuchung traditioneller Formen der sittlichen Ordnung als fundamentale Ausprägungen sozialer Kontrolle (Sitten, Moralkodices, Glaubensvorstellungen) und ihres Wandels bzw. ihrer Auflösung, ersetzt vor allem durch politisch-legislative Maßnahmen (Beispiel: Jugendgericht). Ein besonderes Augenmerk richtet Park auf die modernen Mechanismen der Konsensbildung, die ihm aufgrund der (sozialen und ethnischen) Heterogenität der Großstadt von Bedeutung erscheinen. Die babylonisch anmutende Konfusion der Sprachen, der Weltbilder, der moralischen Codes erfordert ein vereinheitlichendes Medium, das hilft, Vorurteile abzubauen und zu einem gemeinsamen »universe of discourse« zu finden. Dieses sieht er in den modernen Mitteln der Kommunikation (Nachrichten- und Pressewesen, Agenturen zur Erhebung und Verbreitung der öffentlichen Meinung) gegeben, mit deren Hilfe das »Gewebe des Lebens«, in dem die Individuen miteinander verknüpft sind, kommunikativ verdichtet wird.

Im Abschnitt IV wendet sich Park schließlich der Verteilung der Bevölkerung gemäß ihres Naturells, ihrer ›Geschmäcker‹ und ihrer ›Temperamente‹ zu. Von besonderem Interesse ist dieser Abschnitt deshalb, weil hier die die Chicagoer Soziologie durchziehende und auf den ersten Blick als Widerspruch erscheinende Spannung zwischen Segregation der Gruppen und Mobilität der Individuen dahingehend aufgelöst wird, daß gerade Segregation als Voraussetzung der Mobilität (und damit Freiheit) der Individuen erscheint:

»The processes of segregation establish moral distances which make the city a mosaic of little worlds which touch but do not interpenetrate. This makes it possible for individuals to pass quickly and easily from one moral *milieu* to another and encourages the fascinating but dangerous experiment of living at the same time in several different contiguous, perhaps, but widely separated worlds. All this tends to give to city life a superficial and adventitious character; it tends to complicate social relationships and to produce new and divergent individual types. It introduces, at the same time, an element of chance and adventure, which adds to the stimulus of city life and gives it for young and fresh nerves a peculiar attractiveness« (608).

Mehr als in den anderen Abschnitten wird hier das spezifisch Großstädtische im Sinne von Simmel thematisiert: die persönliche Freiheit, die die Großstadt dem Individuum gewährt; die »Steigerung des Nervenlebens«, die der großstädtischen Erfahrung inhärent ist; die Herausbildung eines spezifisch urbanen Typs mit eigener mentaler Ausstattung und die Ausbildung der persönlichen Sonderart, wie sie in den spezifisch großstädtischen Extravaganzen zutage tritt.

Vergleicht man die Vorschläge von Park mit den späteren Forschungsarbeiten am Institut, dann wird deutlich, daß nicht nur Arbeiten zu großstadtspezifischen Berufen (Francis R. Donovan, *The Saleslady* [1922]; Martha H. Hall, *The Nursemaid* [1931]; Edwin H. Sutherland, *The Professional Thief* [1937]) und großstadtspezifischen Institutionen (Norman S. Hayner, *The Sociology of Hotel Life* [1923]; Everett C. Hughes, *A Study of a Secular Institution: The Chicago Real Estate Board* [1928]; Ernest H. Shideler, *The Chain Store: A Study of the Ecological Organization of a Modern City* [1927]) durchgeführt wurden, sondern auch zu Themen, die über die Stadtsoziologie i. e. S. hinausgehen, für Parks Soziologie aber zentral sind, Arbeiten etwa zum Nachrichtenwesen (Carroll De Witt Clark, *News: A Sociological Study* [1931]; Helen MacGill Hughes, *News and the Human Interest Story* [1940]) und über kollektives Verhalten (Ernest T. Hiller, *The Strike as Group Behavior* [1924]; Lyford Edwards, *The Natural History of a Revolution* [1927]). Einen wichtigen Platz nehmen überdies die symptomatologischen, von sozialer Desorganisation auf individuelle Desintegration

schließenden Arbeiten ein, Robert E. L. Faris, An Ecological Study of Insanity in the City (1931); Ernest R. Mowrer, *Family Disorganization* (1924); Ruth Shonle Cavan, *Suicide. A Study in Personal Disorganization* (1926).
Dennoch werden, wenn vom Vermächtnis der Chicago-Soziologie die Rede ist, stets dieselben Studien genannt, *The Hobo* (1923), *The Gang* (1927), *The Ghetto* (1928), *The Taxi-Dance Hall* (1929), *The Gold Coast and the Slum* (1929) und *The Jack Roller* (1930). Was zeichnet diese Arbeiten aus, was macht sie, im Rückblick, zu Klassikern der Chicagoer Soziologie? Alle diese Studien wenden sich weder einem partikularen Problem (etwa Ehescheidung), einer besonderen Berufsgruppe (etwa Verkäuferin) oder einer spezifischen Institution (etwa Hotel) zu, sondern versuchen, den Zusammenhang von Stadtraum und Verhaltensmustern ganzheitlich zu erschließen. Mit der Ausnahme von *The Jack-Roller*, die als Dokument der biographischen Methode einen Sonderstatus einnimmt, machen sie mit dem ethnographischen Anspruch ernst, untersuchen sie menschliches Verhalten in einer sich wandelnden großstädtischen Umwelt. Das ökologische Modell dient hier in erster Linie zur Verortung der Szenerie (der »ökologischen Verankerung«, wie es Matza genannt hat) und als theoretischer Überbau zur Klassifizierung und Systematisierung der in der Forschung gewonnenen Einsichten. Das zeigt sich deutlich an dem an Pflichtübungen gemahnenden Gebrauch der ökologischen Termini in den klassischen Monographien. Downes und Rock (1982, S. 60) sprechen zu Recht von einer »Pro-forma-Verbeugung« vieler vor einer Theorie, die sie im großen und ganzen ignorierten.
Das wirft die Frage auf, ob wir überhaupt von einem einheitlichen ökologischen Ansatz im Rahmen der Chicago-Soziologie sprechen können. René König hat in seinem Abriß der Sozialökologie in Chicago die »ursprüngliche Denkform der Chicago-Schule in Reinkultur« von den späteren statistischen ökologischen Untersuchungen unterschieden (König 1977, S. 62 f.). Die »ursprüngliche Denkform«, d. h. die Vorstellung

von der Fragmentierung und Segmentierung der Großstadt in ein Mosaik kleiner Welten, bildete, *cum grano salis*, so etwas wie den Ausgangspunkt für Erkundungen großstädtischer Sozialwelten. Dafür stehen die Klassiker als Exempel. Die Erweiterung, d. h. die Verallgemeinerung und Systematisierung der ökologischen Konzeption, geht hingegen mit einer Verengung der soziologischen Fragestellung einher; statt die ökologische Analyse mit der kulturalistischen zu verzahnen, ist nunmehr das Interesse auf eine Art soziale Symptomatologie ausgerichtet. Erst einmal aus dem übergreifenden und verbindenden Kontext des Chicagoer Departments gelöst, verselbständigen sich diese beiden Ansätze zu zwei disparaten, voneinander kaum Notiz nehmenden Disziplinen, Urbane Anthropologie und Sozialökologie.

Becker (1966) hat in seiner Einleitung zur Neuausgabe von *The Jack-Roller* betont, daß die einzelnen Forscher der Chicago-Gruppe sich der Tatsache bewußt waren, daß sie an dem großen Forschungsunternehmen namens »Chicago« teilnahmen und mit ihren Studien ein Versatzstück lieferten, um das Mosaik auszufüllen. Die Verweise auf andere, abgeschlossene oder in Arbeit befindliche Untersuchungen bei den einzelnen Autoren zeugen von diesem Bewußtsein. Wenn wir uns aber das Gesamtunternehmen, wie es sich in den »Sociological Series« präsentiert, näher ansehen und die Untersuchungsfelder in Burgess' idealtypischem Diagramm der Großstadt verorten, dann relativiert sich der Anspruch, der gemeinsame Gegenstand sei ganz Chicago gewesen, doch erheblich. Nach Burgess nimmt die moderne amerikanische Großstadt idealtypisch die Form von fünf konzentrischen Zonen an (Burgess 1925). Zone I, in Chicago der *Loop*, beherbergt das Geschäfts- und Verwaltungszentrum. Zone II ist die sogenannte Übergangszone (zunächst auch »Zone des Verfalls« genannt), mit den Slums, den ethnischen Enklaven und den Nischen freiwilligen oder unfreiwilligen Außenseitertums (Bohemia/Hobohemia). Zone III ist die Niederlassung der ersten Immigrantenwelle, für die »Deutschland«, das Viertel der akkulturierten

Juden, als pars pro toto steht. Zone IV ist das Wohngebiet der Mittelschicht gebürtiger Amerikaner, und Zone V schließlich bildet die Pendlerzone.

Wenn wir nun die Untersuchungsfelder in dem Diagramm verorten, dann zeigt sich, daß, abgesehen von den Untersuchungen der typisch großstädtischen Institutionen und Berufsgruppen, das große Thema nicht Chicago im ganzen, sondern die zweite Zone, die »Zone in Transition«, ist. Alle klassischen Studien lassen sich in dieser Zone verorten (siehe Diagramm). Allein Zorbaughs »The Gold Coast and the Slum« bildet insofern eine gewisse Ausnahme, als er in seiner panoramatischen Darstellung der Lower North Side auch auf das vornehme Wohngebiet am Lake Michigan eingeht, das im Volksmund »Goldküste« genannt wird. Das tut er aber in erster Linie, um zu zeigen, daß die Lower North Side das Gebiet mit den größten sozialen und kulturellen Kontrasten ist: Nur ein »Steinwurf weit« von der Konzentration des Reichtums an der »Goldküste« liegt das Gebiet mit der größten Armut, »Little Hell«.

Für diese Konzentration auf die Übergangszone gibt es wissenschaftliche, politische und persönliche Gründe.

1. bildet die »Zone in Transition«, wie ja bereits ihre Bezeichnung andeutet, das idealtypische Laboratorium für eine Soziologie, der es darum geht, die Veränderung menschlichen Verhaltens in der städtischen Umwelt zu untersuchen. Als Ort der ersten Niederlassung der Immigranten, als Gebiet der ethnischen Enklaven und als Nische für gesellschaftliche Außenseiter bietet diese Zone eine Fülle an Untersuchungsmöglichkeiten für eine Soziologie, der es um die Interdependenz von Ökologie und Kultur und um die symbolische Konstruktion des sozialen Raums geht. Chombart de Lauwes Bezeichnung der zweiten Zone als »zone d'acculturation« (1952, S. 40 ff.) trifft das Gemeinte noch besser als der primär am Modell der Expansion orientierte Begriff des Übergangs.

2. gilt die »Zone in Transition« als das Problemgebiet von Chicago. Für eine Soziologie, die auf vielfältige Weise mit

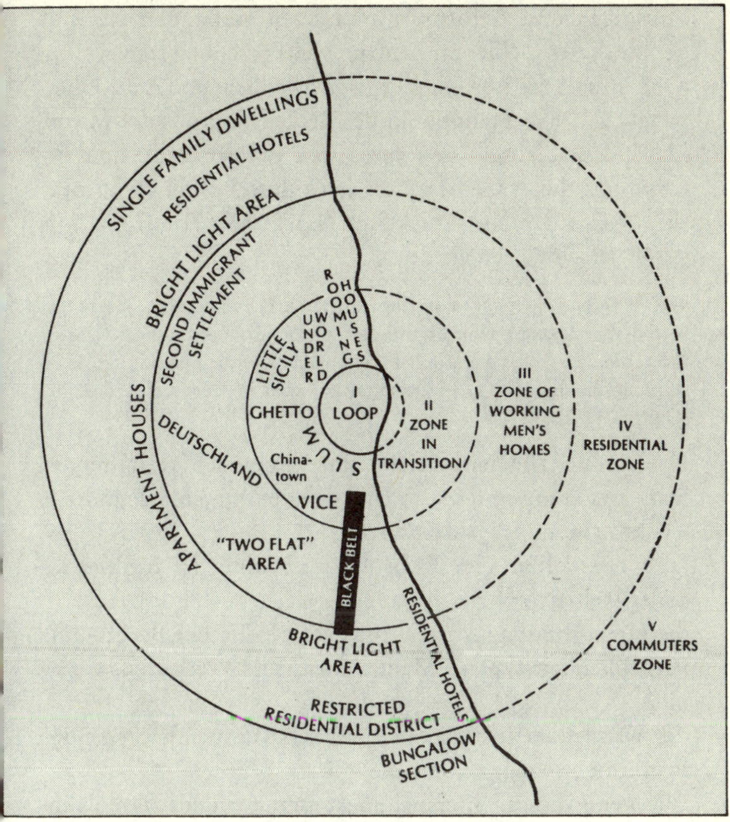

Das idealtypische Diagramm der Großstadt
von Ernest W. Burgess

Stiftungen und Reformorganisationen verbunden ist, muß gerade dieses Gebiet im Zentrum der Forschung stehen.
3. aber, und das ist keineswegs unerheblich, bildet die Übergangszone vom Standpunkt des Beobachters aus der Mittelklasse den aufregendsten, farbigsten Teil der Stadt. Eine Erforschung dieses Gebiets stillt den kulturell bedingten Appetit auf Exotika, ein subjektiver Aspekt von Forschung, der gerne verschwiegen wird:

»... the sheer delight of discovering a lot of things you never dreamed of, all sorts of things going on in the world and you found out you could get close to them, and understand the criminals, or the addicts or these prostitutes, all the seamy sort of thing that you were sort of protected in your conventional life« (Cottrell, JTC 1:6).

Drei große Themenbereiche einer empirisch verfahrenden Stadtsoziologie sind es, so läßt sich zusammenfassen, die in »The City« angeregt werden:
die Großstadt als eine Konstellation räumlich verorteter sozialer Welten;
die Herausbildung neuer, großstadtspezifischer Berufs- und Persönlichkeitstypen, Mentalitäten und Verhaltensweisen und
der Wandel der Institutionen mit den damit einhergehenden Problemen sozialer Kontrolle.
Wie wenig dieses Untersuchungsprogramm der strikten ökologischen Terminologie der späteren Phase bedurfte, zeigt sich anhand eines Lehrplans aus dem Jahre 1918, der den Leitlinien des Aufsatzes folgt:

»The mobility, local distribution, and segregation of the population within the urban and suburban areas of the city of Chicago; the cultural differences and relative isolation of different classes, racial, vocational, and local groups; resulting changes in institutions, e. g. the family, the church, etc.; in organization and expression of public opinion, and in the traditional forms of social control« (zit. n. Bulmer, a. a. O., S. 95).

In einer konzisen Form wird hier noch einmal das in »The City« vorgestellte Untersuchungsprogramm dargelegt. Vor diesem Hintergrund und angesichts der klassischen Monographien erscheint Shils' Aussage, daß »The City« die Quelle für viele der führenden Ideen war, die die amerikanische Stadtsoziologie beeinflußt haben, eher als untertrieben. In nuce war bereits in der ›Antrittsvorlesung‹ von 1915 alles das enthalten, was später die kognitive Identität der *urban sociology* Chicagoer Prägung ausmachen sollte.

Durch die journalistische Optik gebrochen, gewinnen Parks Vorschläge einen anderen Stellenwert. Ich habe bereits darauf hingewiesen, daß dem aufmerksamen und umsichtigen Reporter der Jahrhundertwende Großstädte wie New York und Chicago nicht anders erscheinen konnten als ein Mosaik kleiner Gemeinden. Daher kann auch nicht verwundern, daß eine Wendung wie »cities within cities« als Metapher für die räumliche Segregation ethnischer und sozialer Vielfalt bereits in den journalistischen Beschreibungen des Großstadtlebens kurz vor der Jahrhundertwende zu finden sind. Das Kapitel »Mixed Crowd« in Riis' *How The Other Half Lives* (1971 [1890], S. 19-25) ist ein exzellentes Beispiel für eine Sicht der Großstadt, die diese als ein Mosaik von Nationalitäten und Kulturen wahrnimmt. Es wird nicht nur die ethnische Vielfalt (»The cosmopolitan character of Lower New York«), es werden auch die ökologischen Prozesse der Invasion, Dominanz und Verdrängung alltagssprachlich (»forcing its way«; »possessing the block«; »crowding out«) benannt. Darüber hinaus zeigt dieses Kapitel, daß die spot map-Technik zur Kennzeichnung von Populationen im Journalismus bekannt war:

»A map of the city, colored to designate nationalities, would show more stripes than on the skin of the zebra, and more colors than any rainbow. The city on such a map would fall into two great halves, green for the Irish prevailing in the West Side tenement districts, and blue for the Germans on the East Side. But intermingled with these ground colors would be an odd variety of tints that would give the whole the appearance of an extraordinary crazy-quilt. From down the Sixth Ward, upon the site of the old Collect Pond ... the red of the Italian would be seen forcing its way northward along the line of Mulberry Street to the quarter of the French purple on Bleeker Street and South Fifth Avenue, to lose itself and reappear, after a lapse of miles, in the

»Little Italy« of Harlem, east of Second Avenue... On the West Side the red would be seen overrunning the old Africa of Thompson Street, pushing the black of the negro rapidly uptown,..., occupying his home, his church, his trade and all, with merciless impartiality... Hardly less aggressive than the Italian, the Russian and Polish Jew... is filling the tenements of the Old Seventh Ward to the river front and disputing with the Italian every foot of available space in the back alleys of Mulberry Street... Between the dull grey of the Jew, his favorite color, and the Italian red, would be seen squeezed in on the map a sharp streak of yellow, marking the narrow boundaries of Chinatown... And so on to the end of the long register« (a.a.O., S. 20f.).

Es ist nicht so, daß dem zeitgenössischen Journalisten, dem es an der wissenschaftlichen Optik mangelt, die Großstadt als Chaos erscheint, vielmehr folgt bereits die Logik des *assignment*-Systems ganz der Logik der Regelmäßigkeiten und Gesetzlichkeiten in der räumlichen Ausdifferenzierung von Funktionen und Populationen. Überdies darf, um zu einer angemessenen Einschätzung der Rolle des Journalisten zu gelangen, nicht vergessen werden, daß keine andere zeitgenössische Berufsgruppe über ein vergleichbares Spektrum an Anschauungswissen über die große Stadt verfügt; daß sich keine andere Berufsgruppe des ungleichzeitigen Nebeneinanders von Populationen unterschiedlicher sozialer und ethnischer Herkunft derart bewußt ist; und daß schließlich keine andere Gruppe qua Beruf in ähnlicher Weise in die Großstadt als »Urbanistik- und Urbanitätslabor« (Korff) eingebunden ist. Dessen exemplarisches Produkt stellen die Journalisten selber dar: als Reflektoren ebenso wie als Protagonisten des urbanen Lebens verkörpern sie die von Hellpach dem Großstädter zugeschriebene Mentalität, bei der »emotionale Indifferenz« mit »sensueller Vigilanz« einhergeht.

Die energiegeladene Sinneswachheit, die den Journalisten auszeichnet, findet im Pressegewerbe ihre Objektivierung. Als Sinnbild der Moderne ist es geprägt von »Termin und Tempo« (und wird in der Gliederung des redaktionellen und technischen Apparats zum Modell für die Organisation von Betrieben und Behörden) wie durch eine den redaktionellen Apparat in Gang haltende unersättliche Neu-Gier. Daß dieses Gewerbe seiner Sonderstellung bewußt ist, davon zeugt nicht nur die selbstreferentielle Berichterstattung, sondern auch der Gigantismus der Pressezentralen, der lange Zeit den Standard der metropolitanen Architektur setzt. Zu denken ist dabei etwa an den *Tribune Tower* in Chicago, Ergebnis eines der größten und aufsehenerregendsten Wettbewerbe der modernen Baugeschichte. Kein Wunder also, daß in einem solchen Umfeld ein Sensorium für Urbanistik entwickelt wird; die als typisch für das urbane Leben angesehenen Einrichtungen, Wolkenkratzer, Waren- und Bürohäuser, Hotels und Appartementhäuser, gehören zu den charakteristischen Themen der Berichterstattung.[37]

Die Dynamik urbaner Lebensverhältnisse zeigt sich exemplarisch in der Herausbildung neuer Berufe, die zum gängigen journalistischen Themenrepertoire der Zeit gehören. Besonderes Augenmerk wird dabei der Herausbildung von Frauenberufen gewidmet, da sie dem traditionellen Rollenbild entgegenstehen, dazu zählen die alleinstehende berufstätige Frau als allgemeiner Typus oder spezielle Berufe wie der der Kellnerin oder der der Herrenfriseuse.

Die Liste der *vocational types* bei Park liest sich wie ein Auszug aus der Themenakte eines *city editor*.[38] Berufstypen wie das »Ladenmädchen« oder der »Pfandleiher« gehören zum

37 Um nur einige Beispiele aus einer Zeitschrift, *Scribner's*, zu nennen: Samuel Hopkins Adams, The Department Store (vol. XXI/1897); Jesse Lynch Williams, A Great Hotel (vol. XXI/1897); Lincoln Steffens, The Modern Business Building (vol. XXII/1897).

38 »Among the types which it would be interesting to study are: the shopgirl, the policeman, the cabman, the nightwatchman, the clairvoyant, the vaudeville performer, the quack doctor, the bartender, the ward boss, the strike breaker, the labor agitator, the school teacher, the reporter, the stockbroker, the pawn-broker; all of these are characteristic products of city life ...« (Park, a. a. O., S. 586). Vgl. auch die Vorschläge im zeitgenössischen Anleitungsbuch für Journalisten von Bleyer (1923/1913, S. 275). Berufstypen waren beliebte Themen studentischer *term papers* am soziologischen Department. Nels Anderson schrieb z. B. über »panhandlers«, »clerks in flophouses«, »landladies«, »bartenders«, »mission workers« und »policemen«.

Repertoire der journalistischen Berichterstattung um die Jahrhundertwende, ganz zu schweigen vom »Vaudeville-Künstler« als Repräsentant einer Unterhaltungskultur, die in der Form der »variety show« der großstädtischen Erfahrungsweise entspricht (vgl. Barth 1980).[39]

1893 veröffentlicht Park in der *Detroit Tribune* einen Artikel mit dem Titel *Life In A Flat* (REP 8). Darin geht es um die Darstellung einiger besonderer Aspekte des modernen Lebens, um »zivilisierte Menschen ohne ›Zuhause‹«, wie es im Untertitel heißt. Park beginnt seine Darstellung mit dem Hinweis, daß der rapide Zuwachs an Appartementhäusern in Detroit als ein Anzeichen für den Wandel der Stadt zur modernen Metropole angesehen werden kann, ein Wandel, der zum Anwachsen der Bevölkerungsgruppe führt, die keine dauerhafte Bleibe im traditionellen Sinne mehr hat. Sein Thema ist, in die Sprache der »Vorschläge« übersetzt, die für die moderne Gesellschaft charakteristische Mobilität der individuellen Person, das ständige Kommen und Gehen, das sich in Einrichtungen wie Hotels, Häusern mit möblierten Zimmern *(rooming-house)* und Appartementhäusern niederschlägt.

Mit seiner feuilletonistischen Skizze des Appartementhauses als einem Kennzeichen des Lebensstils in der modernen Großstadt nimmt Park sowohl thematisch wie interpretativ Untersuchungen großstädtischer Wohnformen und ihrer Nutzer in Chicago vorweg, wie sie von Conway (»The Apartment House Dweller«), Hayner (»Hotel Life and Personality«) und Zorbaugh (»The Dweller in Furnished Rooms«) in den 20er Jahren durchgeführt wurden.

Park legt seine Darstellung als Führung an. Der Besucher eines Appartementhauses wird zunächst mit einem neuen Berufstyp, mit dem Hauswart, konfrontiert: »Er ist einer der jüngsten Hervorbringungen der modernen Gesellschaft. Er

39 Parks ehemaliger Kollege und langjähriger Freund Hartley Davis veröffentlichte in *Everybody's Magazine* (August 1905) einen Artikel über das Vaudeville (»In Vaudeville«).

kam mit dem Botenjungen und dem Fahrstuhlführer, drei Berufe, die in den letzten Jahrzehnten entstanden sind.«[40] Im folgenden skizziert er den typischen Arbeitstag eines Hauswartes, erläutert dessen Aufgaben, weist auf seine zu Lasten der individuellen Freiheit gehende Kontrollfunktion hin und beleuchtet seinen Charakter, dessen Schwachstelle das Trink- bzw. besser: Bestechungsgeld ist. Nachdem er einige Aspekte des Lebens in Appartementhäusern, insbesondere die dort herrschende Anonymität, geschildert hat, geht er der Frage nach, welcher Personenkreis dort lebt. In einer Art Hausführung nennt er den Typen des Handlungsreisenden, jungverheiratete Paare, vor allem aber, als typische Bewohner, unverheiratete Frauen und Männer (mit einem Hauch Boheme[41]) und wohlhabende, kinderlose Ehepaare (wobei Kinderlosigkeit, ähnlich wie später in den Chicagoer Studien, als ein Charakteristikum der Bewohner von Appartementhäusern vermerkt wird). Das Ganze hat ein wenig von den literarischen Querschnitten durch ein typisches – Berliner, Pariser – Haus, wie sie um die Mitte des 19. Jhs. üblich waren, inklusive einer entsprechenden Illustration, die sich freilich dadurch auszeichnet, daß sie dem Beobachter den Blick in das Innenleben des Wohnhauses nicht mehr durch das fiktive Dachabdecken eröffnet, sondern, zeitgemäß, durch Röntgenstrahlen (»What the X-ray would disclose if directed to a modern flat.«).

Auch die journalistischen Berichte kurz vor und nach der Jahrhundertwende konzentrieren sich, nimmt man Burgess' Zonenmodell zur Orientierung, thematisch auf die erste Zone, dem eigentlichen urbanen Raum, sowie auf die zweite

40 Wie nahe Park solchen Typologien in der Lehre blieb, zeigt ein Vermerk aus Hayners Tagebuch, in dem er von einem längeren Gespräch mit Park über mögliche Themen berichtet, wobei u. a. von Zeitungsjungen, Fahrstuhlführern und Hauswarten die Rede war (Faris 1970, S. 80).

41 Der bohemehafte Zug, das Moment des Ungebundenen, liegt bereits in der neuen Erscheinung der ledigen, allein wohnenden Frau begründet, Gegenstand zahlreicher journalistischer Exposés in den 1890er Jahren. Vgl. als Beispiel Mary Gay Humphries, Women Bachelors in New York, in: *Scribner's*, vol. 20 (1896), S. 626-636.

Zone, die sog. Übergangs- oder Akkulturationszone. Die Beweggründe der journalistischen Erkundungen können zwar durchaus unterschiedlich sein, gemeinsam aber ist ihnen, aus der Logik des Nachrichtenwerts heraus, der Blick auf das Neue sowie auf das, für den Berichterstatter wie für den Leser, andere. Auch die Journalisten nutzen, kurz gesagt, die Großstadt als ein Labor, in dem die menschliche Natur und soziale Prozesse auf besonders zweckmäßige Weise studiert werden können.

Einige der aus Artikelserien hervorgegangenen Reportagebände sind, ähnlich wie die soziologischen Monographien, in ihrem Feld zu Klassikern geworden. Zu denken ist etwa an Lincoln Steffens, *The Shame of the Cities*, (1904; *Reprint* 1969), an Hutchins Hapgood, *The Spirit of the Ghetto* (1902/1967), an Josiah Flynt Willard, *Tramping with Tramps* (1899/1967), sowie an Jacob A. Riis, *How The Other Half Lives* (1890/ständige Neuauflagen). Keineswegs vergessen werden sollten aber auch Reportageserien, die für das weitere Themenspektrum der Chicagoer Soziologie von Bedeutung waren, Ray Stannard Baker, *Following The Color Line* (1908/1964) etwa oder Will Irwin, *The American Newspaper* (1911/1969), eine von Park hochgeschätzte Serie über das amerikanische Zeitungswesen. Die Bedeutung dieser und anderer journalistischer Arbeiten für die Chicagoer Soziologie zeigt sich unter anderem daran, daß sie als Leseempfehlungen in Bibliographien aufgeführt wurden: Baker, Hapgood, Riis, Steffens und Willard z. B. im Park/Burgess-Reader, Hapgood, Riis und Steffens in Wirths »Bibliography of the Urban Community« (1925). In den 20er Jahren vergleichen Rezensenten einzelne Chicago-Monographien gelegentlich mit ihren publizistischen Vorgängern. Solche Vergleiche mögen zu dem Vorwurf beigetragen haben, daß die Chicagoer Soziologie nur verkleideter Journalismus sei, sie verweisen aber auch darauf, daß die Arbeiten der Reporter um die Jahrhundertwende einen Standard gesetzt haben, an dem sich soziologische Untersuchungen messen lassen müssen.

Journalistische Reportagen	Soziologische Untersuchungen
Josiah Flynt (Willard), *Tramping with Tramps* (1899)	Nels Anderson, *The Hobo* (1923)
Hutchins Hapgood, *The Spirit of the Ghetto* (1902)	Louis Wirth, *The Ghetto* (1928)
Jacob A. Riis, *How the Other Half Lives* (1903)	Harvey W. Zorbaugh, *The Gold Coast and the Slum* (1929)
Hutchins Hapgood, *The Autobiography of a Thief* (1903)	Clifford R. Shaw, *The Jack-Roller: A Delinquent Boy's Own Story* (1930) Edwin H. Sutherland, *The Professional Thief. By a Professional Thief* (1937)
George K. Turner, *The City of Chicago. A Study of the Great Immoralities.* McClure's, vol. XXVIII (April 1907), 575-592*	John Landesco, *Organized Crime in Chicago* (1929) Walter C. Reckless, *Vice in Chicago* (1933)
Will Irwin, *The American Newspaper.* Collier's, vol. XLVI/XLVII (Januar-Juli 1911)**	Helen MacGill Hughes, *News and the Human Interest Story* (1940)

* Park war der Artikel bekannt. In einem Schreiben des Redakteurs von *Everybody's* (1.4. 1907) wird der Artikel erwähnt, zu dem Park einen Vorschlag gemacht haben muß (REPA 2:2).

** Park: »The most complete and candid account we have of the modern newspaper was written by Will Irwin, and is buried away in *Collier's Weekly* for 1911« (REP 3:7).

5. Der Soziologe als City Editor

»Put yourself in their places, be a good reporter, that it was Park was trying to tell me and trying to tell the rest of us. Hell, that's what I've been ever since, a reporter.«

Norman S. Hayner

Ruth Shonle Cavan hat in ihren Reminiszenzen an die »goldene Ära« die methodischen Präferenzen der Chicagoer beschrieben und von Robert Park gesagt, daß bei ihm weder Fallstudien noch statistische Erhebungen, sondern Erkundung und Beobachtung im Mittelpunkt standen (Cavan 1983). Es ist eben die Feldbeobachtung, Kernstück der ethnographischen Zugangsweise, die sich in der Disziplingeschichte als charakteristisch für die Chicagoer Soziologie herausgeschält hat, auch wenn, wie wir gesehen haben, andere Methoden eine ähnlich breite Anwendung fanden. Vor diesem Hintergrund mag erstaunen, daß es keine Kurse zur Feldforschung gab. Der von Park und Burgess angebotene Kurs in »Field Studies«, der aus heutiger Sicht eine solche Instruktion vermuten läßt, lief eher auf ein Forschungspraktikum hinaus, wo mögliche Untersuchungsfelder umrissen und getestet wurden. Die Vermittlung von Techniken der Feldarbeit geschah informell und, gemessen an heutigen Standards, unsystematisch. Die Studenten wurden dazu angehalten, die Stadt zu Fuß zu erkunden, mit den Leuten zu reden und ihre Beobachtungen detailliert festzuhalten; eine Art der Felderkundung, die sich im »As one walks ...«-Stil der ersten Kapitel verschiedener Studien niedergeschlagen hat.[42]

»Get the feeling« war eine von Parks Maximen bezüglich der Erkundungsphase, eine eigentümlich vage Begrifflichkeit zur Charakterisierung eines Forschungsprozesses, der entschei-

42 Vgl. etwa die ersten Kapitel bei Thrasher (»The Gangland«) und bei Zorbaugh (»The Shadow of the Skyscraper«).

dend zur kognitiven Identität einer soziologischen Richtung beigetragen hat. Und doch haben Begriffe wie Gespür und Gefühl eine gewisse Plausibilität, wenn man sie auf der Folie des Journalismus liest. Es ist der »Instinkt« des Nachrichtenmannes für Nachrichten, der sprichwörtliche »Riecher« für Nachrichten, der den guten Reporter ausmacht – ein Organ freilich, das nicht von Geburt an vorhanden ist, sondern ausgebildet werden muß:

»However, what ist known in the newsroom as a ›nose for news‹, is not an original trait of human nature. On the contrary, it is usually a hard-won acquisition and one which is more likely to be learned on the job than in the classroom, even of a school of journalism. What the reporter learns, finally, in the course of his newspaper experience is *the art of looking* at events as evidences of things in progress, the full significance of which he does not seek to assess« (Park 1955, S. 110; meine Hervorhebung, R. L.).

Diese Ausführungen zum Reporter erinnern unmittelbar an Parks Anspruch, daß das erste, was Soziologiestudenten zu tun hätten, herauszugehen sei, zu beobachten und die Beobachtungen exakt aufzuzeichnen. Was sich hier andeutet und worin der entscheidende methodologische Schritt der Chicagoer Soziologie unter Park zu sehen ist, ist die Durchsetzung des Beobachtungsparadigmas in der Wissensaneignung, »the art of looking«. Das hat, als Ausgangspunkt, wenig mit dem zu tun, was wir heute als Feldbeobachtung mit einem Arsenal an Regeln und Techniken bezeichnen. Park, der häufig mit seinen Studenten durch Chicago bummelte, bestand darauf, daß Beobachtung ebenso wichtig sei wie das Herumwühlen in Bibliotheken.

Aus einem von Howard Becker aufgezeichneten Park-Statement wird dies deutlich, und zugleich die beißende Kritik an dem Zustandekommen von Amtsakten, verbunden mit einem – anscheinend unvermeidbaren – Seitenhieb auf die pingeligen ›do-gooders‹:

»You have been told to go grubbing in the library, thereby accumulating a mass of notes and a liberal coating of grime. You have been told to choose problems wherever you can find musty stacks of routine records based on trivial schedules prepared by tired bureaucrats and filled out by reluctant applicants for aid or fussy do-gooders or indifferent clerks. That is called ›getting the hands dirty in real research‹. Those who thus counsel you are wise and honorable; the reasons they offer are of great value. But one thing more is needful: first-hand observation. Go and sit in the lounges of the luxury hotels and on the doorsteps of the flophouses; sit on the Gold Coast settees and on the slum shake-downs; sit in Orchestra Hall and in the Star and Garter Burlesk. In short, gentlemen, go get the seat of your pants dirty in *real* research« (McKinney 1966, S. 71; Hervorhebung im Original).

»Go into the district«; »get the feeling«; »become acquainted with people« – die von Studenten überlieferten Anweisungen von Park wirken auf den ersten Blick trivial, können aber nur vor dem Hintergrund der ›Bibliotheks-Soziologie‹ angemessen verstanden werden. Sie zielen auf Beobachtung aus erster Hand, auf eine Soziologie »on the hoof«, wie sie Hughes nannte, und im Kontext gesehen haben diese Anweisungen durchaus ihre eigene Systematik. Hughes (REPA 1:5) z. B. berichtet, daß es Brauch war, eine Art Forschungstagebuch zu führen, in dem Eindrücke aus dem Untersuchungsgebiet festgehalten und Interviews sowie Lebensgeschichten gesammelt wurden, ähnlich wie es Park in seiner Zeit als Publizist sowie später auf Reisen gehalten hat.[43] Gefordert wurden auch regelmäßige Forschungsberichte sowie detaillierte An-

43 Folgender Ausschnitt aus Parks Reisetagebuch vermittelt uns einen Eindruck vom Wert der ›Notizbuchmethode‹ und von Parks Gespür für Hypothesen:
»Tokyo, Sunday [Nov.] 17, 1929. ›Conflict of Cultures.‹ The Ginza, the jass thoroughfare of Tokyo, the street of smart shops, restaurants and night life as well, is busy, but not as crowded as usually today. On the corner of the Ginza and ... Street I am suddenly aware of familiar music, and recognize the thrilling notes of ›Onward Christian Soldier‹ which is being broadcasted from a building across the street... On the Ginza across the street there is a shop selling postal cards. There are pictures of Japanese actors and actresses in the decent formal and [...] decor of the Japanese theatre, posing in the theatrical attitudes and with dramatic traditional gestures of the traditional Japanese drama. Side by side with these pictures but occupying more space and filling more completely the eye of the spectator are the pictures of American actors and actresses, most of the chorus girls, scandelously dropped or undropped from the traditional

gaben über die nächsten Forschungsschritte; die in den E. W. Burgess-Papers erhalten gebliebenen studentischen Forschungsberichte sind eine reiche Quelle zur Veranschaulichung des Vorgehens. Daraus entwickelte sich eine ungemein facettenreiche Forschung, vielfältig in ihren Verfahrensweisen, multipel in ihren Perspektiven. Nehmen wir als Beispiel die Untersuchung von Hotels als Wohn- und Lebensform.[44] Das idealtypische Vorgehen könnte folgendermaßen aussehen: Zensusdaten über das Hotelgewerbe einholen (wie viele Hotels im Stadtgebiet; wie viele Zimmer, wie viele Übernachtungen pro Jahr); Hotels nach Größe und Art klassifizieren; die Lage der klassifizierten Hotels im Stadtplan einzeichnen; Konzentrationsgebiete (»hotel areas«) markieren; durch das Gebiet flanieren, das Umfeld erkunden (Bars, Restaurants, Kinos, Theater), sich ein Bild von den Hotels machen (Grundfläche, Gebäudehöhe, Eingänge); Geschäftsführer befragen (saisonaler Verlauf der Belegung, durchschnittliche Aufenthaltsdauer, Beruf und Zivilstatus der Gäste); zusätzlich die Fachpresse des Hotelgewerbes konsultieren (Archive); sich in der Hotelhalle, -bar aufhalten bzw. sich als Gast einquartieren, Beobachtungen anstellen, mit den Gästen und mit dem Personal reden; Lebensgeschichten von Gästen, vom Personal einholen, zur Ergänzung Romane lesen (»Menschen im Hotel«)[45]; falls möglich, in verschiedene funktionale Rollen schlüpfen (Portier, Rezeption, Barkeeper, Zimmermädchen usw.).[46]

Japanese point of view ... This scene is a symbol of the turmoil in Japanese life and culture ...« (Reisetagebuch Park 1929, REPA 4:7).

44 Obwohl ich hier auf einige Äußerungen von Hayner über sein Vorgehen bei der Hotel-Studie zurückgreife, ist das Beispiel insgesamt fiktiv; so habe ich z. B. Vorgehensweisen bei anderen Studien auf das Beispiel »Hotelleben« übertragen.

45 Hayner hat bei seiner Untersuchung z. B. das Musical »Hotel House« besucht (Faris, a. a. O., S. 82).

46 Daniel Russell arbeitete für seine Studie über das Roadhouse u. a. an der Garderobe, als Nachtwächter und als Rausschmeißer (sic!) in zwei der größten Chicagoer Tanzsäle (EWB 135:1).

Aufgrund dieser Ausführungen läßt sich in der Tat mit Jennifer Platt (1983) bezweifeln, ob diese Anweisungen auf teilnehmende Beobachtung im strikten Sinne zielen bzw., worauf Platt abhebt, ob die daraus resultierende Forschung einer reflektierten Methodologie teilnehmender Beobachtung entspricht. Letzteres tut sie gewiß nicht. Was wir hier vor uns haben, entspricht eher den Observations- und Recherchetechniken eines Reporters oder Detektivs.[47] Nicht zufällig gab sich die kalifornische Gruppe von Neo-Chicagoern, die sich 1969 in San Francisco zusammenfand, den Namen »Chicago Irregulars«, eine Reminiszenz an die ›Baker Street Irregulars‹ aus den Sherlock-Holmes-Abenteuern, »mit der zusätzlichen Bedeutung für ›feldorientierte‹ Anhänger der ›Chicago-Soziologie‹« (Lofland 1980, S. 252).
In diesem umfassenden Repertoire an Techniken hat sich die teilnehmende Beobachtung im eigentlichen Sinne eher zufällig ergeben. Nels Anderson, der gern als Beispiel angeführt wird, hat, um das Malinowskische Diktum von den angemessenen Bedingungen der ethnographischen Arbeit zu paraphrasieren, seine Zelte eher zufällig in »Hobohemia« aufgeschlagen – der billigen Bude wegen (Anderson 1983, S. 483). Gewiß hat Cressey, der ebenfalls häufig genannt wird, die »Taxi Dance Hall« als Gast frequentiert, um einen Einblick ins Innere zu gewinnen. Weitaus wichtiger für seine Untersuchung aber war der »participant observer« im ursprünglichen, von Lindeman (1924) entwickelten Sinne: Insider-Informanten, die im Auftrag des Soziologen Beobachtungen anstellen oder als Gewährsleute dienen.[48]

47 Zu diesen Observationstechniken gehört auch die Lust am Rollenspiel. Hayner berichtet, daß er einmal als fiktiver Managementassistent gemeinsam mit dem Geschäftsführer Beschwerden von Hotelgästen entgegengenommen hat: »... that is the way according to Park that you learn about these institutions that you don't know« (Hayner, JTC 1:9).

48 Auch für die soziologische Rolle des Insider-Informanten gibt es einen journalistischen Vorläufer, die sog. »collaborative technique«, die u. a. von Riis (mit Max Fischel als Insider-Informant) und von Hapgood (mit Abraham Cahan als Informant) angewandt wurde. Ein von Bulmer

Platt spricht vom Chicagoer »Ursprungsmythos«, aber das Problem, das sie aufwirft, ist in unserem Kontext nur von sekundärer Bedeutung, weil es sich erst vor dem Hintergrund einer differenzierten qualitativen Methodologie stellt. Das Problem der verfeinerten Methodologie ist der qualitativen von der quantitativen aufgedrängt worden und hat gerade in der Soziologie zu einem Pseudo-Szientismus geführt, der die wesentlichen, sich aus der interaktiven Besonderheit qualitativer Forschung ergebenden Fragen lange Zeit außer acht gelassen hat; ein Pseudo-Szientismus, den Park, der nicht nur in dieser Hinsicht ein Pragmatiker war, gewiß nicht geteilt hätte. Parks Position war eindeutig: Statistische Daten ohne »acquaintance with« waren für ihn wertlos und konnten, wie er einmal hämisch bemerkte, auch von einer einigermaßen hellen Sekretärin erhoben werden. Zu Recht hat Bulmer in einem Schreiben an Winifred Rorty (Raushenbush) darauf hingewiesen, daß Parks Art der Feldforschung keine Anwendung eines vorgefertigten Schemas kannte oder irgendeine Art sklavischer Befolgung dessen erforderte, »was man heutzutage häufig als ›research design‹ zu bezeichnen pflegt« (Bulmer, 11.4. 1966, REPA 6:6). Worum es in diesem Primärstadium einer feldforschungsorientierten Soziologie in erster Linie ging, war, sich vom reinen Bücherstudium, der sog. »sociology of the library« (Kurtz) abzusetzen, nicht von irgendwelchen Konkurrenzmethodologien: »... I think the big push in the 20's was toward getting actual concrete data and facts and making some kind of an analysis of them« (Cavan, JTC 1:3, S. 16). Was verlangt oder besser: stimuliert wurde,

(1983) entdecktes, wahrscheinlich 1927 geschriebenes Manuskript von Cressey zeigt allerdings, daß eine der teilnehmenden Beobachtung ähnliche, aus der soziologischen Analyse der Großstadtbeziehungen entwikkelte Methode eine Rolle spielt, die Forscherrolle des »anonymous stranger« (vgl. Cressey 1983, S. 102-120). Daß diese von Cressey als »anonymous confessional relationship« bezeichnete Konversation im Feld auch als Aushorchen mißverstanden werden kann, zeigt Cresseys Protokoll einer Konversation mit einem Gast des Tanzpalasts (siehe EWB 129:6).

waren Einfallsreichtum und Findigkeit bei der Recherche; wie man dabei zu Werke ging – ob nun durch mehr Teilnahme oder durch mehr Beobachtung –, war sekundär. Park setzte den Akzent nicht auf methodische Rigorosität als vielmehr auf soziologische Phantasie. Einen Zugang zum Feld zu finden war selber schon eine Probe aufs Exempel. Eines freilich war obligatorisch: ins Feld zu gehen. Eine solche Forderung folgt zwingend aus dem Gedanken, daß die Techniken der Exploration nicht aus Büchern gelernt werden können (für Park eine *contradictio in adjecto*), sondern nur im Feld; eine klare Übertragung der journalistischen Erfahrung (»...is more likely to be learned on the job than in the classroom«) in die soziologische Ausbildung. Durch kleine Forschungsaufgaben (etwa die Beschreibung der Tätigkeit des Barkeepers), die große Ähnlichkeit mit den »test assignments« aufweisen, die zur Eignungsprüfung von Nachwuchsreportern üblich waren, gewann der Forschungsnovize ein Gespür fürs Vorgehen, erlernte die Kunst des Sehens und entwickelte einen Riecher für das Besondere an einer Situation, das auch bei einer soziologischen Studie deren »news value« ausmacht.

Auch die Anleitung und Vermittlung eines Gefühls für die Sache hat ein journalistisches Pendant, die Tätigkeit des *city editor*. Der city editor, später auch *metropolitan editor* genannt, leitet die Tätigkeit des Reporterstabs. Sein Schreibtisch bildet das Herz der Lokalredaktion: Hier werden Pläne entworfen (und verworfen), Themen entwickelt, Aufträge an die Reporter vergeben und Texte redigiert. Der city editor kontrolliert den Prozeß der Lokalberichterstattung von der Themenfindung über die Recherche bis hin zur Abfassung des Artikels. Er spielt, wie es in einem Handbuch des Journalismus heißt, den »Advocatus diaboli«, indem er die Genauigkeit und Stimmigkeit der Story überprüft, den Artikel redigiert, den Text umstellt, die Schlagzeile verändert. Er führt ein »assignment book« seiner Reporter, ein »futures file« mit Daten über Ereignisse, Personen und Institutionen, das als

Quelle zukünftiger Reportagen dient, und ein »idea file« mit Anregungen zu möglichen Reportagethemen.

Es ist reizvoll (und, stellt man in Rechnung, daß die Großstadtpresse ein Modell des Modus procedendi in modernen Organisationen bildete, auch nicht abwegig), sich das Chicagoer Department in den 20er Jahren einmal als Redaktion eines Großstadtblattes (sagen wir: ›Chicago News‹) vorzustellen: Albion Small, bis 1925 *managing editor*, betraut mit der Geschäftsführung und den Finanzen, persönlich verantwortlich gegenüber den Besitzern für das reibungslose Funktionieren des Unternehmens; dabei unterstützt von Ernest Burgess, der, als Redakteur für Familie und Soziales *(family editor)*, Kontakt mit den sozialen Einrichtungen hält; und mittendrin der 24-Stunden-*city editor* Robert Park, die Linie des Blattes konzipierend (»The City«), Themen entwerfend und verwerfend, Aufträge an die Reporter vergebend. In dieser Redaktion wird ein Stab an Nachrichtenspezialisten herausgebildet, jeder mit einem langen Training und Expertenwissen über ein spezielles Gebiet: über Hobos oder Gangs, über organisiertes Verbrechen oder individuelle Delinquenz, über Hotels oder Appartementhäuser. Das Seminar wird in diesem fiktiven Kontext zur Redaktionssitzung, bei der die ausgesandten Reporter den versammelten Redakteuren und dem Redaktionsassistenten Wirth Bericht erstatten über ihr Vorgehen, ihre Erfahrungen ›on the beat‹ und über die Neuigkeiten, die sie mitgebracht haben. Wie wird das Urteil des city editor ausfallen? »Remarkable stuff« oder »It's no news«?[49]

Die Analogie ist nicht so weit hergeholt, wie es auf den ersten Blick erscheinen mag. Die Erinnerungen ehemaliger Studenten zeichnen ein ausgeprägtes Bild von Park als Redakteur. In einem Brief an Fred Matthews charakterisiert Winifred Raushenbush ihr Verhältnis zu Park als das »of a green cub reporter to a city editor. I was handled and damned out on

49 Werner Cahnmann erinnert sich, daß »(t)he worst verdict of Park's about a valueless contribution was that ›it's no news‹« (»My Relation to Robert E. Park«; REPA 6:7).

precisely that basis« (Raushenbush, 30.9. 1963; REPA 9:3).

Zu Anfang dieses Jahrhunderts ähnelte die Struktur der Beziehung zwischen dem Nachwuchsreporter und dem city editor noch in hohem Grade dem Lehrling-Meister-Verhältnis im Handwerk (Duncan 1948, S. 231). Der Nachwuchsreporter erhielt wenig theoretische Ausbildung; gelernt wurde das Handwerk »on the job«, aber unter ständiger Supervision des verantwortlichen Redakteurs oder eines erfahrenen Reporters. Die Seminarberichte der Studierenden über ihre Felderfahrungen und die Auseinandersetzung mit diesen Berichten ähneln dieser Struktur. Worauf es vor allem ankam, war, ob man einen Blick für das Wesentliche entwickelt hatte und ob die Erklärung des Gesehenen und Geschehenen stimmig war.

War sie es nicht, so konnte man fast sicher sein, daß eben der Blick (»the art of looking«) unterentwickelt war. Der city editor bemühte sich, die besonderen Neigungen und Talente des Nachwuchsreporters herauszufinden und, wenn sie erst einmal entdeckt waren, systematisch auszubilden. Park verfuhr auf ähnliche Weise. Studienanfänger befragte er regelmäßig über ihre Erfahrungen, Vorkenntnisse und Interessen. In den Park-Papers ist der Entwurf eines »Questionnaire« (eher eine Art Stichwortverzeichnis) zu einem Seminar über soziale Probleme enthalten, in dem er die Studierenden u. a. nach ihrer Lektüre (*nicht* Fachliteratur), ihren Erfahrungen und ihren Interessen an besonderen Problemstellungen befragt (REP 5:3). Die Sondierung der Interessen bildete die Basis für eine thematische Orientierung der Studierenden, die zuweilen lebenslang anhielt; so wurde Thrasher ›Fachmann‹ in Sachen Gangs, Hayner Spezialist für Hotels. Nur wenige konnten sich dieser Zuschreibung entziehen; zu denjenigen, die ihr eigenes Thema durchsetzten, gehörte Everett C. Hughes, wie er selber betonte.

So wie der city editor die besonderen Talente des Nachwuchsmannes sondierte (der eine war eben der bessere Gesell-

schafts-, der andere der bessere Polizeireporter), so war er auch, Kehrseite des Lehrling-Meister-Verhältnisses, in der Lage, dem Nächstbesten ein Thema aufzudrücken, das ihm gerade in den Sinn gekommen war. In den Erinnerungen der Studierenden tritt das sprunghaft wechselnde Interesse an Themen zutage, das dazu führen konnte, daß dem nächsten Studenten, der ins Büro kam, diese neue Vorliebe als Aufgabenstellung für eine Abschlußarbeit aufgetragen wurde.[50]
Die Art und Weise, in der Park mit Studenten umging, entsprach zuweilen exakt dem Mythos vom Kampf des jungen beflissenen Reporters mit dem Redakteur:

»The reporter, a derascinated stranger in the big city, who has chosen not to follow in his father's footsteps,[51] creates a father of the man whose footsteps he does follow. Then the myth is played out between father and son: the son dares to express himself and the father punishes; the son conforms to the father's demands and the father comes to trust him; the son rebels to express himself again, with some maturity this time, and triumphs over the father; the father grows old or dies, becomes a memory, and the son forgives, acknowledging that he had, after all, taken his father's admonitions to heart« (Schudson, a.a.O., S. 84f.).

Die Erinnerungen an Park weisen mehr als nur eine Prise dieser Dramaturgie auf. Da es für gewöhnlich nur die erfolgreichen Schüler sind, deren Erinnerungen erfragt und gefragt sind, spielt gerade das Zu-Herzen-Nehmen der Ermahnungen eine große Rolle in der Rekonstruktion des eigenen Werdegangs. Aber die »Vater-Sohn-Beziehung« nahm nicht immer ein gutes Ende. Die Tatsache, daß viele Park-Schüler nach ihrer Abschlußarbeit nichts Nennenswertes mehr zur Soziologie beigetragen haben (Shils 1981, S. 189), wird zu einem

50 Das sprunghafte Wechseln von einem Thema zum anderen und vom Gespräch zur Niederschrift ist für Shils Ursache dafür, daß Parks eigene Arbeiten zwar scharfsinnig, aber inkohärent sind (Shils 1981, S. 190). Der sprunghafte Wechsel ist offensichtlich ein Derivat der Aktualität, der entsprechende Habitus entspricht dem Bild vom hektischen Redakteur.

51 Wie weitreichend diese en passant erwähnte Annahme der Entwurzelung für das Verständnis der neuen Reportergeneration ist, wird noch zu zeigen sein.

nicht unwesentlichen Teil darauf zurückgeführt, daß die Studenten von Parks Enthusiasmus mitgerissen wurden. Park ließ nicht locker, bis das Projekt erfolgreich abgeschlossen war; dann aber war, figürlich gesprochen, häufig ›die Luft raus‹. Nels Anderson brachte diesen Tatbestand etwas drastischer zum Ausdruck. Ihm zufolge hatte Park zwei Arten von Studenten: »Some he drains so dry, they never can piss another drop.«
Everett C. Hughes, der dieses Zitat in einem Schreiben an Raushenbush anführt (»... these are Andersons's words«), teilt allerdings nicht die darin enthaltene Kritik. Für ihn hat Park aus den Studenten das Optimale herausgeholt, »more indeed, than their ability would otherwise have produced ... Those who never p...d another drop, had at least had their big day with Park, and most of them remember it as a great thing in their lives« (REPA 7:5).
Ganz ähnlich äußert sich Herbert Bulmer, der hervorhebt, daß Parks Leistung als Lehrer und Forschungsbetreuer sich gerade darin zeigte, daß es ihm gelang, Studenten über ihre Leistungsgrenzen hinauszubringen:

»He succeeded in getting a large number of them to develop an unflagging interest in concentrated work on their topics, resulting, it should be noted, in a very impressive series of publications. These publications were by and large excellent; they frequently represented achievements which the individual students would, under other conditions, never have been able to realize« (REPA 6:6).

Ähnlich wie Lazarsfeld später als »managerial scholar« apostrophiert wurde, sah sich Park selber als »captain of inquiry with a company of men and women who must be directed to a worthwile topic, then given the energy required to complete their work« (Matthews, a.a.O., S. 107). Ein solcher Forschungsleiter aber, der ein Team anführt, ist letztlich nur eine Spielart jenes neuen Berufstyps, dessen anderer Repräsentant der city editor ist.

Ein guter Redakteur nimmt gerade Kleinigkeiten sehr genau. In seinem Nekrolog auf Park schreibt Young, daß eine Erfahrung, die praktisch alle Studenten von Park machten, Anweisungen in der Redigierung von Manuskripten waren: »Choice of words, economy of expression, word order, paragraph construction, and the minutiae of composition were sometimes illustrated on the student's manuscript so fully that it remained hardly legible« (1944, S. 437f.). Unerbittlich geißelte er »poor English« und wies auf grammatikalische Fehler hin: »›What many writers need, and some of them badly‹, he would say, again recalling his days as a reporter, ›is the discipline of an editor's blue pencil‹« (Pierson an Matthews, 7. 11. 1964, REPA 7:3). Parks Lehre nahm häufig die Form der Redaktion studentischer papers an. Besonders aufschlußreich in bezug auf die redaktionelle Bearbeitung von Abschlußarbeiten ist eine Passage aus Andersons Lebenserinnerungen.

Als Anderson mit Burgess den Forschungsbericht über *The Homeless Man in Chicago* diskutieren will, trifft er im Büro auf Park:

»Park turned to make some compliment, not much, but much for him; the worth of it was the tone, which flattered me. He began, ›I hope you don't mind‹ and went on to say he had transposed words here and there or had written occasional suggestions with lead pencil. He added that he had already been to the University of Chicago Press: ›They will publish it as soon as we can get it ready!‹ ›But it was not written to be a book‹, I protested. ›It's just a report for the committee.‹ He and Burgess exchanged smiles. In the manner of Let's-get on-with-it, Park began explaining changes he had made, mentioning at the outset a quotation he took from an article written by Harry M. Beardsley of the *Chicago Daily News*, 20 March 1917, a man who knew the West Madison area as he knew the hobo and his special culture. It was more than an ordinary main stem and he suggested ›Hobohemia‹ would be a more fitting identity. This may have suggested *The Hobo* as the title, which I didn't see until the book appeared. My title was something like, *The homeless Men In Chicago,* the social worker's identity for all hobohemians (sic!). In about an hour we went through some hundred pages. A better word than mine he would put in here and there, I think most of the changes called for switching the sentence order in paragraphs. Some sentences which said little could be blanked out. I think no whole paragraph had to be removed, but on some pages the order of paragraphs needed to be changed. What was especially flattering, he raised no question about the content of paragraphs, sections or chapters« (Anderson 1975, S. 169).

Anderson zeichnet hier das klassische Bild eines Redakteurs. Als Indiz besonders aufschlußreich, aber als solches in der Forschung sträflich vernachlässigt, ist die Umänderung des Titels. Soweit bekannt, ist bei keiner der klassischen Studien der Arbeitstitel beibehalten worden; teilweise wurde der Titel mehrfach abgeändert, bis es zur endgültigen Fassung kam (»A Problem Boy → »The Delinquent Boy's Own Story → »The Jack-Roller«). Park legte sehr viel Wert auf einen prägnanten Titel, der in der Art einer Schlagzeile den Gegenstand der Untersuchung plastisch zum Ausdruck brachte. Unübersehbar bei den Klassikern *(The Gang, The Ghetto, The Gold Coast and the Slum)* ist die Annäherung an literarische Praktiken der Zeit; erinnert sei nur an Dos Passos' *Manhattan Transfer* (1925), Lewis' *Main Street* (1920) oder an Sinclairs *The Jungle* (1906). Diese Annäherung kann als ein Indiz dafür angesehen werden, daß die plakativen Titel gewählt wurden, um ein breites, über Wissenschaftler, Sozialarbeiter und Studenten hinausgehendes Lesepublikum zu erreichen. Schon im Schreibprozeß war diese Orientierung angelegt: »Watch if these sentences march along!... You are not writing for the professors; you are writing for the general public« (Park nach Pauline Young, REPA 7:4).

Titel wie »The Homeless Man In Chicago« *(The Hobo)* and »A Problem Boy« *(The Jack-Roller)* hätten den Abnehmerkreis von vornherein auf die o. g. Gruppen eingeschränkt. Mehr noch: sie hätten dem Leser signalisiert (oder in diesem Falle: suggeriert), daß er es mit sozialreform-orientierter Soziologie zu tun habe. Die Ersetzung eines Titels wie »The Homeless Man«, der dem Verständnis des Sozialarbeiters entspricht, durch einen publikumswirksamen Titel wie »The Hobo« ist daher als Teil der Publikationspolitik einer auf Öffentlichkeit zielenden Soziologie zu verstehen. Mit Park setzt sich die Erkenntnis durch, daß auch wissenschaftliche Werke an ein generelles, über den engen Kreis der Fachleute hinausgehendes Publikum zu verkaufen sind. *The Gang*, *The Taxi-Dance Hall* und *The Gold Coast and the Slum* machen in der Tagespresse Schlagzeilen, werden zum Thema von Leitartikeln und finden Eingang in die Skandalrubriken der Sonntagsblätter; ein anschaulicher Beweis dafür, daß die Chicagoer Studien auch im journalistischen Sinne »news« sind.[52] Zorbaughs Buch wird ein Bestseller in Chicago; die erste Auflage ist innerhalb von 10 Wochen vergriffen. Die darin enthaltenen, von einem Mitglied der »oberen 400« mitgeteilten Regeln des sozialen Aufstiegs in die Chicagoer ›Society‹ werden, aus naheliegenden Gründen, in allen Chicagoer Tageszeitungen nachgedruckt. Einzelne Studien erscheinen auszugsweise in der Tagespresse, wie z. B. Cesseys *Taxi-Dance Hall*, das die Taxi-Dancers zur neuesten journalistischen Sensation macht.

Die Werbemaßnahmen für die Klassiker vertiefen noch den Eindruck der Wende von einer auf Reform zu einer auf Öffentlichkeit zielenden Soziologie. Für *The Hobo* gibt es Bestellzettel mit der Aufschrift »I am curious about *The Hobo*«, eine Form der Propagierung eines Problemthemas, die für die reformorientierte Literatur undenkbar gewesen wäre. Im Werbebrief für *The Hobo* wird offen mit der Faszination des Themas geworben, damit, daß der Leser einen Blick hinter die Kulissen werfen kann. Das vorrangige Thema der Reformsoziologie wird in dieser Ankündigung an den Rand gedrängt; fast beiläufig ist noch davon die Rede, daß der Leser an den Problemen interessiert sein könnte, die der Hobo seiner Gemeinde bereitet. Allemal wichtiger scheinen die Einsichten in seine Lebensweise, über Kameradschaft, Sittenkodex und Philosophie der Vagierenden, Einsichten, die der – zum Werbeargument werdenden – teilnehmenden Beobachtung des

52 Es liegt durchaus nahe, daß es diese Reaktion auf die Studien – und nicht die Studien selber – war, die den Chicagoern den Journalismus-Vorwurf einbrachte.

Autors zu verdanken seien. Auch wenn wir davon ausgehen müssen, daß diese Texte von der Werbeabteilung verfaßt wurden, bleibt doch der Tatbestand, daß es sich dabei um Ankündigungen wissenschaftlicher Werke in einem Universitätsverlag handelt. Für Zorbaughs *The Gold Coast and the Slum* wird mit einer Zeile aus der *Chicago Daily News*-Rezension geworben: »... as thrilling as a best seller, as specific and apt as a book on etiquette, and as intimate as a diary.« Das hätte auch McClure nicht besser machen können!

In der Begegnung von Anderson und Park tritt deutlich das dem city editor entsprechende Rollenverhalten zutage – »pushing, suggesting, inquiring, needling, rewriting, scolding« (Matthews, a.a.O., S. 108). Die von ehemaligen Studenten angemerkte aufbrausende und grantige Art von Park und die unakademische Unverblümtheit, mit der er Studenten mitteilte, daß ihre Ideen wertlos seien,[53] sind in diesem Kontext ebenso als Elemente eines aus dem Journalismus übernommenen Rollenverhaltens zu interpretieren wie der von Park des öfteren zur Schau gestellte Zynismus, insbesondere gegenüber den »damned do-gooders«.[54] Gewiß diente letzterer in erster Linie dazu, das Forschungs- und Theorieprogramm einer wissenschaftlichen Soziologie von der *evangelical school* des *social gospel* abzusetzen. Aber es ist ebenso wichtig zu vermerken, daß die Art und Weise, in der Park seine Kritik an den Reformern vortrug, vollkommen dem Verkehrston unter Journalisten entsprach. In den Erinnerungen an seine Reporterzeit schreibt Dreiser, daß man bei einem

53 Vgl. beispielsweise die Anekdote bei Shils, a.a.O., S. 189.

54 Wichtig ist der *zur Schau gestellte* Zynismus, denn Park war bekanntermaßen nicht gegen (soziale) Reformen, sondern gegen Reformer, die ihren Einsatz für die »andere Hälfte« mit Besserwisserei und einem Führungsanspruch verbanden. In einem Vorlesungsmanuskript zum Thema »The Newspaper in America« führt Park diesbezüglich aus: »Most newspapermen who have come up from the ranks of the reporters have a wholesome distrust of opinions, programs, and reform, and if not of reform, at least of reformers« (REP 3:7; Typoscript, S. 14).

"Speaking of Books-

and especially those published by the University of Chicago Press

WHAT DO YOU KNOW ABOUT THIS MAN?

Has he begged of you at your back door, or slept under your porch?

Nels Anderson, who has tramped with him, eaten his handouts, worked (occasionally) with him, loafed with him "on the stem," and slept in his "jungles," will tell you about him.

In THE HOBO you may peer behind the scenes, as Anderson points out the intimate details in the vagrant's life. You will learn why he prefers to be homeless, what comradeship he seeks on the road, and what codes he lives by.

You may be surprised at the hobo's philosophy, be diverted by the poetry in his songs of the road, or you may be seriously interested in the problems that he is making for your community. In any case, you will like this strange, new book. Ask your dealer for it, or send your order to us.

"THE TRUE UNIVERSITY IS A COLLECTION OF BOOKS"— CARLYLE

Gespräch mit einem Journalisten zumindest sicher sein konnte, mit jemandem zu reden, der frei von Moralinsäure *(moralistic mush)* ist. Park nutzte diese Attitüde, um die Studenten vor den Kopf zu stoßen – und die Rede von den »damned do-gooders« stellte eine nicht gerade gelinde Provokation dar – und sie so vor der, in den Colleges der 20er Jahre noch vorherrschenden »Big D-Sociology (Drink, Desertion, Dependency«) abzuschrecken.[55]

»A moral man cannot be a sociologist«, hat Park einmal gesagt und auf die Frage eines Studenten, was er denn in einem von ihm angeführten Problemfall Gutes getan habe, ziemlich rüde geantwortet: »Not a damn thing« (Hughes, REPA 9:2). Gegenüber einem reformorientierten Studenten äußerte Park einmal, daß der größte Schaden, der Chicago zugefügt worden sei, nicht das Ergebnis der korrupten Politiker oder der Kriminellen, sondern der Reformerinnen sei (Noss, REPA 7:2). Es ist anzunehmen, daß Park hier an militante ›Bewegungen‹ wie die *Anti Saloon-League* gedacht hat. Aber es ist nicht völlig auszuschließen, daß er hier auch eine Attacke gegen seine ›Intimfeinde‹, Sophonisba Breckinridge und Edith Abbott von der *School of Civics and Philanthropy*, ritt. In den von James T. Carey geführten Interviews mit ehemaligen Angehörigen des Soziologiedepartments ist diese Intimfeindschaft ausführlich belegt. In einem Brief an Winifred Raushenbush vom 13. 8. 1966 schreibt Mrs. Louis Wirth, daß

55 Der Prozeß der Desillusionierung gehörte gewissermaßen zur informellen Journalistenausbildung in den zeitgenössischen Presseredaktionen. In seiner Autobiographie schildert Dreiser ein diesbezügliches Gespräch mit seinem Redakteur: »You're just a cub yet, Theodore ..., full of college notions of virtue and charity, and all that guff« (1922, S. 339). Es scheint im übrigen der aus dem Journalismus übernommene rauhe Sprachgebrauch gewesen zu sein, der Anderson zu der Ansicht verführte, auch Park sei, wie er, von der »wrong side of the tracks«: »When he [Anderson] read my chapters [über Parks familiären Hintergrund] he was disappointed about this. He said something like: our backgrounds were not alike. His father was a businessman, mine was not« (Raushenbush an Hughes, 26. 1. 1967, REP 7:6).

Park »disliked professionally trained social workers and was anathema to the two distinguished ladies who were the School of Social Service Administration ... He once called Miss B. ›that elderly spinster‹ in public – or rumor had it something worse« (REPA 4:4). Inwieweit bei dieser Auseinandersetzung auch persönliche – sich auf Mrs. Park beziehende – Gründe eine Rolle spielen, wie sie im Briefverkehr Mrs. Wirth/Raushenbush angedeutet werden, möchte ich in der Vagheit belassen, in der sie dort erscheinen (REPA 7:4). Tatsache ist, daß sich seit der 1920 vollzogenen Einrichtung der *School of Social Service Administration* (die die zuvor von privaten Förderern getragene *School of Civics and Philanthropy* ablöst) eine »intellektuelle Feindschaft« (Diner 1975) zwischen den beiden Departments entwickelte, die auf seiten der SSSA allem Anschein nach bis zur Verweigerung der Einsicht in »case studies«-Akten ging, mit dem Argument, die Soziologen gehörten nicht der Profession an (REPA 9:2).
Dahinter steht selbstverständlich eine Kontroverse um den Status der Soziologie (und möglicherweise ein Kampf um Ressourcen), aber es ist bezeichnend, daß diese Kontroverse von Park mit dem argumentativen Rüstzeug des Nachrichtenmannes geführt wurde. Im Gespräch mit Carey charakterisiert Mowrer Abbott und Breckinridge als rigide Antisoziologen, und auch Burgess, fährt Mowrer fort, hatte noch eine ausgeprägte Neigung zur Sozialarbeit: »Park had no use for it at all.« Mrs. Mowrer: »Well, he was a newspaperman« (JTC 1:16).

Ohne Zweifel hat die ostentative Abgrenzung gegenüber einer dem social gospel verpflichteten Soziologie dazu beigetragen, eine neue Generation von Studenten hervorzubringen, die sich der sozialen Wirklichkeit unvoreingenommen nähert. Das Infragestellen (klassen)kultureller Selbstverständlichkeiten (zu denen ja auch das Selbstverständnis als Benefiziant gehört), das Bestehen auf der Inaugenscheinnahme als Ausgangspunkt allen wirklichen Wissens über die soziale

Wirklichkeit sowie die Betonung der Einnahme wechselnder Perspektiven, um ethnozentrische Verzerrungen zu vermeiden, dies alles trägt zur Herausbildung eines Bildes vom Soziologen bei, dem es nicht in erster Linie darum geht, herauszubekommen, was zu tun sei, sondern zu verstehen, was die Leute tatsächlich tun.

Die Bedeutung des Habitus des Lehrenden bei der Transformation der Soziologie in eine empirisch verfahrende Wissenschaft ist in der bisherigen Forschung nicht beachtet worden. Im Sinne von Bourdieu als generative Grammatik von Handlungsmustern verstanden, zieht sich der Habitus gewissermaßen wie ein roter Faden durch alle Praxisformen, so daß jede Einzelpraxis zur »Metapher« einer anderen werden kann. Diesen roten Faden bildet im Falle von Park der Habitus eines Reporters und Redakteurs. Robert Darnton (1975) hat diesen Habitus in einer soziologischen Reflexion seiner Tätigkeit als Reporter anschaulich nachgezeichnet: das Selbstverständnis des Redakteurs als »Mann der Ideen«, die Verachtung von Predigern und Professoren als »do-gooders« und »eggheads«[56] und die Herausbildung eines Ethos, dessen Komponenten, neben Arbeitseifer, Genauigkeit und Schnelligkeit, Gewitztheit, Zähigkeit und eine gewisse Derbheit bilden.

Parks Tätigkeit als »impresario in research« (Matthews) läßt sich, um zu einem Resümee zu gelangen, als die eines city editor im akademischen Milieu charakterisieren. Sein gesamtes Rollenverhalten – das Selbstverständnis als »captain of inquiry«, die Vergabe von »test assignments«, das »rewriting« studentischer Texte usw. – entspricht dem des city editor wie

56 Daß Park diese Attitüde nicht fremd war, zeigt eine Anekdote von Werner Cahnmann, in der er von einer Konferenz an der Chicagoer Universität berichtet, bei der Park auf die Bemerkung eines europäischen Gelehrten *(refugee scholar)*, man müsse die Angelegenheit, die zur Diskussion steht, logisch analysieren, »rot vor Wut« einwarf: »We don't give a damn for logic around here! What we want to know is what people do!« Cahnmann führt Ausbrüche wie diesen auf den Einfluß des Pragmatismus sowie auf den journalistischen Hintergrund von Park zurück (REPA 6:7).

auch die Schauseite seines Rollenspiels – der Zynismus, die expressiv vorgetragene Verachtung der »do-gooders« und die einschüchternde Seite seines »impression management«.
Als elementare Voraussetzung einer unvoreingenommenen Annäherung an soziale Wirklichkeit erscheint die Neugier und das unverhohlene Interesse an anderen. »Was mich an ihm vielleicht am meisten beeindruckte«, schreibt Donald Pierson an Fred Matthews, »war sein ständiges, absorbierendes Interesse an und seine Neugier auf alle Menschen, ihre Verhältnisse und die Art und Weise, in der sie leben. Es sollte in Erinnerung gerufen werden, daß er seine produktiven Jahre als Reporter begann, und er verlor nie die Neugier des Reporters an der Welt um ihn herum. Er schien nichts mehr zu lieben als durch die Straßen einer fremden Stadt zu gehen, wie er es zum Beispiel in Bahia tat, ›seine Nase‹, wie er einmal sagte, ›in alles steckend‹, beobachtend, innehaltend, um Fragen zu stellen und mit jedermann zu reden, dessen Person, Arbeit oder sonstige Tätigkeit ihn gerade interessierte« (REPA 7:3). In dieses Bild paßt die die Studenten beeindrukkende Fähigkeit, Untersuchungsthemen vor Ort zu finden. Ein gutes Beispiel sind die bei Raushenbush abgedruckten »Topics for Investigation«, die er im Zusammenhang mit einer Konferenz des *Institute of Pacific Relations* in Honolulu, Hawaii (1925), zusammenstellte (Raushenbush, a. a. O., S. 127f.). Formal entspricht ein solcher Untersuchungsplan der journalistischen Serienkonzeption. Ein Vergleich der Topics mit der Gliederung der von Park/Washington verfaßten Artikelserie *The Man Farthest Down* zeigt das deutlich; besonders reizvoll aber, nicht nur unter formalen, sondern auch inhaltlichen Gesichtspunkten, wäre ein Vergleich mit der dreiteiligen Hawaii-Serie von Ray Stannard Baker (erschienen im *American Magazine*, vol. 123/1911/12).
Eine letzte Übereinstimmung mit der Praxis des Redakteurs kommt darin zum Ausdruck, daß Park selbst, außer Aufsätzen und Rezensionen, wenig publiziert hat. Läßt man einmal die Rezensionen beiseite, dann sind ein Fünftel seiner wissen-

schaftlichen Publikationen Einleitungen zu den Arbeiten seiner Studenten, das wissenschaftliche Pendant zur programmatischen *editorial note*. Daß ihm dieser Status nicht unangenehm war, geht aus seiner autobiographischen Skizze hervor: »Meines Erachtens liegen meine größten Erfolge auf dem Gebiet der Einführungen in die Bücher anderer – jener Bücher, in denen die Probleme behandelt werden, die mich am meisten interessierten« (Baker 1981, S. 269).
Ein anonymes Studentengedicht, Park am 12. 2. 1938 zur Verabschiedung von der Fisk-Universität überreicht, feiert ihn als Autor von Einleitungen. Vielleicht ist nirgendwo die eigentliche Bedeutung von Park, nämlich als Neuerer, besser auf den Begriff gebracht. Und nicht nur das: Dieses Gedicht, das Park als »tramper through cities«, als »man of the senses«, als »teller of stories« und als »writer of introductions« vorstellt, entwirft ein – zwar studentisch-schwärmerisches, gleichwohl aber – eindrucksvolles Bild von Parks Persönlichkeit.

To Robert E. Park

I

You are the tramper through cities:
London, New York, and Chicago,
Honolulu, Calcutta, Berlin
Respond to you,
Acknowledge you,
As friend and confidant;
Openly declaring their life to you,
Communicating their secrets,
In esoteric tones.
You, the interrogator!
The insistent questioner!
Steeped in the poets,
Whence came the first insights

That made you curious about life
And sent you in search of the news.
That is why you love the city,
With its massed and varied humanity;
Where life whirls to a vortex,
Where life moves,
Through conflicts, through changes,
Of persons and cultures.
Like Darwin,
You go prowling and seeking,
Unhasty and tentative,
Patient yet eager,
Your mind alive
In the streets of the city;
You, the listener and interpreter,
Absorbing through all your senses,
Absorbing through your very pores!
Filled with immense enjoyment,
You, the tramper through cities.

II

You are a man of the senses;
No adamantine figure is yours,
But one quick to react;
The warmth of the sun in your smile;
Olympian wrath in your temper
That you have not cared to control.
You have not aspired
To be a gentleman, you say,
And laugh quietly
At the notion
Of institutionalized civility,
Sense and sensory meaning:
These are the elements,
The honest basis of life,
The source of our culture!

This you have never doubted.
The immediacy of your living
Shows in your face:
The child is there,
And the Negro:
Those simple impulsive reactions
Declare themselves eloquently;
Yet the breadth of the world is there,
And the depth of the soul,
You are
What you have known and appreciated;
You have cast out pretensions,
Preferring humanity,
The strong appetites, the wants,
That you have seen in others;
That you have recognized in yourself:
You, a man of the senses.

III

You are the teller of stories,
To old and young alike.
You are a kind of oracle,
Your smile and gentle manner
Inspire warm confidence,
While the story is told
With splendid zest
And a smiling remembrance
As if, in the end,
There was nothing in life
But humor.
Pathos and tragedy disappear
As if by magic
Because, to you,
There is no tragedy in life –
Only unintelligible things –
And your task is to know,

To get understanding.
Being wise, you cultivate wisdom;
Transmitting your insights
By indirection.
No hint of the preacher
Nor of the moralizer;
No story of yours to frighten,
No tale to hurt or offend:
You aim only to stimulate,
To educate, to make clear.
Yours is the gift of the ages,
The sensitive mind of the artist:
To those who have learned to listen,
You are impelling, inspiring,
You, the teller of stories.

IV

You are the writer of introductions:
Like the architect of a building
Who does not himself
Lay the brick on the mortar,
But who knows the meaning
Of basic design or method,
So you present a study
Of friend or colleague –
You write the introduction:
Better, oft-times, than the book itself,
A finished essay,
Suggesting approach or direction!
Always expanding, not closing a subject.
To introduce:
That, in truth, is your function:
These prefatory chapters
To a score of volumes
Are your biography –
The various aspects,

Each in some essential way,
A phase of your own experience,
A thought you have explored,
And would explore further.
You are no prophet,
No reformer, no academic priest;
You are the sceptic of formulas,
The scorner of dead institutions.
You look to life itself,
To the warm impulses
Of men and women.
You are the true philanthropist:
You, the writer of introductions.

6. *Entlehnung oder Anstoß? Ein Resümee.*

> »When I took Dr. and Mrs. Park for a sightseeing trip through the city we stopped at a museum. While I took Mrs. Park in, Dr. Park stayed in the car and said something to the effect, ›Mrs. Park likes pictures. I like to watch the people.‹«
>
> *Bernard L. Hormann*

Daß der journalistische Einfluß auf Parks Soziologie in der *scientific community* durchaus vermerkt wurde, steht außer Frage, und doch ist der systematische Stellenwert dieses Einflusses bislang kaum berücksichtigt worden. Allein der quantitative Anteil, den die Jahre der journalistischen Praxis in den Park-Biographien einnehmen, ist symptomatisch für das ›Vergessen‹ dieses wenig prestigeträchtigen Hintergrundes.
Nun wäre eine knappe Darstellung dieses Lebensabschnittes in der Biographie eines Soziologen durchaus berechtigt, wenn er keinen oder einen nur geringfügigen Niederschlag in der wissenschaftlichen Tätigkeit gefunden hätte, wenn man sozu-

sagen von zwei voneinander entkoppelten Lebensphasen sprechen könnte. Aber Parks Tätigkeit in Forschung und Lehre ist ohne Berücksichtigung der Prägung durch die journalistischen Lehrjahre nicht angemessen zu interpretieren. Vor allem seine Wirklichkeitssicht ist durch diese Lehrjahre geprägt; wesentliche Elemente dieser Annäherung an die Wirklichkeit bilden das Insistieren auf Anschauung, die Forderung, den sozialen Tatsachen unvoreingenommen entgegenzutreten und Selbstverständlichkeiten in Frage zu stellen, d. h. hinter die Fassaden zu blicken.

In der Praxis führt eine solche Annäherung an die Wirklichkeit zu einer Atmosphäre in der Lehre, die die Soziologie zu einem »work-in-progress« und das Seminar zu einer soziologischen Werkstatt macht, in der der im Feld gewonnene Rohstoff konzeptionell verarbeitet wird. In der Vorstellung von Park sollten die Studenten »reporters-in-depth« werden, »um so vollständig wie möglich in die sozialen Welten eintreten zu können, die sie untersuchten, dabei in einem ausreichenden Maße an ihnen partizipierend, um die Einstellungen und Werte dieser Welten zu verstehen« (Bulmer, zit. n. Matthews, a. a. O., S. 108). Diese Beschreibung zeigt sehr deutlich, daß der »reporter-in-depth« nichts anderes als ein soziologischer Feldforscher ist. Der Rückgriff auf das Vorbild des Kulturanthropologen, wie ähnlich hier auch das Vorgehen ist, wäre also gar nicht notwendig gewesen, es sei denn als Begründungsfigur, um eine erheblich prestigeschwächere Verwandtschaft mit der Reportage zu verdecken. *Daß* dies notwendig war, zeigt die Kritik von zeitgenössischen Fachkollegen, die die Chicagoer Soziologie als »journalistic school of sociology« und als »journalism in disguise« abtun.[57] Ganz richtig hat Nels Anderson diese Kritik als eine bissige Anspielung auf

57 Leider ist es mir nicht gelungen, zu rekonstruieren, von wem diese Kritik kam. Edward Shils erwähnte zwar in einem Gespräch Namen von Soziologen, die möglicherweise in Frage kommen, da dies aber, wie er selber betonte, letztlich spekulativ bleiben muß, möchte ich auf eine Wiedergabe verzichten.

Parks Vergangenheit interpretiert (REPA 6:6). Wie geläufig der Verdacht war, eine bloße Variante der journalistischen Reportage zu bieten, zeigt eine Sammelrezension von Louis Wirth in den *Kölner Vierteljahresheften*, in der die kulturanthropologische Begründungsfigur, diesmal für den deutschen Fachvertreter, noch einmal aufgegriffen wird. Wirth präsentiert in dieser Rezension Zorbaughs *The Gold Coast and the Slum* als einen Band aus der Reihe großstädtischer Studien, die von Schülern von Park durchgeführt wurden und die dieser »mit den von Anthropologen über die Kultur der primitiven Völker angestellten (Untersuchungen)« vergleicht:

»Sicherlich gibt es Soziologen«, fährt Wirth fort, »die diese Art Arbeit unter ihrer akademischen Würde erachten und als eine Form der journalistischen Reportage verwerfen. Solange jedoch die Vertreter der Soziologie sich nicht mit solchen Studien befassen, solange wird es keine wissenschaftliche Soziologie geben. Mit anderen Worten: wofern nicht die künftige soziologische Forschung ihre Verallgemeinerungen auf dem geduldigen Sammeln konkreten Materials aufbaut und ihre Hypothesen durch wiederholte Beobachtung des gleichen Phänomens nachprüft, wird die Soziologie eine müßige Art der Lehnstuhl-Philosophie bleiben, und ihr Anspruch auf Anerkennung als Wissenschaft ist alsdann eine leere Behauptung« (Wirth 1930/31, S. 547).

Erst im hohen Alter macht Park deutlich, daß er bei der Formulierung seines Aufsatzes *The City* in nicht unerheblichem Maße auf Informationen und Erfahrungen zurückgegriffen hat, die er als Reporter gewonnen hat, und er tut dies mit Argumenten, die zeigen, wie weitsichtig Pulitzers Ausführungen über die Soziologie im Rahmen des angestrebten Curriculums eines *College of Journalism* waren. Im Hausbulletin der »Society for Social Research« heißt es 1939:

»In the article I wrote about the city I leaned rather heavily on the information I had acquired as a reporter regarding the city. Later on, as it fell to my lot to direct the research work of an increasing number of graduate students, I found my experience as a city editor in directing a reportorial staff had stood me in good stead. Sociology after all, is concerned with problems in regard to which newspaper men inevitably get a good deal of first hand knowledge. Besides that, sociology deals with just those aspects of social life which ordinarily find their most obvious expression in the news and in historical and human documents generally. *One might fairly say that a sociologist is merely a more accurate, responsible, and scientific reporter*« (Park 1982 [1939], S. 338; meine Hervorhebung, R. L.).

Bulmer bemerkt zu dieser Passage, daß man den Einfluß des journalistischen Hintergrundes von Park, »mit den Konnotationen fehlender Präzision sowie zufälliger und unsystematischer Forschung, die damit einhergehen«, nicht übertreiben sollte (Bulmer 1984, S. 91). Bemerkenswerterweise wird hier das konventionelle Argument gegen die empirische Soziologie Chicagoer Prägung, das auf den Konnotationen »fehlende Präzision« und »unsystematische Forschung« beruht, als Argument genutzt, um den journalistischen Einfluß auf die Chicagoer Soziologie als relativ unbedeutend darzustellen. Dieser Einwand, der implizit die Argumente der Kritiker übernimmt, ähnelt einem Exorzismus böser Geister. Aus Parks Statement wird aber deutlich, daß es gar nicht in erster Linie um die Konnotationen von fehlender Präzision und unsystematischer Forschung geht, die ja erst im nachhinein, als Konkurrenzargument zwischen soziologischen Orientierungen eingeführt werden, sondern um »first hand knowledge«, d. h. um eine Wirklichkeitssicht, die auf dem Grundsatz beruht, das menschliche Verhalten und soziale Prozesse vor Ort zu beobachten.

Für die behauptete Verwandtschaft von journalistischer Recherche und soziologischer Forschung ist Parks Forderung, die Untersuchung habe unvoreingenommen und zweckfrei zu erfolgen, von zentraler methodologischer Bedeutung. Park hielt seinen Studenten stets die Verbindung von Empathie und Objektivität als Standard der Forschung vor Augen. Damit formulierte er als methodologisches Prinzip soziologischer Forschung, was zuvor bereits als Ethos des Journalismus galt. Bleyer schreibt in seinem Anleitungsbuch für Journalisten (das Park übrigens in der Lehre verwendete), daß junge Reporter häufig darauf bestehen, ihre eigenen Ansichten über das Thema kundzutun, über das sie eine Person befragen: »Der Reporter sollte daran denken, daß er ein un-

parteiischer Beobachter ist, nicht ein Advokat der einen oder der anderen Partei« (Bleyer, a.a.O., S. 52).
In verblüffender Übereinstimmung mit dem Königsweg wissenschaftlicher Feldforschung wird als charakteristische Haltung des Reporters die Mischung von Objektivität und innerer Kenntnis (»Empathie und Distanz«) angesehen.

Mein Versuch, den Einfluß der journalistischen Vergangenheit von Park auf die Formulierung eines Programms der Großstadtsoziologie zu rekonstruieren, hat, wie klargeworden sein sollte, nichts mit einer Desavouierung dieses Programms und der damit verbundenen Forschungsmethoden zu tun. Parks Bedeutung für die Herausbildung einer empirisch fundierten Großstadtsoziologie ist kaum zu überschätzen; René König bezeichnet ihn unter Verwendung eines Superlativs als den »großartigsten Pionier der Chicago-Schule«. Auch soll mit diesem Versuch, der den journalistischen Hintergrund betont, keineswegs jeglicher Einfluß der Ethnologie auf Parks Denken geleugnet werden; allein schon die Begründungsformel macht ja deutlich, daß Park in der Ethnologie eine geistesverwandte wissenschaftliche Disziplin sah. In den 20er Jahren, als Soziologie und Anthropologie in Chicago noch in einem Department miteinander verbunden waren, haben sich die Disziplinen wechselseitig befruchtet, wobei deren gemeinsamer Nenner, wie Fay-Cooper Cole schreibt,[58] in der Konzentration auf den Menschen und seine Kultur besteht. Wechselseitige Befruchtung heißt aber auch, daß der Einfluß nicht nur in eine Richtung verlaufen ist. Wenn ich geschrieben habe, daß sich Ethnologen, auf der Suche nach ihrem verlorenen Gegenstand, auf die Entlehnungsthese berufen, um einen historischen Anspruch auf das Untersu-

58 Fay-Cooper Cole verweist auf diese Gemeinsamkeit in einem Schreiben an den Universitätspräsidenten Woodward, um das Trennende (Archäologie, physische Anthropologie und Linguistik) als Begründung für die Einrichtung eines selbständigen Anthropologie-Departments zu betonen (vgl. Stocking jr. 1979, S. 16).

chungsfeld komplexer Gesellschaften zu begründen, so ließe sich der Spieß der Argumentation durchaus umdrehen. Indem nämlich Park auf die Nützlichkeit der Methoden, die die Ethnologen zur Untersuchung ›primitiver‹ Ethnien entwikkelt haben, für die Untersuchung städtischen Lebens und städtischer Kulturausprägungen verweist, wird er, nolens volens, zum Anreger bzw. mittelbaren Begründer einer sich der Gemeinde- und Großstadtforschung zuwendenden Ethnologie. Girtler, der sich, wie gezeigt, in seinem Abriß der Kulturanthropologie auf die Entlehnungsthese beruft, um zu begründen, daß mit kulturanthropologischen Methoden auch komplexe Gesellschaften der europäisch-amerikanischen Kultur untersucht werden können, nennt als einen seiner Kronzeugen W. Lloyd Warner und dessen »Yankee City«-Studien (Girtler, a.a.O., S. 52). Warner, ein Ethnologe, der zuvor in Australien Forschung betrieben hatte, war aber nicht nur von Radcliffe-Brown beeinflußt, sondern wurde bei seiner Untersuchung von Newsburyport, Mass., eingestandenermaßen von der *sociological series* angeregt (Warner nennt *The Gold Coast and the Slum, The Gang, The Ghetto*; vgl. Raushenbush, a.a.O., S. 144f.). Überdies korrespondierte er mit Park und führte mit ihm ein ausführliches Gespräch.

Wenn Emilio Willems in seinem Lexikon-Stichwort »Ethnologie« betont, daß die ethnologische Erforschung nichtprimitiver Kulturen »namentlich auf die Initiative von Robert Redfield und William Lloyd Warner zurückzuführen (ist)« (1967, S. 65), dann steht hinter diesen beiden als gemeinsamer Dritter Robert Park. Indirekt wird dieser Zusammenhang angedeutet, wenn bei der Rekapitulierung der Geschichte ethnographisch verfahrender Gemeindeforschung regelmäßig Park, Warner und Redfield zusammengedacht werden, ohne daß freilich die spezifische Struktur dieser Beziehung gesehen wird (vgl. zuletzt König 1984, S. 27f.).

Gerade von Robert Redfield, dem Schwiegersohn von Park, läßt sich der Einfluß der Chicagoer Soziologie auf die Modernisierung der Ethnologie nachzeichnen. Die Korrespondenz zwischen Redfield und Park ist ein beredtes Zeugnis für die Ermutigung und Anregung, die Park seinem Schwiegersohn bei der Planung und Durchführung seiner Tepoztlán-Studie gegeben hat. Am 2. 12. 1926 schreibt Redfield an Park:

»We are at least on the brink of our exploit, because tomorrow very early we intend all of us to go down to Tepoztlan together ... our interest in the job has been very brightly rekindled by my two glimpses of Tepoztlan. The whole history of Mexico appears in the walls, the streets, the talk of the people. Over the ancient foundations of the precolumbian Indians stands an old and crumbling colonial town with its church and ruined monastery. The adobe houses ... are about one-third in ruins due to the revolution of 1910. In those years Tepoztlan was perhaps the most dangerous place in Mexico, a center of Zapatista warfare ... They are still very Zapatista in sentiment, but it is going to be difficult to get them to talk about it ... Without this Sr. Conde I could have done very little. He is educated, ambitious, clever, temperamental and very poor. I think eventually I will get him on the payroll. He speaks Aztec fluently. The Aztec is in part kept up as a self-conscious nationalistic point of pride, in part spoken as the natural idiom of the less civilized individuals. Sr. Conde did the introducing, the arguing, the cajoling, the bargaining, while I merely patted the babies' heads and murmured polite sentiments to everybody ...«

In Parks Antwortschreiben vom 8. 12. 1926 heißt es:

»Your description of the country and the people of the country you are in delighted me and made me envious. I think you have a great chance to write an account of the life that will be at once scholarly and humanly interesting ... Tell Daty (Margaret Park) that I hope that she will have time to make a rather complete collection of the songs of the people, their ballads, love songs and their hymns if they have any of their own. But do not hurry ... Learn the language, learn the Aztec language if you can but do not work ... If you just manage to live there one year and write down leisurely what you learn you will have enough. I suggest that you study the ruins; study the Aztec language; the Zapata revolution, but do not worry getting things about the country and the people in one year. I think you will want to return to that country many times and the main things is to see that everyone lives outdoors a good and sleeps a good deal and has a good time ...« (REPA 2:2).

Was Redfield zu »einem der internationalen Pioniere moderner Arbeit in der Sozialanthropologie« (Firth) macht, ist in erster Linie die Ausweitung des Untersuchungsfeldes auf ländliche Gemeinden (»Bauerngesellschaften«), die er als ein

»Zwischenstadium« zwischen der primitiven Gesellschaft (dem angestammten Gebiet der Ethnologen) und der urbanen Gesellschaft ansieht. Unter dem Einfluß von Robert Park, schreibt Stocking jr. in seinem Abriß der Geschichte des Chicagoer Anthropologie-Departments, bewegt sich Redfield weg vom Boasianischen Historizismus hin zu einer soziologischen Anthropologie mit evolutionären Untertönen (Stocking jr. 1979). Daß Parks stadtsoziologisches Exposé, in dem er die besonderen Merkmale des Großstadtlebens auf der Kontrastfolie der ländlichen Gemeinde entfaltet, ebenso einen Anstoß zur Hinwendung zur ländlichen Gemeinde als Forschungsfeld gegeben hat wie Thomas/Znanieckis *The Polish Peasant*, dessen Hauptthema ja die Konflikte sind, die aus den Unterschieden zwischen bäuerlich-polnischer Herkunftskultur und amerikanischem Großstadtleben resultieren, ist wohl unbestreitbar. Unübersehbar aber wird der Einfluß in der Auswahl der »Gemeinde« als Untersuchungseinheit (»ein wahres Laboratorium«) für das Studium ganzer Kulturen – eine Parallele zur Großstadt als Paradigma für die moderne Gesellschaft. Es ist an dieser Stelle nicht möglich, die Einflüsse detailliert zu rekonstruieren, aber einige Elemente seien benannt: der holistische Ansatz, der zugleich, und das macht den Unterschied zur herkömmlichen Ethnologie aus, das Ganze (»community«) als Teil eines größeren Ganzen sieht (»a community within communities« = »a city within cities«); das Ineinander und Nebeneinander von ökologischem System und sittlicher Ordnung; die Analyse sozialer Prozesse und soziokulturellen Wandels; der Stellenwert von Säkularisierung, Individualisierung und soziokultureller Desorganisation und vor allem der methodische Ansatz, die biographische Methode *(life history)* und das Beobachtungsparadigma, das, dem Ganzheitsanspruch einer Gemeindeforschung angemessen, offen und imaginativ gehandhabt wird (Redfield 1955, 1962). Der Traditionsstrang, der von Park – und via Redfield – in die Ethnologie und ihre Modernisierung hineinreicht, ist bislang nur in Ansätzen untersucht worden. Es ist hier nicht möglich – und wäre in diesem Kontext auch anmaßend – dieses Versäumnis nachzuholen, aber ich möchte doch kurz auf ein besonders interessantes Kapitel der Wissenschaftsgeschichte verweisen, nämlich auf die chinesische Soziologie/Sozialanthropologie, repräsentiert durch Fei Xiaotong (Fei Hsiao-Tung). Dieses Kapitel ist deshalb besonders interessant, weil Fei Xiaotong, der als Begründer der chinesischen Feldforschung und als einer der Pioniere der chinesischen Gemeindeforschung gilt (Fried 1954), direkt von Park beeinflußt wurde.

In seiner Rede anläßlich der Verleihung des *Malinowski Memorial Award* (1980) verweist Fei auf den historischen Einschnitt Mitte der 30er Jahre, als junge Studenten wie er sich nicht mehr mit dem reinen Bücherwissen über die chinesische Gesellschaft zufriedengeben wollten, wie es an der Universität vermittelt wurde: »So we walked out of our schools, left our textbooks behind, and went to the countryside, to communities in cities and townships to observe and experience society as it was« (Fei Hsiao-Tung 1981, S. 3). Fei erkennt Malinowski, bei dem er von 1936 bis 1938 studierte, als denjenigen an, der ihm diesen Weg der Forschung gewiesen hat. Eine solche Anerkennung mag im Kontext einer Dankesrede zur Überreichung des *Malinowski Memorial Award* nicht überraschen, zeitlich wie personell aber liegt ein anderer Einfluß der Vermittlung näher, ein Einfluß, der sich auch in der spezifischen Formulierung des Beobachtungsparadigmas (»left our textbooks behind ... to observe and experience society as it was«) andeutet, der von Robert Park, der im Herbst 1932 als Gastprofessor an der Yenching-Universität weilte. Schon die Einladung von Park spricht für einen Einfluß der Chicago-Soziologie, die über ehemalige Studenten nach China getragen wurde: »At Yenching University I found many students who had earlier studied in America and were now attempting to use the ideas and conceptions we had given them to understand and study their own society and civilization« (Park, zit. n. Raushenbush, a. a. O., S. 134).

In dem *Quarter*, das er an der Yenching-Universität lehrte, führte Park die Studenten in das ökologische Denken ein, gab einen Kurs in »Methods of Social Research«, der aufgrund der chinesischen Tradition des reinen Bücherstudiums auf besonderes Interesse stieß, und führte mit den Studenten kleine Feldprojekte durch.[59] Wie Park bei der Instruktion für die Feldarbeit vorgegangen ist, kann nur vermutet werden, aber es liegt nahe, daß die Vorschläge denen ähnelten, die er um die Jahreswende 1932/33 Bernard Hormann machte, der an der Lignan-Universität Englisch und Deutsch lehrte und eine Untersuchung eines nahegelegenen Dorfes plante:

»Now, regarding your own research, you seem to be succeeding in getting acquainted with the people: Writing down your immediate impressions is also valuable... You should use all of Honan island as a setting for your study. Get a good map of the island. Then locate all the villages and plot other interesting information. Make the map graphic. Somehow or other you must make your village real to yourself and to your readers... Then, coming to your particular village, make a map of it, showing in some graphic way how the houses are clustered together, how the narrow lanes cut across the semicircle, so that from above it may look almost like a pie. In a third map locate all the temples, gods, shrines, and other objects around which there is or has been sentiment. Start with the public objects. Later get those in the homes. Then in the coming year you must get all kinds of information. Speak to everyone. Use everyone. Find out everything you can about the history of Honan, the boat people and this particular village. In the village you will have a difficult task. But you must try to discover what exactly are the sentiments of the various groups of people toward the objects of worship. You will find that their sentiments vary according to the groups, the time, and the occasion... You must live with the people. You must put yourself on their level. Only thus will you be able to understand them...« (REPA 7:1).

In einem Brief vom 15. 11. 1943 erkennt Fei, der als Gast des State Department in Chicago weilt, Parks Einfluß auf seine Studien an:

»Dear Professor Park: This is from a student of yours when you were teaching in Yenching, China. At that time I was a small college boy and I remember nothing outstanding that could attract your attention. But I was not the

59 Aus den Mitschriften und papers wurde ein Band *Robert E. Park and His Sociology* in Chinesisch zusammengestellt.

last one that had been very much inspired. Since you came back, we had edited a little book entitled Park's Sociology and I was the one who translated our articles on China and on Sociology. This was in the year 1933, just ten years ago. To-day I am working in your office in Chicago. I am overpower by a feeling of human fate. It is something like a dream but the dream is in someway true... I am sending you several copies of the summaries of our work and a book I wrote in London about five years ago *Peasant Life in China*. I hope you will be glad to see how the seeds you had sown in China have grown in some shape. I am extremely flattered when I met your daughter, Mrs. Redfield and learnt that she is willing to help me in preparing my manuscript. She is so like to me that I cannot find any word to describe. Dr. Redfield allows me to work in this university, ... in your old office on the fifth floor. A man coming from a folk society will certainly be bewitched by the history behind the walls. I feel all the time I am working under your spirit. I hope your inspiration will be transferred into the work I am now engaging in« (REPA 1:15; Sprachfehler i. O., R. L.).

Soweit mir bekannt, hat Park, der am 7. Februar 1944 verstarb, dieses Schreiben nicht mehr beantwortet. Aber der Einfluß des Chicagoer Departments bleibt, via Margaret Park Redfield und Robert Redfield, erhalten. 1953 erscheinen in der University of Chicago Press Feis »Essays in Rural-Urban Relations«, herausgegeben von Margaret Park Redfield und versehen mit einer Einleitung von Robert Redfield. Besonders bemerkenswert an diesem Band sind, was die Rekonstruktion des Einflusses anbetrifft, die sechs von Chow Young-teh, vermutlich einem Fei-Assistenten, gesammelten »life histories«. In Feis Schriften, soweit sie mir auf englisch zugänglich waren, schlägt sich durchgehend das Chicagoer Forschungsverständnis nieder wie auf der theoretischen Ebene der Einfluß von Malinowskis Funktionalismus. Wenn Malinowski in seinem Vorwort zu Feis Gemeindestudie *Peasant Life in China* (1939) als Markierung eines neuen Aufbruchs die Tatsache hervorhebt, daß Fei die Aufmerksamkeit nicht auf einen »kleinen, unbedeutenden Stamm«, sondern auf eine der größten Nationen lenkt und sich dabei mit der Veränderung der traditionellen Kultur unter westlichem Einfluß auseinandersetzt, dann formuliert er nur noch einmal, worin die Pionierleistung von Robert Redfield bestand.

Kapitel III
Reporters-in-Depth
Journalistische und soziologische Studien im Vergleich

1. Wanderlust und Wanderarbeit: Zur ethnographischen Methode

»The Wanderlust is a strange malady which rarely is cured.«

Mary Earhart über Josiah F. Willard

Josiah Flynt Willard, der Audubon[1] der Tramp-Welt (van Wyck Brooks), war ein kleiner, dünner, zarter Mann. Es bleibt im dunkeln, ob er seinen Spitznamen »The Cigarette« ausschließlich seinen Rauchgewohnheiten oder auch seiner Körpergröße verdankte, der Spitzname, den ihm Tramps verliehen, wies ihn jedenfalls als Insider aus, und er machte ihn, bei aller Wanderlust durchaus nicht weltfremd, zu seinem Markenzeichen.

1869 als Sohn eines Chicagoer Zeitungsverlegers geboren, wuchs er nach dem Tod seines Vaters (1878) bei seiner Tante Frances E. C. Willard, der Mitbegründerin der »Woman's Christian Temperance Union« (WCTU), auf, einer sittenstrengen, charakterfesten und willensstarken Frau.[2] Es mag dieser familiäre Hintergrund sein, der Josiah F. Willard später zur Betonung des Alkohol-Mißbrauchs als auslösendem Faktor einer Tramp-Karriere bewog, seine eigene Lebensführung

1 John James (Jean-Jacques) Audubon (1785-1851), Ornithologe und Ökologe.

2 Frances Elizabeth Cochran Willard (1839-1898) war Mitbegründerin der »Woman's Christian Temperance Union« (1874) sowie Gründerin der »The World's WCTU« und engagierte Frauenrechtlerin. Nach ihr ist die »Frances E. Willard Memorial Library for Alcoholic Research« benannt. Vgl. zu Frances Willard: Mary Earhart 1944; zur WCTU: John R. Gusfield 1955.

wurde davon offensichtlich nicht berührt. Willard, der seine Gesundheit durch exzessiven Alkoholkonsum zugrunde richtete, starb 38jährig. Es muß für Frances Willard, als Vorreiterin der Abstinenzbewegung, besonders schmerzlich gewesen sein, daß ihr Neffe in ihren Augen »ein gewöhnlicher Vagabund und Trunkenbold« war, aber es ist zugleich zu fragen, ob Josiah Willard nicht von der steifen puritanischen Atmosphäre im Hause seiner Tante in seinem Lebensweg beeinflußt wurde. Schon früh jedenfalls, will man den biographischen Notizen Glauben schenken, wies Willard Züge des rastlosen Charakters auf. Mehrere Male rückte er von zu Hause aus und streunte umher,[3] gepackt von dem, was man auch im Amerikanischen mit dem deutschen Wort »Wanderlust« umschreibt. Willard selbst wird in seiner Autobiographie nicht müde, sich diese Lust zuzuschreiben und von sich das Bild eines unsteten, rastlosen Charakters zu zeichnen, den es nicht lange an einem Ort hält. Aber die Wanderlust ist zunächst einmal nichts anderes als ein ›Ausrücken‹, eine Flucht vor Verhältnissen, die man nicht zu ertragen vermeint. Josiah Flynt Willard hat zeitlebens seine Verachtung für die respektable puritanische Gesellschaft und seine Leidenschaft für alles, was außerhalb dieser sittenstrengen Welt liegt, gezeigt. Seine Wanderlust ist sowohl als Flucht wie als Protest zu verstehen. Als Vagabund unnütz zu sein und sich allem, was unnütz und unschicklich erscheint, zuzuwenden, war für Willard die *ultima ratio* aus der Enge des puritanischen Milieus.

Nach Bremner war Willard, der sich später gern zum Edel-Hobo stilisierte, nur für einen Zeitraum von rund acht Monaten ein »bona fide hobo«; seit der Veröffentlichung seines ersten Hobo-Artikels im Jahre 1891 unternahm er seine Exkursionen in erster Linie zum Zwecke der Materialsammlung. Und doch ist in dieser Selbststilisierung ein wichtiges

3 Es wird vermutet, daß Willards melodramatische Geschichte »The Little Brother« über das Leben eines Boy-Tramps autobiographische Züge aufweist.

Motiv verborgen, das nicht nur die Ambivalenz von Willard verständlich macht, sondern auch einen Schlüssel zur Interpretation dieser Literaturgattung liefert. Willard machte jene Sehnsüchte, über die sich das Publikum kaum Rechenschaft abzulegen wagte, zu seinem Beruf. Ihm gelang es, das Januisköpfige im Bild des Vagabunden, nämlich einerseits »sozialer Parasit«, andererseits »freiwilliger Exilant« aus der bürgerlichen Gesellschaft zu sein, in sich zu vereinigen und zugleich säuberlich zu scheiden: »Flynt seemed to live easily the dual existence which Dr. Jekyll and others found impracticable...« (Filler 1968, S. 71). In Europa, das er von 1891 bis 1898 bereiste, führte er eine Doppelexistenz: Zum einen beobachtete er als »Amateur Tramp« deutsche, englische und russische Vagabunden, zum anderen verkehrte er in literarischen Zirkeln, wo er u. a. mit Aubrey Beardsley und Arthur Symons bekannt wurde.

Willard war ein Abenteurer, der, um den Titel eines Buches über Henry Mayhew zu übernehmen, »Reisen in das Land des armen Mannes« unternahm. Sein inneres Motiv kommt wohl am deutlichsten in seiner Bewunderung für den Arabien- und Afrikareisenden Richard Burton zum Ausdruck. Mit ihm teilte er die Lust an der Travestie,[4] einen hohen Grad an Rollenspielvermögen, verbunden mit einer überdurchschnittlichen Sprachbegabung,[5] und jene Unangepaßtheit an bürgerliche Lebensformen, die ihn immer wieder zu neuen Vagabondagen und Ausflügen in die Unterwelt trieb. Das zeitweise Eintauchen in fremde Lebensformen bedeutet zwar, wie Karl-Heinz Kohl in seinem Essay über das kulturelle Überläufertum betont, einen Ausbruch, aber noch keineswegs einen vollständigen Bruch mit der eigenen Kultur

4 Sowohl in seinem Buch »Tramping with Tramps« als auch in seiner posthum erschienenen Autobiographie ist ein Foto von Willard als russischer Vagabund – »In his ›Garb of the Road‹« – enthalten.

5 Hodder (1908) beschreibt Willard als vollendeten Schauspieler, der beim ersten Schritt in die ›Seitenstraßen‹ seine ganze Haltung, die Tonlage seiner Stimme und sein Vokabular änderte.

(Kohl 1987, S. 30). Das zeigt sich bei Willard, der zeitlebens mit der Vagabondage als Lebensform kokettierte, an der Diskrepanz zwischen Beschreibung und Interpretation, die seine Vagabundenstudien durchzieht. Als Autor konnte er sich nie vollständig von der konventionellen Moral seiner Zeit freimachen. Die Faszination, die das Vagabundenleben offensichtlich auf ihn ausübte, geht mit einer moralischen Verurteilung einher, die wie ein Lippenbekenntnis klingt (Hapgood 1939, S. 163).

Nicht nur in dieser Zweideutigkeit ist Willard ein exemplarischer Vertreter der aufbegehrenden jungen Generation am Ausgang der viktorianischen Epoche. Auch die Verbindung von Vagabondage, Boheme und Journalismus, allesamt ›ungebundene‹ und zugleich ›unschickliche‹ Milieus, ist nicht ungewöhnlich. Wie noch zu zeigen sein wird, ist für diese Generation die Hinwendung zur Boheme wie zum Journalismus (oder womöglich beides) gleichbedeutend mit einer Abkehr von der puritanischen Herkunftskultur.

Josiah F. Willard, der unter dem Pseudonym Josiah Flynt publiziert,[6] wird in den 1890er Jahren zum publizistischen Monopolisten in Sachen Hobos und Tramps. 1899 erscheint ein Sammelband seiner Reportagen unter dem Titel »Tramping with Tramps«, der ihn, auch in wissenschaftlichen Kreisen, zu einer Autorität auf diesem Gebiet macht. Sein Ruf als führende Kapazität hält sich lange über seinen Tod hinaus. Nels Andersons »The Hobo« wird von mehreren Rezensenten mit Willards »Tramping with Tramps« verglichen. Diese Tatsache macht eine Auseinandersetzung mit seinem Werk und einen Vergleich mit Andersons Studie sinnvoll.

In einem Nekrolog auf Willard im *Literary Digest* vom 2. 2. 1907 werden dessen Schriften als eine Art ›realistische Soziologie‹ bezeichnet. Seinen Ruf als realistischer Soziologe ver-

6 Earhart verweist in einer Fußnote darauf, daß Willard das Pseudonym aus Respekt vor seiner Tante benutzte (a. a. O., S. 401).

dankt Willard wohl nicht zuletzt seinen methodischen Reflexionen, die er seinem Buch »Tramping with Tramps« vorangestellt hat:

»During my university studies in Berlin I saw my fellow-students working in scientific laboratories to discover the minutest parasitic forms of life, and later publishing their discoveries in book form as valuable contributions to knowledge. In writing on what I have learned concerning human parasites by an experience that may be called scientific in so far as it deals with the subject on its own ground and in its peculiar conditions and environment, I seem to myself to be doing similar work with a like purpose« (Flynt 1899, S. IX).

Willard hatte 1890/91 unter anderem bei Schmoller, Wagner und Virchow in Berlin studiert. Durch den Verweis auf dieses Studium und den Vergleich mit dem naturwissenschaftlichen Vorgehen soll ganz offensichtlich die Seriosität des Unternehmens betont werden. Die Verwendung des Begriffs »Parasit« hat in diesem Kontext eine Doppelfunktion: Zum einen greift Willard pejorativ publikumswirksame Vorurteile auf, zum anderen aber bestätigt er damit in naiv anmutender Weise die Tendenz zur Übertragung wissenschaftlicher Methoden (vgl. zu dieser Tendenz: Lepenies 1978). Der Rückgriff auf den Terminus Parasit hat in diesem Fall die Funktion einer rhetorischen Begründungsfigur, die dem Leser die Übernahme naturwissenschaftlicher Verfahrensweisen suggerieren soll. Allerdings hätten wir es, wird der Vorgang so interpretiert, nicht eigentlich mit einer Übertragung im strengen Sinne, sondern lediglich mit einer Imitation naturwissenschaftlicher Methoden zu tun. Tatsächlich aber formuliert Willard, wie naiv auch immer, eine Alternative zur herkömmlichen Übertragung naturwissenschaftlicher Methoden auf die Humanwissenschaften. Willard wendet sich nämlich explizit gegen die Meß- und Experimentalverfahren der zeitgenössischen Kriminologie:

»Up to the present time the criminal has been studied exclusively behind prison-bars, after he has been caught, tried and convicted. Out of durance he is his own master, and is naturally averse to being measured and experimented upon by scientists; hence the criminologist has been forced to await the almost certain vicissitudes which bring him once more inside a prison-cell. Here he has been subjected to the most minute examinations; and there exists a bulky literature on the results which these examinations have brought to light. We have volumes for instance, about the criminal's body, skull, and face, his whimsical and obscene diet in his deportment, the workings of delicate instruments, placed on his wrists, to test the beat of his pulse under various conditions, the stories he has been persuaded to tell about his life, his munderings when under the influence of hypnotism, and numerous things, anthropological and psychological, which have been noted down, compared, and classified« (a. a. O., S. 1 f.).

Gegenüber dieser Übertragung naturwissenschaftlicher Verfahrensweisen auf die Untersuchung von Kriminellen plädiert Willard aus heutiger Sicht für ein ethnographisches Vorgehen. Willard sieht die Situation im Gefängnis als eine Ausnahmesituation an, die keine gültigen Aussagen über das tatsächliche Denken und Handeln der Untersuchungsobjekte zuläßt. Eine wissenschaftliche Untersuchung im Sinne von Willard hätte von der Frage auszugehen, wann wir annehmen können, daß wir den Verbrecher in seinem natürlichsten körperlichen und geistigen Zustand antreffen können, in der Haft oder im Freien:

»It is now more than a decade since I became acquainted with tramps. My purpose in seeking them was to learn about their life; and I soon saw that, to know it well, *I must become joined to it and be part and parcel of its various manifestations.* At different times during this period, – some of them lengthening out into months –, I have lived intimately with the vagabonds of both England and the United States ... My desire is to tell of the impressions they make on one *who studies them in their own habitat*, that I may be able to show how different is the outdoor criminal from his convicted brother shut in behind prison bars« (a. a. O., S. 2 f.; meine Hervorhebungen, R. L.).

Willards Plädoyer für eine Untersuchung von Vagabunden in ihrer eigenen Lebenswelt, das die Begründung der soziologischen Feldforschung vorwegnimmt, muß zu einer Zeit, als die Kriminologie durch die anthropometrisch verfahrende positive Schule um Lombroso beherrscht wurde, als außerordentlich bemerkenswert eingeschätzt werden. Wie wenig ernst es ihm moglicherweise mit dem wissenschaftlichen Anspruch, den er seiner Arbeit plakativ voranstellt, gewesen sein mag,

wie unsystematisch sein Vorgehen auch möglicherweise gewesen ist, intuitiv deutet er den Übergang von der physischen Anthropologie zur Kulturanthropologie an.
Aufgrund seiner Erfahrungen gelangt Willard zu einer Revision der Befunde der anthropogenetischen Kriminologie, was um so erstaunlicher ist, als die Theorie Lombrosos innerhalb der Kriminologie erst mit Gorings Kontrolluntersuchungen aus dem Jahre 1913 als endgültig falsifiziert gilt. Für Willard gibt es nicht den geborenen Verbrecher, den man aufgrund bestimmter Merkmale bzw. Merkmalskonstellationen erkennen kann. Abnormitäten, die den Verbrechermenschen kennzeichnen sollen, wie Bartmangel, fliehende Stirn und starke Kinnlade, vorragende Jochbeine und Henkelohren, Unempfindlichkeit gegenüber Schmerz und außergewöhnliches Sehvermögen, hat Willard, wie er betont, bei Verbrechern nicht häufiger angetroffen als beim sogenannten Normalbürger. Mehr noch: Willard sieht, daß der auf ›Abnormitäten‹ fixierte Wissenschaftler zu Analogieschlüssen neigt, die dazu führen, daß er seinem Untersuchungsobjekt auch geistige Mängel unterstellt (a. a. O., S. 11).
Beachtenswert ist noch heute, daß Willard die Behauptungen der italienischen Schule bezüglich der psychischen Merkmale des Verbrechers – fehlende Willenskraft, Epilepsie und Geisteskrankheit – nicht nur falsifiziert, sondern eine alternative Heuristik anbietet, die auf der Interpretation der Experimentalsituation zwischen Kriminologen und Kriminellen als Interaktionssituation beruht. Mangelnde Intelligenz, sensorische Deprivation, Epilepsie, dies alles können nach Ansicht von Willard Momente eines von den Gefängnisinsassen bewußt inszenierten Gegentheaters sein. Der Befund »mangelnde Intelligenz« beispielsweise kann daraus resultieren, daß der Untersuchende dem Untersuchten auf den Leim gegangen ist: Da in vielen amerikanischen Gefängnissen der damaligen Zeit Lernerfolge der Häftlinge belohnt wurden, stellten sich viele der neueingelieferten Gefangenen, nach ihren Fähigkeiten befragt, absichtlich dumm.

Indem Willard die interaktiven Konstituenten der Untersuchungssituation betont, geht er intuitiv zu einer grundlegenden Kritik der experimentell verfahrenden Verhaltensforschung über. Dabei kommt er, der immer wieder betont, daß der Kriminelle dem Kriminologen etwas vortäuscht und in vielen Fällen cleverer ist als die Leute, die ihn untersuchen, Devereux' Theorem von der Reziprozität der Beobachtung als grundlegendes Unterscheidungsmerkmal zwischen human- und naturwissenschaftlicher Forschung erstaunlich nahe (Devereux 1976).

Inwieweit hat Willard sein Programm, das er in einer so erstaunlichen Weise begründet hat, tatsächlich verwirklicht? Das Buch, dem die dargelegten methodischen Erörterungen als ersts Kapitel vorangestellt sind, hebt bereits durch seinen Titel, »Tramping with Tramps«, die Methode hervor: teilnehmende Beobachtung.[7] Aber bei »Tramping with Tramps« handelt es sich nicht um eine Monographie im strengen Sinne, sondern um eine Sammlung bereits veröffentlichter Artikel. Daraus resultiert, ähnlich wie bei Jacob Riis' »How the other half lives«, der additive Charakter des Werks. Anders aber als bei Riis, der bemüht war, seine ›studies‹ zu systematisieren (vom Eingangskapitel »Genesis of the Tenement« bis zum Schlußkapitel »How the Case Stands«) ist Willards Buch schon im Aufbau durch seine journalistische Herkunft geprägt. Es ist in drei große Blöcke aufgeteilt, die den zeitgenössischen Artikel-Genres entsprechen: den »Studien«, den »Reiseberichten« und den seinerzeit so beliebten »Skizzen«. Angehängt ist noch als vierter Teil ein Glossar des Tramp-Argot. Offensichtlich kommen die »Studien« und Teile der »Reiseberichte« dem am nächsten, was man als Ethnographie bezeichnen könnte, und in der Tat versprechen die Titel der

7 Das dem Titel zugrundeliegende Muster »als x unter nx« sollte lange Zeit zum Ausweis und Gütekriterium anthropologischer Feldarbeit werden. Vgl. exemplarisch Fraziers »Vorrede« zu Malinowskis »Argonauten des westlichen Pazifik«.

einzelnen Abschnitte eine Rekonstruktion verschiedener Aspekte der Tramp-Subkultur: »The Children of the Road«, »Club Life Among the Outcasts«, »The American Tramp Considered Geographically«, »The City Tramp«, »What the Tramp Eats and Wears«, »The Tramp and the Railroad« usw. Alle diese Einzeluntersuchungen sind, wie der heutige Terminus technicus lautet, »studies of crime in natural settings«, allerdings mit einem sensationalistischen Anstrich. Ob Willard nun vom Leben der Tramps in ihren »hang-outs« oder in den »box-cars« der Eisenbahnen berichtet, ob er die »lodging-houses« oder die »stale-beer shops« beschreibt, stets vermittelt er den Eindruck einer intimen Kenntnis der Lebensumstände und Lebensweise seiner Untersuchungsgruppe, die er aus eigener Anschauung und Partizipation gewonnen hat. Dieser Eindruck wird noch dadurch verstärkt, daß er nicht versäumt, Argot-Bezeichnungen einfließen zu lassen,[8] etwa die Bezeichnung »two cent dossers« für Vagabunden, die in »beer-shops« pennen.

Der formale Aufbau der einzelnen Studien ähnelt sich. Gegenstand einer Studie ist entweder ein Aspekt der Lebensweise der Vagabunden oder ein Teil der sozialen Gruppe ›Vagabunden‹, z. B. vagabundierende Kinder oder Stadtstreicher. Dieses Segment der Obergruppe Vagabunden differenziert und klassifiziert er wiederum, wobei er auf Eigenaussagen (»narrative Interviews«) der Gruppenmitglieder zur Stützung der Klassifikation und zur Veranschaulichung der Denk- und Handlungsweise zurückgreift. Dies führt zu einer fast penibel wirkenden, aber gerade dadurch innere Kenntnis widerspiegelnden Klassifikation des von außen einheitlich wirkenden Vagabunden-Phänomens.

Im Kapitel »The City Tramp« zum Beispiel, das sich nach

8 Mit diesem Einfließenlassen von Jargon nimmt Willard jenes *impression management* des soziologischen Feldforschers vorweg, das, sowohl nach innen (zur Untersuchungsgruppe) als auch nach außen (zur Bezugsgruppe des Forschers) als Insider-Signal fungiert. Vgl. dazu Weinberg/Williams 1973 sowie Gerdes/v. Wolffersdorff 1974.

heutigen Kriterien mit dem Stadtstreicher beschäftigt, unterscheidet er Straßen-, Haus-, Laden- und Altkleiderbettler. Diese Bettler unterscheiden sich nach den Orten, an denen sie betteln, sowie nach den Betteltechniken, die diesen Orten angepaßt sind und auf unterschiedlichen Kompetenzen beruhen. Hier kommt er dem sehr nahe, was heute die »street ethnography« betreibt. Allerdings geht bei der detaillierten Ausbreitung der exotischen Binnendifferenzierung die grundlegende Unterscheidung zwischen *Hobos, Tramps* und *Bums* verloren. Statt dessen wird das Janusköpfige des bürgerlichen Bildes vom Vagabunden zum eigentlichen Resultat der Reportagen: der »happy-go-lucky«-Sozialparasit.[9]

Willard erfüllte die Forderung, die ein anderer literarisch orientierter Tramp-Spezialist, nämlich Jack London,[10] an den Ermittler in Sachen Tramps stellte: sich durch aktive Teilnahme am Leben der Tramps zu qualifizieren, um auf diese Weise die feinen Nuancen der Lebenswelt der Vagabunden zu erkunden. Nicht von ungefähr widmete London Willard sein – ebenfalls aus einer Aufsatzsammlung bestehendes – Buch »The Road« (1907), sah er doch in ihm eine Tramp-Autorität.

In einem erstmals 1902 veröffentlichten Aufsatz führt London aus, warum der Soziologe, der ein bißchen im Milieu »herumplanscht«[11], notwendigerweise ignorant bleiben muß:

»The ›profesh‹ (Profi-Tramp, R. L.) do not lend themselves to putting inquisitive ›mugs‹ wise. They do not lend themselves to putting any one wise save

9 Der »happy-go-lucky«-Vagabund, »über seiner Schulter einen Stock, am Ende des Stockes ein kleines Bündel, festgebunden wie ein Beutel in einem großen roten Schnupftuch« (Holbrook), der genau dem Stereotyp entspricht, das heute noch als Vitrinenfigur in den Terrakotta-Abteilungen von Haushaltswarengeschäften zu finden ist, ziert auch den Schutzumschlag der ersten Ausgaben von Andersons *The Hobo*.

10 Vgl. zu London als Trampliterat Feid (1964); Etulain (1979).

11 London spielt hier wohl auf Walter A. Wyckoff an, dessen 1897/98 erschienene Serie »The Workers« er heftig kritisierte. Wyckoff ist der einzige der frühen Enthüllungsjournalisten, der später tatsächlich Soziologe wurde.

their own ›prushuns‹. Nor can the superficial investigator come to know the ›profesh‹ by merely ›hitting the road‹. So far as they are concerned, he will be despised, as a »gay cat« (Amateur-Tramp, R. L.), or in more familiar parlance, as a short horn, a tenderfoot, a new chum. He cannot know the ›profesh‹ until he has hobnobbed with them, and he cannot hobnob with them until he has qualified. And he may be so made that he can never qualify ... Unless the investigator qualify, as Josiah Flynt qualified (»The Cigarette«), he will never know them. And unless he be able to qualify and to know them, he will be no fit exponent of the Underworld to the Upperworld« (London 1979/1902, S. 94 f.).

Bei aller Kokettiererei mit dem Insider-Status stellt Londons Bemerkung ein Plädoyer für teilnehmende Beobachtung oder, exakter, für die Rolle des »Participant-as-Observer« dar. Zweifelhaft bleibt allerdings, ob Willard der Forderung, mit dem »profesh« auf du und du zu stehen, tatsächlich genügte. Es dürfte gerade den Profis unter den Tramps nicht unbekannt geblieben sein, daß Willard zeitweise im Sold von Eisenbahngesellschaften stand, die sich von seiner Untersuchung Hinweise zur effizienteren Bekämpfung der »Riders of the Rods and the Blinds« (Holbrook) versprachen. Filler jedenfalls betont, daß Willard mehrere Male »narrowly escaped injury at the hands of vicious (sic!) tramps who suspected him of not ›belonging‹ ...« (Filler 1968, S. 69). Hier zeigt sich die Grenze des »geborenen Schauspielers Flynt« (Cook) beim »taking the role of the other«.

Auch in wissenschaftlichen Kreisen galt Willard als Tramp-Autorität. Ein bemerkenswertes Beispiel dafür ist ein Artikel, der 1902 in der Fachzeitschrift *Archiv für Kriminalanthropologie und Kriminalistik* erschien. In diesem Artikel mit dem Titel »Vagabundieren mit Vagabunden« gibt Else Conrad auf 36 Druckseiten den Inhalt von *Tramping with Tramps* wieder. Ohne ihre Bewunderung für das Unternehmen zu verhehlen, betont Conrad zu Beginn ihres Referats die Besonderheit der Studie:

»Ein fast unbegreiflich scheinendes Unterfangen hat der Amerikaner *Josiah Flynt* eine Reihe von Jahren thatsächlich durchgeführt, nämlich ›Vagabundieren mit Vagabunden‹ ... Als solcher (als Vagabund, R. L.) durchquerte er die Vereinigten Staaten nach den verschiedenen Windrichtungen, gesellte sich zu den nunmehr Seinesgleichen, wanderte mit ihnen und bettelte sich mit ihnen von Ort zu Ort weiter. Er hat dabei auch die Gelegenheit gesucht und gefunden, nahen Verkehr mit sonstigen heruntergekommenen Personen zu pflegen, ja sich mit Verbrechern zu liiren, um ihre Lebensweise und vor allem Lebensauffassung kennen zu lernen. Kein Ort war ihm zu schmutzig, kein menschliches Wesen zu verworfen, um genauere Bekanntschaft mit ihm zu machen« (1902, S. 129f.).

Das fast ungläubige Staunen über diesen »wissenschaftlichen Heroismus« (»und vielleicht auch ein klein wenig amerikanische Abenteuer- und Unternehmungslust«) kann als ein Indiz für die Neuheit teilnehmender Beobachtung im Bereich der Kriminalanthropologie angesehen werden. Fasziniert von dieser Vorgehensweise tut Conrad wenig mehr, als den Inhalt des Buches wiederzugeben. Allein die Ausführlichkeit dieser Wiedergabe (Conrads Referat entspricht im Umfang einem Sechstel des Originals) ist ein Indiz für die Bedeutung, die dieser Arbeit beigemessen wird.
Am Ende des Artikels zieht Conrad Folgerungen, die sich aus der Arbeit für die kriminologische Forschung und die kriminalistische Praxis ergeben:

»Wir glauben, das Ergebnis des aufopferungsvollen Unternehmens in erster Linie darin erblicken zu sollen, dass die cultivierte Welt einmal erfahren hat, was sie für eine ungeheure Masse verwahrloster, nichtsnutziger und raffinirter Vagabunden freiwillig duldet und unterhält, ja dass sie in unverantwortlicher Weise jene direct zum Nichtsthun anreizt durch gedankenlose Freigebigkeit und Leichtgläubigkeit. Steht sich der arme Mann besser, wenn er bettelt, als wenn er arbeitet, welcher Grund liegt für ihn vor, nicht das erstere zu wählen, wenn er die Vorzüge eines achtbaren Lebenswandels nicht zu schätzen weiß. Ferner gewährt *Flynt* durch sein Buch einen interessanten Einblick in die Lebensauffassung und die Ansichten der Vagabunden überhaupt, der nur auf diesem Weg zu gewinnen war« (sic!) (a. a. O., S. 164).

In den USA ist Willards Buch in die universitäre Lehre eingegangen. Im Park/Burgess-Reader wird *Tramping with Tramps* als Literaturempfehlung zum Komplex »Materials for the Study of the Person« aufgeführt. Interessanter ist ein Hinweis, der eine direkte Brücke zu Andersons *The Hobo* schlagen läßt. Anderson erwähnt in seiner Autobiographie *The American Hobo* eine Episode, die für seinen weiteren Lebensweg nicht unerheblich war. Als er 1912 an der Brigham Young-University sein sechs Jahre zuvor abgebrochenes High School-Studium wiederaufnahm, gelang es ihm, an einem »upper level«-Kurs für beginnende College-Studenten teilzunehmen, den John C. Swenson vom Department für Ökonomie und Soziologie leitete. In diesem Kurs beauftragte Swenson Anderson mit der Besprechung von Willards Buch, das Swenson als Erfahrungsbericht schätzte. Anderson kam zu einem negativen Schluß, vor allem deshalb, weil Willard nicht die große Gruppe der Wanderarbeiter, der genuinen Hobos, in seine Untersuchung einbezogen hatte. Swenson selbst war der Auffassung, daß der Tramp, wie ihn Willard gezeichnet hat, alle Typen des obdachlosen Menschen umfaßt; ein Schluß, der schon deshalb nahelag, weil Willard abwechselnd und undifferenziert die Termini Tramp und Hobo für ein und denselben Typ benutzte. Jedenfalls war Swenson von Andersons Kritik nicht überzeugt. Dessen Auftreten im Seminar wurde zu einem Fiasko: »...the other students grinned, marking me a wise guy who thinks he knows more than the author of the book. That rebuke smarted long after« (Anderson 1975, S. 128). Dabei hatte Anderson allen Grund, sich für kenntnisreich zu halten. Schon sein Vater, Nels Anderson sen., hatte, nachdem er 1882 in die Vereinigten Staaten eingewandert war, fünf Jahre lang als Hobo gelebt und u. a. als Bergarbeiter, Holzfäller und Maurer gearbeitet. Er blieb auch nach der Heirat ein unruhiger Geist, der erst 1903, auf Bitten seiner Frau, seßhaft und Farmer wurde. Nels Anderson jun. selbst, wie die meisten seiner Geschwister, folgte dem väterlichen Vorbild. Nur zwei der neun Kinder wurden Farmer, wie es sich der Vater gewünscht hatte:

»Four of the boys became migratory workers before settling on other careers. My three sisters also left home and did some moving about before settling. *But none of my family became a drunkard, gambler, or loafer.* All became self-supporting in some occupation above common labor. In that solid sense my parents did not fail« (Anderson 1967, S. VII; meine Hervorhebung, R. L.).

Aus dieser Passage wird überaus deutlich, was Anderson an Willards Darstellung störte, ihn womöglich gar kränkte, die Unterstellung nämlich, daß die Laufbahn des Wanderarbeiters zwangsläufig beim Trunkenbold und Faulpelz endet. Anderson wird daher nicht müde zu betonen, daß der Hobo allererst eine besondere Kategorie des Arbeiters sei, der zur Erschließung der natürlichen Ressourcen historisch unabdingbar war. Mit deutlichem Seitenblick auf Willard führt Anderson aus, daß er, obwohl er nie getrunken habe (sic!), manchmal ohne einen Penny dastand und betteln mußte (vgl. 1967, S. IX). In seiner Autobiographie führt diese Rechtfertigungshaltung zu einer Darstellung der Hobo-Existenz, die diese als freudlos erscheinen läßt. Im Mittelpunkt stehen Arbeitssuche, Arbeitskontrakte und die Wanderfahrten von Arbeitsstelle zu Arbeitsstelle. Dadurch wird zu Recht die vorrangige Bedeutung der Arbeitssphäre betont, die bei Willard so gut wie gar nicht thematisiert wird. Zugleich aber geht die Faszination, die mit dieser Form der Wanderarbeit verbunden ist, fast völlig verloren, die Faszination einer ungebundenen Form der Arbeit, die Vater Anderson und Bruder Bill immer wieder ›auf die Straße‹ trieb. Statt dessen zeichnet Anderson in seiner Autobiographie das Bild einer puritanischen Existenz, die er sechs Jahre lang, von 1906 bis 1912, u. a. als Erdarbeiter, Erntehelfer und Zimmermann geführt hat.

Nels Anderson nahm 1921 das Studium der Soziologie an der University of Chicago auf. Einer der Gründe, die Albion Small bewogen, den Bewerber trotz offensichtlicher Lücken im Vorwissen und fehlender Unterlagen zum Studium zuzulassen, war die Tatsache, daß Anderson auf Hobo-Art, als blinder Passagier auf einem Frachtzug, nach Chicago gelangt war. Damit erwies sich bereits beim Beginn des Studiums, wie recht Swenson hatte, als er Anderson von dem in Aussicht genommenen Jura-Studium abriet und ihm statt dessen Soziologie empfahl: »›Mein Hintergrund‹, sagte er, ›wäre nützlich für die Rechtswissenschaft, aber wertvoll für die Soziologie‹ ... Swenson hatte vorgeschlagen, daß der lebendigste Ort zur damaligen Zeit, um Soziologie zu studieren, die Universität von Chicago wäre« (1975, S. 157). Anderson belegte im ersten *quarter* einen Kurs über soziale Probleme bei Burgess. Dort lernte er einen Sozialarbeiter kennen, der ihm einen Vortrag von Ben L. Reitman empfahl, einem Arzt, der eine Praxis im Hobo-Viertel betrieb.

Der Einfluß von Reitman, einem Vertreter der marginalen Intelligenz mit charismatischer Ausstrahlung, auf Studenten des Soziologie-Departments, wäre erst noch im Detail zu rekonstruieren. Bulmer, der von Reitman als einer »fabulous kind of person« spricht (Lofland 1980, S. 262) und sich schwärmerisch an die Samstagnachmittage in dessen Büro erinnert, gibt uns eine Ahnung davon; ihm zufolge haben sowohl Alfred Lindesmiths Studie über Drogenabhängige als auch Edwin Sutherlands *The Professional Thief* ihren Ursprung in Reitmans Büro; hier trafen sie ihre Gewährsleute. Reitman war eine schillernde Figur des Milieus, zugleich symptomatisch für dessen Veränderung in Richtung *Hobohemia*. Ein ehemaliger Hobo, selbsternannter »Hobo King«, ein Bohemian, der sich, nicht uneitel, gelegentlich in der Art von Aristide Bruant kleidete, ein »Main Stem Dandy« mit anarchistischen Tendenzen, Geliebter von Emma Goldman und zeitweise so etwas wie ihr informeller Sekretär, leitete er, neben seiner Praxis, das »Hobo College«. Das Hobo-College war eine Versammlungsstätte für Hobos, wo sie nicht nur Tips für Übernachtungen und freie Mahlzeiten erhielten und Erfahrungen austauschen, sondern auch Gedichte rezitieren, Vorträge – über Philosophie, Geschichte und Literatur ebensogut wie über Gesetzgebung und Gesundheitswesen – hören und Vorträge halten konnten – wie etwa »Professor« Ohio Skip über Geographie, d. h. über empfehlenswerte Orte für Hobos, und solche, die sie besser meiden sollten (Bruns 1987). Was das Hobo-College für die Geschichte des Chicagoer Departments interessant macht, ist die Tatsache, daß dort Soziologen und Soziologiestudenten Vorträge hielten (Bulmer behauptet in seinem Gespräch mit Hughes, aufgrund eines Vortrags zum Dekan des Hobo-College ernannt worden zu sein) und daß das College zu einem informellen Kontaktort und Treffpunkt für eine Reihe von Soziologiestudenten wurde. 1923 wurde das Hobo-College, in der Tradition der interuniversitären *debating teams*, zum Austragungsort einer denkwürdigen philosophischen Debatte zwischen einer Gruppe von Hobos, alle gewiefte Seifenkistenredner, und einem Team von Studenten des Soziologie-Departments, bei der die Hobos, aufgrund ihrer Schlagfertigkeit, ihrer Beredsamkeit und ihrer Meisterschaft in Ausflüchten, offensichtlich den Sieg davongetragen haben.

Bei dem besagten Vortrag von Reitman, den er vor einer Gruppe von Sozialarbeitern hielt, erregte Anderson durch seine Diskussionsbeiträge dessen Aufmerksamkeit. In einem anschließenden Gespräch machte ihm Reitman den Vorschlag, eine Untersuchung über obdachlose Männer in Chicago durchzuführen. Es gelang Reitman, dafür ein kleines Stipendium von William Evans, dem ehemaligen Leiter des *Public Health Department* zu erlangen, das von den *United Charities* treuhänderisch verwaltet wurde. Ernest W. Burgess, dem die Projektidee als wissenschaftlicher Leiter unterbreitet wurde, machte den Voschlag, zusätzlich ein Komitee einzurichten, das dem Vorhaben mehr Ansehen verleihen sollte. Dieser Vorschlag charakterisiert Burgess recht gut. Selber Mitglied verschiedener Organisationen wie z. B. der *Juvenile Protection Association*, arbeitete er beharrlich daran, das Vertrauen von politischen Organisationen und Wohlfahrtseinrichtungen in die soziologische Expertise zu stärken und Forschungsmöglichkeiten zu eröffnen (vgl. Bulmer 1984, S. 117ff.; Carey 1975, S. 121 ff.). So liest sich dann die Mitgliederliste des exklusiv für Andersons Projekt gegründeten 14köpfigen *Committee on Homeless Men*, dessen Chairman Burgess war, auch wie ein Chicagoer »Who is Who« sozialer und karitativer Organisationen. Dieses Komitee hatte, bezogen auf die konkrete Untersuchung, eher eine dekorative Funktion. Zwar sind einige der konkreten Fragestellungen dem besonderen Interesse bestimmter Organisationen (womöglich als Zugeständnis) zu verdanken; der Einfluß des Komitees bzw. der jeweiligen Sponsoren machte sich jedoch in erster Linie im nachhinein geltend, in der Art und Weise nämlich, in der die Forschungsergebnisse selektiv in Empfehlungen umgesetzt wurden (vgl. Anderson 1967, S. 263 ff.; Carey, a. a. O., S. 143, S. 148, Anm. 10).

Was das konkrete Forschungsvorhaben betraf, hatte Burgess,

wie es Anderson ein wenig arrogant ausdrückt, keinen Rat zu geben; »... was ich vielleicht hätte wissen sollen« (1975, S. 164). Hier schlägt die Neigung von Anderson durch, die kulturelle Kluft, die ihn qua Herkunft vom akademischen Milieu und seinen Kommilitonen trennte, zu betonen. Tatsächlich erleichterte ihm die Kenntnis des Untersuchungsmilieus und der Personen, die dort zu Hause sind, den Zugang und leitete ihn bei seinen Gesprächen an:

»Wisely or not, I began with informal interviews, sitting with a man on the curb, sitting in the lobby of a hotel or flop house, going with someone for a cup of coffee with doughnuts or rolls ... I was at home in that area. As a boy of ten and eleven I sold papers in that area, and it had not changed greatly since, and, as the autobiographical parts of this account bear witness, I was equally at home among the inhabitants of the area. I did not need to be self-conscious in conversation with different types of men. I could talk without uneasiness about having come from one place or other in the West, of having done one kind of work or another. It was an advantage to be able to talk about the types of work men in that society do, and work talk turned out to be a productive inducer to general conversation« (a. a. O., S. 165).

Anderson mietete sich im Untersuchungsgebiet ein, was den zusätzlichen (für ihn anscheinend vorrangigen) Effekt einer preiswerten Unterkunft mit sich brachte. Er fertigte verschiedene Karten zur Lokalisierung von Kneipen, Pennen, billigen Hotels, Garküchen, Bordellen u. a. m. an, von denen eine Eingang in *The Hobo* findet (1967, S. 15). In *The Hobo* zeichnet Anderson zunächst ein Bild von »Hobohemia« (S. 3-15) und von den »Jungles« (S. 16-26), Hobo-Lager entlang der Eisenbahnlinien. In diesen Passagen wird die Fruchtbarkeit der Verbindung von Ökologie und Ethnographie, von Raum- und Kulturstudien besonders deutlich. Jede große Stadt, beginnt Anderson seine Abhandlung, hat einen Distrikt, der das Gravitationszentrum heimloser Menschen, von Hobos, Vagabunden und Stadtstreichern bildet. Was Chicagos »Hobohemia« von anderen Gravitationszentren wie z. B. New Yorks »Bowery« unterscheidet, ist die Stellung dieser Stadt als Verkehrsknotenpunkt der Eisenbahnlinien, was sie zum natürlichen Anlaufpunkt der zumeist als blinde Passagiere auf

Frachtzügen reisenden Hobos und Tramps macht. Während die Bowery in erster Linie durch Stadtstreicher charakterisiert ist, ist Hobohemia Arbeitsvermittlung, Vergnügungsstätte und Winterquartier für Wanderarbeiter und Vagabunden. Es ist diese Konzentration von Menschen in ähnlicher sozialer Lage, die Hobohemia zu einem isolierten Kulturraum mit charakteristischen Einrichtungen macht. In besonders eindrucksvoller Weise führt Anderson dem Leser die Kultur der Hobos anhand einer Darstellung der »Jungles« vor Augen. Hier, in den temporären oder permanenten Hobo-Lagern, von Anderson treffend als »social centers« bezeichnet, herrschen solidarische Verkehrsformen, existiert eine eigene bescheidene materielle Kultur (Pfannen, Töpfe, Kessel, Kannen zum gemeinsamen Gebrauch) und ein eigenes Regel- und Normensystem, »a code of etiquette«, dem sich jeder der temporären Bewohner anzupassen hat. In einem schönen ethnographischen Dokument wird der Tagesablauf in einem solchen Lager von einem *insider*, einem »participant observer« im Sinne von Lindeman, beschrieben (S. 21-25). In den »Jungles« herrscht nicht nur ein eigener Kodex, diese Lager bilden auch insofern einen Kulturraum für sich, als dort die Hobo-Tradition weitergegeben wird, Novizen in die Praktiken und Sitten, in Sprache, Geschichten und Lieder der Hobo-Kultur eingeweiht werden.

Die Interpretation der »Jungle«-Kultur ist im Gesamtkontext der Untersuchung von peripherer Bedeutung; in erster Linie geht es ja um die Untersuchung der Ökologie und Kultur von Hobohemia. Diese führt Anderson, im Anschluß an das »Jungle«-Intermezzo, mit einer Darstellung der charakteristischen Einrichtungen dieser ›natural area‹ fort: den Pensionen und Pennen (mit einem auf teilnehmender Beobachtung beruhenden Bericht über eine Nacht in »Hogan's Flop«); den Restaurants und Garküchen; den Bekleidungsgeschäften, Gebrauchtwarenhändlern und Leihhäusern; den Kneipen, Kinos und Burlesktheatern (S. 27-39). In Kapitel IV (S. 40-57) schildert Anderson die Techniken des »Durchkommens«

(getting by), und dieses Kapitel, mit seinen Verweisen auf Gelegenheitsjobs, kleine Gaunereien und Schwindlereien sowie der Darstellung verschiedener Betteltechniken, weist die größte Ähnlichkeit mit Willards Ethnographie im Kapitel »The City Tramp« auf.

Im zweiten Teil der Arbeit erstellt Anderson eine Typologie der heimlosen Menschen. Bei seiner Differenzierung in *Hobos, Tramps* und *Bums* rekurriert er auf Expertenaussagen, aber die von Ben L. Reitman, John Tucker und Nicholas Klein gegebenen Definitionen (vgl. S. 87f.) entsprechen im wesentlichen der Eigenunterscheidung der heimlosen Menschen. »The hobo, the saying went, was a migratory worker, the tramp a migratory nonworker, and the bum a nonmigratory nonworker« (Bruns 1987, S. 44). Soziologisch bedeutsamer als diese Differenzierung ist die Analyse der Ursachen, die Menschen auf die Straße treiben. In dem entsprechenden Kapitel (S. 61-86) kommt er der Marxschen Analyse der verschiedenen Existenzformen der relativen Überbevölkerung sehr nahe (Marx 1969, S. 670-677). Als wichtigste Auslösefaktoren für Wanderarbeit, Vagabondage und Obdachlosigkeit sieht Anderson erstens Saisonarbeit und Arbeitslosigkeit und zweitens »industrielle Inadäquanz« an. Die ökonomischen Ursachen, die unter Pkt. 1 zusammengefaßt sind, unterteilt er in a) Saisonarbeit, b) örtliche Veränderungen in der Industrie, c) saisonale und zyklische Fluktuation in der Nachfrage nach Lohnarbeit und d) Arbeitslosigkeit.

»Industrielle Inadäquanz« beruht a) auf körperlichen Behinderungen, die auf Unfälle, Berufskrankheiten und Krankheiten anderer Art zurückzuführen sind, b) auf Alkoholismus und Drogenabhängigkeit und c) auf dem Alter der Arbeitssuchenden. Diese beiden Ursachengruppen umfassen die Bevölkerungsgruppen, die Marx als industrielle Reservearmee und ihrer Lazarusschicht analysiert hat. Est dann folgen bei Anderson jene Auslösefaktoren, die in der zeitgenössischen Literatur im Vordergrund stehen, psychische Defekte und Wanderlust, krisenhafte Ereignisse im Leben der Person

(Ehe-, Familienkonflikte) sowie rassische und nationale Diskriminierungen.
Vergleichen wir an dieser Stelle die Resultate, zu denen Willard und Anderson in ihren Untersuchungen gelangen:

Flynt (1895/96, S. 945) *How Men Become Tramps*		*Anderson* (1967 [1923], S. 61) *Why Do Men Leave Home?*	
I	The love of liquor	(a)	Seasonal work and unemployment
II	Wanderlust	(b)	Industrial inadequacy
III	The county jail (Ansteckungshypothese)	(c)	Defects of personality
IV	The tough and rough element in villages and towns	(d)	Crises in the life of the person
V	The comparatively innocent but misguided pupils of the reform school	(e)	Wanderlust

Worauf sind diese Differenzen zurückzuführen? Spiegeln sich in ihnen die Differenzen zwischen Journalismus und Soziologie wider? Zunächst muß angesichts der konventionellen, von Vorurteilen durchtränkten Erklärungsmuster, warum Menschen zu Tramps werden, noch einmal betont werden, daß Willards Studien von der zeitgenössischen Soziologie und Kriminologie durchaus ernstgenommen wurden; nicht von ungefähr hat Bruns Flynt als den führenden Autor des 19. Jahrhunderts über das Leben der Tramps, Andersons *The Hobo* als die detaillierteste Untersuchung von Hobohemia bezeichnet, die jemals durchgeführt wurde (Bruns, a.a.O., S. 20; 210). Diese vergleichende Einschätzung, die wir bis in die frühen dreißiger Jahre verfolgen können, bezieht sich freilich auf die Ethnographie. Vergleicht man in dieser Hinsicht Willard mit Anderson, so war Willard dem Bild des teilnehmenden Beobachters, der »in eine Grube absteigt, eine Rolle annimmt und später aufsteigt, um den Staub abzubürsten« (Anderson 1967, S. XIII) tatsächlich näher als Anderson. Dort, wo Willards Bericht auf eigenen Beobachtungen beruht und sich der Ethnographie der vagierenden Lebensweise nähert, ist er plausibel und von zuweilen beeindruckender Detailgenauigkeit. Dort aber, wo er auf die Ursachen der vagierenden Lebensweise zu sprechen kommt, greift er auf Vorstellungen (und Vorurteile) der zeitgenössischen Reformer zurück. Willard paßt seine Schlußfolgerungen einer Veränderungsstrategie an, die bereits von Reformern vorformuliert war: Prohibition (Faktor I), Gefängnisreform und Jugendschutzgesetzgebung (Faktor III) sowie Reform des Fürsorgeerziehungswesens (Faktor V).

In der Diskrepanz zwischen Ethnographie und Interpretation zeigt sich das persönliche Dilemma von Willard, der, unangepaßt an bürgerliche Lebensformen, sich zugleich nicht endgültig freimachen kann von der konventionellen Moral. Das Wagnis, einen sympathetischen Bericht aus der Welt jener zu liefern, die im Bewußtsein der Bürger »Nichtsnutze« und »Parasiten« sind, ist nur um den Preis des Einlenkens auf die Stereotypie der ›Erklärungsmuster‹ möglich, die gleichermaßen die Absolution für die Grenzüberschreitung erteilt.

Der größere analytische Erkenntnisgehalt von Andersons Untersuchung ist im Vergleich dazu weniger auf eine bessere wissenschaftliche Durchdringung des Gegenstandes (ob Anderson Marx' *Kapital* kannte, ist zu bezweifeln) als vielmehr auf die einfache Tatsache zurückzuführen, daß Anderson sechs Jahre lang als Hobo, als Erdarbeiter, Erntehelfer und Zimmermann gearbeitet hat. Diese Erfahrungen waren es, die ihn bei seiner Studie ohne Studium[12] anleiteten. So gesehen war Andersons *Hobo* nicht nur, wie er vermerkt, seine Antwort auf Flynt, sondern auch eine Antwort auf seine Kommilitonen:

»When Thrasher, for example, talked about his study of boy gangs, or Reckless talked about vice areas it seemed to me that much which was discussed as sociological wisdom was, after all, but common sense knowledge. But if I spoke of the hobo or other men in my sector of Chicago their ways of life and work, it was all remote from their understanding. They would respond with some sort of weary willie humour, which reminded me over and over of a sort of cultural gap between my colleagues and me. It seemed wise to talk as little as possible about my study among my middle-class fellows; their values and outlook were so different from mine« (Anderson 1975, S. 164ff.).

In einem gewissen Sinne ähnelte Anderson zur Zeit der Untersuchung einem »kulturellen Mischling« (Park), halb Hobo, halb Soziologe. Es ist diese Zwitterexistenz, der wir allererst die Einsichten zu verdanken haben, die uns die Soziologie der obdachlosen Menschen vermittelt. Daß dabei Kolorit verlorengeht, ist nur ein weiterer Effekt dieser hybriden Situation; Anderson war, wie er in der Einleitung zur *Phoenix Edition* schreibt, »im Prozeß des Ausstiegs aus der Hobo-Welt«. *The Hobo* war der Einstieg in eine andere Welt.

The Hobo war aus mehreren Gründen ein Glücksfall für Park. Zunächst einmal war diese Arbeit ganz pragmatisch ein »Aktivposten« für Park, der bereits vier Jahre lang die Idee einer Serie von Forschungsmonographien über Chicago mit sich herumtrug. Die Untersuchung kam gerade zur richtigen Zeit, sie diente, wie Anderson hervorhob, als Illustration der geplanten Reihe, gewissermaßen als ein *trailer*, der Zuschüsse für weitere Forschungsvorhaben erwirken sollte. Das mag die Eile erklären, in der Park die Veröffentlichung vorantrieb. Aber dieser pragmatische Aspekt allein wird dem idealtypi-

12 Anderson hatte erst ein halbes Jahr studiert, als er den Auftrag für die Untersuchung bekam.

schen Charakter der Studie nicht gerecht. Auch wenn Anderson als Person eher atypisch war, repräsentierte seine Studie sowohl thematisch wie methodisch die Chicagoer Linie. Exemplarisch wurde gezeigt, was es heißen kann, Chicago als soziales Labor zu sehen und als soziologisches Labor zu nutzen.

Wie der Verlagskorrespondenz zu entnehmen ist, lautete der ursprünglich in Aussicht genommene Titel »Hobohemia« (UCP 24:6). Er wurde dann aus rechtlichen Gründen fallengelassen, weil Sinclair Lewis eine gleichnamige Erzählung, die einen ironischen Schlüsseltext zum Verständnis der New Yorker Boheme bildete, publiziert hatte (Lewis 1917). Es ist davon auszugehen, daß der Titelvorschlag von Park stammte, der Anderson auch die Bezeichnung »Hobohemia« anstelle des geläufigeren – und zutreffenderen — »Main Stem« für das West Madison-Areal empfahl. Diese Umsetzung von Begriffen in Metaphern verdankt sich nicht nur dem sozialökologischen Konzept des Habitat; sie verweist darüber hinaus auf die Faszination, die das Großstadtleben auf die Chicagoer Soziologen ausgestrahlt hat. »Hobohemia« ist dafür deshalb ein gutes Beispiel, weil der Begriff jenen Aspekt der Hoboexistenz akzentuiert, den Anderson relativ vernachlässigt, ihre Verwandtschaft mit der Boheme (vgl. generell Kreuzer 1966, S. 226-238). In seinem Aufsatz »The Mind of the Hobo« charakterisiert Park den Hobo als »Bohemien der Arbeiterstände. Er hat das Künstlertemperament« (1925, S. 160). Aber die von Park vorgetragene Sichtweise ist ein Stück weit von der marginalen Intelligenz in das Phänomen hineinverlegt worden; nicht von ungefähr führt er in dem besagten Aufsatz Walt Whitman als den bedeutendsten aller Hobo-Poeten auf. Der Typus des Wanderarbeiters ist zunächst Ergebnis der von Anderson aufgezeigten ökonomischen und sozialen Bedingungen. Erst im Verlauf der Anpassung an diese Bedingungen bildet sich das heraus, was zu Recht als Kultur der modernen Nomaden angesehen werden kann, ihre Lebensweise, ihre Sprache, ihre Lieder und ihre Legenden. Je mehr freilich der

Wanderarbeiter aufgrund der Erschließung des Kontinents an die Grenzen der ökonomischen Grundlage seiner Lebensweise gestoßen wird, ist eine Charakterisierung des Hobo als Bohemien, als Lebenskünstler, nicht mehr abwegig; die kulturellen Elemente, abgelöst von ihrer sozialen Grundlage, verselbständigen sich. Zum Hobo-als-Wanderarbeiter gesellt sich der Hobo-als-Bohemien, der schwört, daß er, »wenn die Arbeit zur Kunst und zur Freude wird, seinen Mantel abstreift und arbeiten geht«. Der dies sagt, »Hobo-King« Dan O'Brien, ist selber Symptom der neuen Zeit. Die Kürung eines Königs der Hobos (und dieser Titel war in den 20er und 30er Jahren heiß umstritten, weil lukrativ) macht ja nur dann Sinn, wenn die Reinheit des Lebensstils prämiiert wird. Erst durch die Betonung des freiwilligen Exilantentums kommt es zu jener Scheidung in »echtes«, d. h. frei gewähltes, und »notgedrungenes« oder »parasitäres« Vagabundentum, in »Profis« und »Fakire«, eine Scheidung, die bis heute, als formales Prinzip, in Subkulturen zu finden ist. Nunmehr geht es primär um den nonkonformistischen Lebens*stil*, nicht mehr um die vagierende Lebens*weise*.

Die Verwandtschaft von Vagabondage und Boheme ist das Resultat eines Kulturkontakts, der wechselseitigen Annäherung und Durchdringung von marginaler Intelligenz und randständigen Wanderarbeitern. Durch diesen Kulturkontakt, der eine neue Art der Publizität gebiert,[13] verändert sich das Bild des Hobos. Aus einer an ökonomische Bedingungen geknüpften Lebensweise entwickelt sich quasiprofessionelles Außenseitertum (eine neue Art des »getting by«), das die bohemehaften Züge der Hobo-Existenz (»Liebe zur individuellen Freiheit«, »Abweichung von den Konventionen«, »fehlende Zeitökonomie«) über ihre reale Bedeutung hinaus betont und zu einem Lebensstil verdichtet.

13 Ben Benson, zweimal in Britt gekürter »Hobo King« – eine folkloristische Aktion der Stadt –, verkaufte eine Fotografie von sich mit dem Text »Hobo Benson is at liberty for talks, radio and movies« (Benson 1942, S. 95).

In der Wortschöpfung »Hobohemia« findet die Vermischung von vagabundierenden Existenzen und den exzentrischen Zirkeln der marginalen Intelligenz ihren Ausdruck. Um 1910 hält, wie Albert Parry in seiner Geschichte der Boheme in den Vereinigten Staaten berichtet, eine neue Figur des Vagabunden in Greenwich Village Einzug:

»A new colorful word, Hobohemia, was the result. Floyd Dell wrote a story devoted to the new type in the village, exclaiming in the title ›Hallelujah, I'm a Bum!‹. He said of his tramp-hero: ›He had discovered in Greenwich Village a kind of tramp he had never known before – the artist kind. These painters, poets, story-writers, were old friends in a new guise. He and they understood one another perfectly.‹ The bum took to modelling in clay and to free love with artist-girls; also to studio parties where he taught the villagers to sing the wobbly songs« (Parry 1960, S. 288).

Die Verwendung des Titels »Hallelujah, I'm a Bum« ist als Indiz für die Veränderungen zu nehmen. Ursprünglich der Titel eines Agitationsliedes der Industrial Workers of the World (I.W.W.), das Lieder der Evangelisten so erfolgreich parodierte, daß diese die Freude am Wort »Hallelujah« verloren (Anderson, unv. Man., S. 6), wurde er im Zuge der Bohemisierung der Hobo-Existenz zu einer Glorifizierung der randständigen Lebensweise. In seiner Erzählung »Hobohemia« vermittelt Sinclair Lewis einen ironischen Einblick in die Gepflogenheiten bei den Studio-Parties in Greenwich Village, bei denen »kaum Themen diskutiert wurden«, »außer dem Krieg, Sex, Zuprushin, Mr. Pincus' Bilder, Geburtenkontrolle, Eugenik, Psychoanalyse, die Hobohemian Players, biologische Forschung, Nona Barnes' (Djuna Barnes [?], R. L.) neue Art, ihr Haar zu frisieren, Sex, H. G. Wells, die Geschmacklosigkeit der populären Zeitschriften, Zuprushin, Mr. Pincus' Gedichte und einige neue Aspekte vom Sex« (Lewis 1917, S. 121).
Das Hobohemia in Chicago war nicht das West Madison-Areal, sondern die Near North Side (das Greenwich Village von Chicago) mit dem Bughouse (Newberry) Square als Zentrum. Hier, schreibt Anderson, der dieses Gebiet auf zwei

Seiten abhandelt, »ist eine Klasse von Durchreisenden zusammengeströmt, die eine Gruppe bilden wie sie in keinem anderen Gebiet von Hobohemia zu finden ist. Das ist die Region der Hobo-Intellektuellen. Dieses Gebiet kann als das Rendezvous des Denkers, des Träumers und des chronischen Agitators beschrieben werden« (Anderson 1967, S. 8). Der Dichter und Essayist Kenneth Rexroth, der später zum kritischen Begleiter der »Beat Generation« wird, hat Chicagos Hobohemia als »ragamuffing bohemia« bezeichnet, als einen Ort, an dem Universitätsprofessoren auf Volksredner, Möchtegern-Schriftsteller auf Verleger, Veteranen der Arbeiterbewegung auf Vertreter der Unterwelt trafen (Rexroth 1966, S. 135 ff.).

Das Gebiet um den Bughouse Square ist daher nicht so sehr eine »natural area« der Hobos als vielmehr eine Insel der marginalen Intelligenz – ein »Outcast Island«, das sich vom »Land of Respect« gelöst hat, um jene Territorialbezeichnungen zu übernehmen, mit denen Ben Reitman die Lage von Greenwich Village umschrieben hat.

2. *Niedergang und Karriere: Zur biographischen Methode*

»A great story-teller was I«

Stanley (The Jack-Roller)

Vorbemerkung

Es ist eigentümlich wenig bekannt, wie hoch Park den Wert der »life history«-Methode veranschlagte. Das mag daran liegen, daß er sich darüber vor allem an entlegenen Stellen äußerte, in Briefen, Vorträgen und in Forschungsexposés. Als der eigentliche Protagonist dieser Methode gilt Burgess, der auch die auf der biographischen Methode beruhenden Monographien von Clifford R. Shaw betreute. Aber Burgess' Plädoyer für die »life history«-Methode ist enger, funktionaler angelegt als jenes von Park; das deutet sich bereits darin an, daß er zeit seines Lebens dem Terminus aus der Sozialarbeit, »case study« bzw. »case history«, dem der »life history« den Vorzug gab. Burgess steht, wie wir noch sehen werden, stärker als Park in der Tradition von William Healy, dem ersten amerikanischen Gerichtspsychologen, der seit 1908 Fallmaterial von jugendlichen Rückfalltätern sammelte. Die Arbeiten von Shaw machen dies, wie noch zu zeigen sein wird, deutlich. Park steht, verglichen mit Burgess, dem heutigen Verständnis von biographischer Forschung näher, und er steht zugleich in der geisteswissenschaftlichen Tradition Diltheys, der in der Selbstbiographie »die höchste und am meisten instruktive Form (sieht), in welcher uns das Verstehen des Lebens entgegentritt« (Dilthey 1968, S. 199).

Ähnlich wie in Diltheys auf Einfühlung beruhenden Formen »höheren Verstehens«, die »in einem Schluß der Induktion den Zusammenhang im Ganzen zum Verständnis bringen« (a. a. O., S. 212), sieht Park im »Insight«[14] die objektive Phase der Empathie, die »ein Bewußtsein um die Umstände und die Situation, in denen verschiedene Verhaltensweisen in einem selbst und in anderen entstehen« zur Folge hat (Park, *Human Nature as Elemental Communication*, unpublished paper, S. 4; REPA 5:9). Daher kann auch nicht verwundern, daß Park, ähnlich wie William I. Thomas, besonderen Wert auf Briefe und Tagebücher als Quellen legt und überdies für die Lektüre von Autobiographien wie etwa Lewissohns *Upstream* plädiert, eines seiner Lieblingsbücher, oder *An American In The Making* von M. E. Ravage, ein Buch, das Park 1918 im *AJS* besprochen hat. Bücher wie diese, führt Park in einer undatierten, augenscheinlich im Zusammenhang mit

14 Der Begriff »insight«, der dem an Max Webers Kategorie des »Verstehens« angelehnten »understanding« vorausgeht, verweist auf die geisteswissenschaftliche Tradition sowie auf den bedeutenden Einfluß von Charles H. Cooley, der von »sympathetic insight« spricht (Cooley 1926; 1966 [1918]; vgl. zum Einfluß von Cooley resp. Weber: Platt 1985).

dem *Race Relations Survey*[15] gehaltenen Rede aus, »sind für uns nicht nur wegen ihrer Form von Interesse, sondern weil sie uns mit Lebensformen in Berührung bringen, die fremd und ungewohnt sind, weil sie dazu tendieren, Menschen zu humanisieren, die wir nur äußerlich kannten und die uns in ihrer äußeren Erscheinung seltsam und anders erschienen. Es ist Literatur dieser Art, die die Beziehungen zwischen den Rassen und die menschlichen Beziehungen überhaupt verbessern« (Undated Speech, S. 31 f.; REPA 6:2).

Die Übereinstimmung mit Gedankengängen, wie sie Mead 1926 in seinem Aufsatz über die Natur der ästhetischen Erfahrung entwickelt hat, ist unübersehbar. Unübersehbar wirkt hier aber auch das Modell der »human interest story« nach, dient diese doch, wie Carroll D. Clark in einem paper für das »News«-Seminar von Park ausführt, dazu, »einen weithin geteilten Fundus von common sense-Vorstellungen, Situationsdefinitionen, Ableitungen und kollektiven Repräsentationen zu entwickeln und aufrechtzuerhalten« (Clark, *The Concept of the ›News‹*, Oct. 30, 1928, S. 20; REPA 1:15). Ähnlich wie der soziologische Forscher bei Park zum reporter-in-depth wird, können wir die »life history« im Sinne von Park als eine in die Tiefe gehende »human interest story« bezeichnen.

Für Park sind biographische Materialien, wie aus den dargelegten Äußerungen hervorgeht, nicht nur von wissenschaftlichem Wert, sondern dienen darüber hinaus unmittelbar dem Ziel, auf das die Soziologie von Park letzten Endes ausgerichtet ist: die Fähigkeit zu entwickeln, sich in andere hineinzuversetzen, um sie besser kennen und verstehen zu lernen, um auf diese Weise zu einer Verständigung untereinander, zu einem gemeinsamen *universe of discourse* zu gelangen.

15 Ziel des Survey of Race Relations, dessen wissenschaftlicher Leiter Park war, war eine Untersuchung der Beziehungen zwischen Amerikanern und Japanern (japanischen Immigranten) an der Pazifik-Küste. Das Survey mußte aufgrund von Finanzierungsschwierigkeiten 1925 abgebrochen werden.

In der Methodenliteratur herrscht seltene Einmütigkeit darüber, daß der Beginn biographischer Verfahren in der Soziologie mit Thomas' und Znanieckis monumentalem Werk *The Polish Peasant In Europe And America* (1918-1922) anzusetzen ist und daß das biographische Verfahren selbst als kontrapunktisch zu den quantifizierenden Methoden zu verstehen sei. Der neuerliche Rekurs auf Thomas/Znaniecki ist freilich nicht nur inhaltlich begründet, sondern auch und vor allem strategisch: Thomas und Znaniecki dienen als Ahnherren einer ehrwürdigen Tradition und zugleich als Kronzeugen in der Auseinandersetzung mit der Fraktion der Quantifizierer. Zu dieser Einschätzung haben Thomas/Znaniecki selbst entschieden beigetragen, behaupten sie doch in einer der am häufigsten zitierten Passagen aus ihrem Werk, daß der Lebensbericht *(life-record)* den *perfekten* Typ von soziologischem Material darstellt, demgegenüber die auf statistischem Wege gewonnenen Massenphänomene nur als provisorische Basis für soziologische Hypothesen dienen können (Thomas/Znaniecki 1974, II, S. 1832ff.).
Bei ihrer Laudatio auf Thomas entgeht den heutigen Vorkämpfern der biographischen Methode jedoch in der Regel der partielle Sinneswandel, den er später vollzog.[16] In der gemeinsam mit seiner späteren Frau Dorothy Swaine verfaßten Arbeit *The Child in America* (1928) ist ein Plädoyer für eine Kombination von biographischen und statistischen Methoden bzw., in der Konsequenz weitreichender, für eine statistische Verifikation der aus Einzelfallstudien gewonnenen Hypothesen enthalten.[17] Ob dieses Plädoyer nun, wie öfter be-

16 Wie bekennerhaft die Auseinandersetzung mit den »Quantifizierern« geführt wird, zeigt Daniel Bertaux' »Bekehrungsgeschichte«, die mit dem Satz »Once I was a positivist« beginnt und Züge eines Saulus-Erlebnisses aufweist (Bertaux 1981).

17 Weitreichender deshalb, weil die ursprüngliche Position – die statistische Methode bildet die provisorische Basis für soziologische Hypothesen,

hauptet, den Einfluß von Dorothy Swaine widerspiegelt (immerhin war sie eine der profiliertesten Vertreterinnen der ›harten‹ Daten-Fraktion), ob sich darin der Methodenstreit zwischen biographischen und statistischen Verfahren niederschlägt oder ob hier einfach die von Janowitz hervorgehobene Aufgeschlossenheit von Thomas gegenüber neuen Entwicklungen zum Ausdruck kommt, Tatsache ist, daß die Phase der reinen, sich von statistischen Verfahren absetzenden, biographischen Forschung nur für einen kurzen Zeitraum, von *The Polish Peasant* über *Old World Traits Transplanted* (1921) bis *The Unadjusted Girl* (1923), gilt.

Nichtsdestoweniger bleibt die Tatsache, daß wir mit dem Erscheinen von *The Polish Peasant* die Geburtsstunde biographischer Verfahren in der Soziologie erleben. Das, was später als »menschliche Dokumente« bezeichnet wird, hatte Thomas 1912 unter dem Begriff »ungeplante Dokumente« in seinem Forschungsplan zum Thema »Rassenpsychologie unter besonderer Berücksichtigung des Einwanderers und des Negers« als wissenschaftliches Quellenmaterial angeführt. Dieses Exposé deutet an, daß Thomas' ursprünglicher Forschungsplan weitreichender war, nämlich auf einen Vergleich der europäischen Bauern (Immigranten) mit der schwarzen Bevölkerung in den Vereinigten Staaten hinauslief.[18] In diesem Exposé unterscheidet Thomas geplante, gezielte Dokumente der Geschichtswissenschaft, Ethnologie und Volkskunde von den ungeplanten, d. h. nicht auf einen wissenschaftlichen Zweck hin entstandenen Dokumenten. In einem

die durch Lebensberichte zu erhellen sind – auf den Kopf gestellt wird. Nunmehr dienen qualitative Untersuchungen als explorative Vorstudien.

18 Ob Thomas bei dieser weitreichenderen Konzeption von Park beeinflußt wurde, wäre noch im Detail zu untersuchen; jedenfalls sei daran erinnert, daß gerade dieser Vergleich Anlaß und Thema von Washington/Parks *The Man Farthest Down* war. Aus der Korrespondenz mit Park im April/Mai 1912 und dem Universitätspräsidenten Samuel N. Harper im Juni desselben Jahres geht hervor, daß sich für Thomas die Bedeutung der Schwarzen-Frage in aller Schärfe erst nach dem Zusammentreffen mit Park herauskristallisierte.

in Deutsch gehaltenen Anschreiben, das er im Sommer 1912 in Berlin verfaßt hat und sich an Wissenschaftler mit der Bitte um Kooperation richtet, führt Thomas aus, daß es ihm insbesondere darauf ankommt, »solches Material zu beschaffen, wie ich es in § 20 meiner Schrift über Rassenpsychologie als ›undesigned records‹ bezeichnet habe, d. h. auf unabsichtliche, nicht bearbeitete und retouchierte Belege wie Briefe, Zeitungsnotizen, Berichte über Gerichtsverhandlungen, Predigten, Flugschriften der Geistlichkeit und der politischen Parteien, die Verhandlungs- und Jahresberichte der landwirtschaftlichen Vereinigungen der Bauernschaft usw.« (SNH 1:16).

Bekanntlich hielt Thomas besonders viel von Familienbriefen als Quellen, hatten diese doch gegenüber der Autobiographie den Vorteil der Spontaneität. In *The Polish Peasant* finden 50 Briefserien mit insgesamt 764 Briefen Verwendung; daneben greifen Thomas/Znaniecki auf Leserbriefe und Zeitungsartikel, Kirchenchroniken, Vereinsakten und Gerichtsprotokolle sowie auf Fallberichte von Wohlfahrtsorganisationen zurück.

Obwohl Thomas die Bedeutung des Briefmaterials aufgrund des angenommenen hohen Authentizitätsgrades besonders hervorhebt, bildet doch die Lebensgeschichte für ihn das ideale und für *The Polish Peasant* repräsentative soziologische Material. Daß die Lebensgeschichte methodisch wie methodologisch eine solch hervorragende Rolle spielen *muß*, wird klar, wenn man sich Thomas/Znanieckis methodologische Vorstellungen und sozialwissenschaftliche Erkenntnisinteressen vor Augen führt. Ausgehend von dem »fundamentalen methodologischen Prinzip«, daß die Ursache eines sozialen und individuellen Phänomens niemals ein anderes soziales oder individuelles Phänomen allein sein kann, sondern immer nur die Kombination eines sozialen und eines individuellen Phänomens, plädieren Thomas/Znaniecki für die Analyse der reziproken Beziehungen zwischen sozialer Organisation und sozialer Persönlichkeit. Da die Welt, von der das Subjekt beeinflußt wird und auf die es einwirkt, immer *seine* Welt und nicht die objektive Welt der Wissenschaft ist, ist es Aufgabe der Sozialwissenschaft, zu erkennen, wie dieses Subjekt seine Welt sieht.

Eine Wissenschaft, die sich bemüht, die Welt des Subjekts so zu sehen, wie sie von diesem gesehen wird (und nicht wie der Wissenschaftler sie sieht), ist auf Dokumente angewiesen, die dem Wissenschaftler den Weg zur inneren Seite sozialer Prozesse eröffnen.

Die Lebensgeschichte, die so vollständig wie möglich sein soll, gibt Aufklärung darüber, wie ein Subjekt die Umstände, in die es versetzt ist, aufgrund seines Temperaments und seiner charakterlichen Entwicklung wahrnimmt, erfährt und verarbeitet. Sie leistet aber noch mehr. Indem sie dem Wissenschaftler diese Erfahrungs- und Verarbeitungsprozesse im Laufe des Lebens vor Augen führt, läßt sie ihn zugleich teilhaben am Entwicklungsprozeß der sozialen Persönlichkeit, die sich als ganze, wie Thomas/Znaniecki betonen, niemals an einem bestimmten Punkt des Lebenslaufs, sondern nur in der kontinuierlichen Entwicklung offenbart.

Die Lebensgeschichte leistet also zweierlei: Sie gibt Einblick in die innere Welt des handelnden Subjekts, und sie gibt Auskunft über die Entwicklung der sozialen Persönlichkeit, die nur als dynamische, d. h. sich wandelnde und Wandlungen unterworfene vorstellbar ist. Keine andere Erhebungsmethode trägt dem Prozeßcharakter sozialer und individueller Phänomene mehr Rechnung als der Lebensbericht.

Das Insistieren auf möglichst vollständige Lebensberichte unterstreicht freilich nicht nur diesen analytischen Anspruch, sondern ist auch als ein Verweis auf die Unzulänglichkeit bereits praktizierter Formen der biographischen Rekonstruktion zu verstehen. Thomas waren die Arbeiten des Psychologen William Healy bekannt.[19] Healy hatte seit 1908, als Di-

19 Thomas hat verschiedentlich Materialien von Healy und seiner Mitarbeiterin Bronner benutzt. Siehe z. B. *The Unadjusted Girl* (1923).

rektor des »Juvenile Psychopathic Institute« (des späteren »Institute for Juvenile Research«), Fallmaterial von jugendlichen Rückfalltätern gesammelt, um die Ursachen für deren delinquentes Verhalten zu ermitteln, und 1912 »Case Studies of Mentally and Morally Abnormal Types« veröffentlicht. In diesem Werk publizierte Healy auch den ersten Lebensbericht eines delinquenten Mädchens, den er als »own story« (in Anführungszeichen) bezeichnete, womit er auf die als Neuerung angesehene Abfassung des Berichts in der ersten Person anspielte. Damit setzte sich die »own story« von der »case study«, wie sie im Fürsorgewesen und in der Sozialberatung bereits üblich war, ab. Doch bleiben die »own stories« auch in der Folgezeit bei Healy nicht nur numerisch gegenüber den dominierenden »Fallberichten« zurück, sondern diesen in ihrer auf die Anamnese von delinquentem Verhalten verengten Perspektive verhaftet.
Thomas/Znanieckis soziologische Innovation zeigt sich vielleicht nirgendwo deutlicher als dort, wo auf die Beschränkung einer auf unmittelbare praktische Ziele gerichteten Untersuchung, deren Koordinaten das Wünschenswerte und das Unerwünschte sind, verwiesen wird. Der möglichst *vollständige* Lebensbericht dient dem Zweck, selektive Darstellungen zu vermeiden, Darstellungen, die Allport unter dem Begriff »topical autobiographies« zusammengefaßt hat. Letztere laufen stets Gefahr, ins Zentrum der Darstellung nicht das Leben des Subjekts, sondern das Interesse des Forschers zu rükken.

Clifford R. Shaw

Neben Thomas/Znaniecki ist es Clifford R. Shaw (1895-1957), der als Pionier des biographischen Verfahrens in der Soziologie gilt. Shaws Hintergrund ist eher typisch für die erste Soziologengeneration in Chicago, obwohl er auch in den 20er Jahren nicht ungewöhnlich war (Snodgrass 1976).

Als Sohn eines Farmers in einer kleinen Bauerngemeinde in Indiana aufgewachsen, studierte er zunächst, um Geistlicher zu werden, wandte sich aber 1918, nach seinem Militärdienst, der Soziologie zu. In Chicago, wo er sein Soziologiestudium aufnahm, wohnte er in einem Settlement, »The House of Happiness« – auch dies ist eher typisch für die erste Generation. Shaw, der nie promovierte (was als ein Indiz für seine primär praktische Orientierung anzusehen ist), arbeitete von 1921 bis 1923 als Teilzeitkraft mit auf Bewährung Entlassenen in der Illinois State Training School, dann, von 1924 bis 1926, als Bewährungshelfer am Cook County Juvenile Court. 1926 wurde er, auf Empfehlung von Burgess, Leiter der soziologischen Forschungsabteilung am Institute for Juvenile Research, dem ehemaligen Juvenile Psychopathic Institute unter der Leitung von William Healy.

Dieser Hintergrund muß gesehen werden, um die besondere Akzentuierung seiner auf dem biographischen Verfahren beruhenden Untersuchungen, *The Jack-Roller* (1930), *The Natural History of a Delinquent Career* (1931) und *Brothers in Crime* (1938), zu verstehen. Shaw verdankte Healy nicht nur die Bezeichnung »own story« für das biographische Dokument sowie den Protagonisten des *Jack-Roller*, ein ehemaliger ›Fall‹ aus der Praxis von Healy, den er unter dem Pseudonym »Stanley« in die soziologische Literatur einführte. Er übernahm bei seinem Ansatz, der wissenschaftliche mit praktischen Interessen verbindet,[20] überdies die auf Anamnese delinquenten Verhaltens ausgerichtete Perspektive.

Shaw lernte Stanley als dessen Bewährungshelfer kennen.

20 Nach Bennett (1981, S. 200) dienten die von Shaw erhobenen Lebensgeschichten auch dazu, das Publikum für ein bestimmtes Aktionsprogramm günstig zu stimmen, dem Chicago Area Project, dessen Leiter Shaw war. Über dieses, der Prävention von Delinquenz dienende, Projekt schreibt Snodgrass: »The Chicago Area Project was first and foremost a disciplinary force, designed to inculcate values, socialise behaviour, and to achieve an accomodation of slum residents to the conventional order.« (1976, S. 17)

Auch wenn diese Position zu einem besonderen Vertrauensverhältnis geführt haben mag (Stanley suchte Shaw nach seiner Entlassung aus dem Gefängnis auf), ist sie alles andere als neutral. Dies gilt auch für den Ort der Datenerhebung, Shaws Büro im Institute for Juvenile Research. Auf mögliche verzerrende bzw. gesprächsorientierende Folgen dieser Situation, wozu nicht zuletzt auch der lange Kontakt von Stanley mit Wissenschaftlern (Healy, Bronner, Shaw) gehört, werde ich noch zu sprechen kommen. Jedenfalls mangelte es Shaw aufgrund seiner Position nicht an Probanden. Ob das aber einzig als ein Vorteil anzusehen ist, sei dahingestellt; interessant ist, daß Shaw trotz Hunderter von erhobenen Biographien immer nur einige wenige (besonders charakteristische?) zur Illustration heranzog.
Was verspricht sich Shaw von den Lebensberichten seiner Klienten? In *Delinquency Areas* schreibt Shaw, daß eine Analyse der Offenbarungen einer Lebensgeschichte die beste Art und Weise sei, die »innere Welt« einer Person zu untersuchen (Shaw u. a. 1929, S. 9). Es wäre freilich zu einfach, in dieser Position ausschließlich eine Übernahme des Ansatzes von Thomas/Znaniecki (»Seine Sicht seiner Welt«) zu sehen; es geht bei Shaw, der anwendungsorientiert in der Perspektive und pragmatisch im Umgang mit theoretischen Befunden ist – seine Theorie der ›life-history-method‹ stellt eine unausgegorene Mischung aus Fragmenten von Healy, Thomas und Burgess dar –, vor allem um eine Forschung, die neue pädagogische Dispositive liefern soll.
Drei Aufgaben erfüllt nach Shaw (1966, S. 3) der Lebensbericht. Erstens dient er der In(tro)spektion; er deckt die individuellen Einstellungen, Gefühle und Interessen des Berichtenden auf und zeigt, wie er die Situation, in der er lebt, interpretiert. Zweitens ermöglicht der Eigenbericht, einen Eindruck von den Traditionen, normativen Konturen und moralischen Standards zu gewinnen, die in Familie, Nachbarschaft und Gleichaltrigengruppe vorherrschen und das Verhalten des Kindes prägen, und drittens ermöglicht der Eigenbericht als

Lebensbericht, Handlungen des Individuums im Lichte vergangener Erfahrungen dieses Individuums zu interpretieren.

Ein Aspekt, der in der wissenschaftlichen Würdigung von *The Jack Roller* besonders hervorgehoben und in der Einleitung von Shaw selbst betont wird, ist der Fortschritt in der Methodologie, den diese Studie repräsentiert. Shaw entwickelt zunächst eine Art Interview-Leitfaden, um den Eigenbericht thematisch zu fokussieren. Aus Vorgesprächen mit Stanley und unter Zuhilfenahme offizieller Akten rekonstruiert Shaw die chronologische Ordnung der delinquenten Laufbahn, die Stanley mit ›Leben‹, d. h. mit Beschreibungen der Ereignisse und der gemachten Erfahrungen füllen soll. Daraus resultiert zunächst eine Kurzfassung (betitelt »Why and How I Became a Criminal«, S. 200-205), die Stanley nach seiner Entlassung aus dem Gefängnis auf Nachfrage von Shaw zur eigentlichen »own story« ausweitet – mit dem fast Zwanzigfachen des ursprünglichen Umfangs und mit bemerkenswerten Änderungen im Ton. Shaw ist sich überdies, wie anzunehmen ist, aus der beginnenden methodologischen Diskussion heraus, der Notwendigkeit bewußt, Gültigkeit und Zuverlässigkeit des Berichts zu prüfen. Daher begnügt er sich nicht mit dem autobiographischen Material, vielmehr versteht er den Eigenbericht als integralen Teil einer »vollständigen Fallgeschichte«, die – auch im Sinne des »Entweichens« des Probanden – keine Lücke läßt. Die methodische Kontrolle nimmt hier die Form der Kontrolle des Individuums an, denn selbst noch Lügen und Übertreibungen müssen ja, sollen sie von wissenschaftlichem Erkenntniswert sein, als Lügen und Übertreibungen erkannt werden. Zur Überprüfung von Gültigkeit und Zuverlässigkeit des Eigenberichts, aber auch zu dessen Ergänzung, sollte jede Fallstudie, so Shaw apodiktisch,

»neben dem Dokument der Lebensgeschichte, die gewöhnliche Familiengeschichte, die medizinischen, psychiatrischen und psychologischen Befunde, die offizielle Akte über Festnahmen, Straftaten und Einweisungen, die Beschreibung der Spielgruppen-Beziehung und anderes nachprüfbares Material enthalten, das Licht auf die Persönlichkeit und die aktuellen Erfahrungen des in Frage kommenden Delinquenten werfen könnte« (1966, S. 2).

Schon die Natur dieser Daten verweist auf einen Rückschritt gegenüber dem Ansatz von Thomas/Znaniecki, ein Rückschritt, der sich bereits in der funktionalen Verengung dessen andeutet, was unter »innerer Welt« verstanden wird. Stanleys Eigenbericht reiht sich in die Tradition der Schilderungen des eigenen »Falls« ein, wie sie in England von dem Gefängniskaplan John Clay, in Deutschland von dem Strafanstaltspfarrer Johannes Jaeger begründet wurde.[21]

Diese Perspektive wird mit dem Leitfaden, der ja nichts anderes darstellt als eine Liste von Stanleys Verfehlungen, vor-

21 Der Gefängniskaplan John Clay erhob seit 1839, dem Jahr, in dem auf seine Initiative hin im Gefängnis zu Preston das Einzelzellensystem eingeführt wurde, von den Insassen »short narratives of their lives«, von Clays Sohn Walter Lowe zutreffend als »cell confessionals« bezeichnet. Diese Schilderungen sollten nicht nur der »Therapie« dienen (wobei, absurd genug, das Erzählen der Lebensgeschichte die mit der Einzelhaft, technische Voraussetzung des individuellen Erzählens, verbundenen Leiden lindern sollte), sondern auch Aufschlüsse über das vermitteln, was bislang im dunklen blieb, »... der aktuelle soziale und moralische Zustand unserer armen Mitmenschen« (vgl. zu Clay: Bennett 1981, S. 65-88). Die vom Strafanstaltspfarrer Johannes Jaeger erhobenen Selbstbekenntnisse Straffälliger sind in den Jahrgängen 19ff. (1905 ff.) vom *Archiv für Kriminalanthropologie und Kriminalistik* erschienen. Wie der Kriminologe Hans Groß in einer »Einbegleitung« schreibt, sollen die »Sträflingsemanationen« helfen, die Kenntnis der Verbrecherpsyche zu vertiefen (Jaeger, 1905, S. 1). Ausgehend von der Überlegung, daß das Innere des Menschen, »sein Seelen- und Geistesleben«, wichtiger sei als das Äußere, stellt Jaeger das von ihm erhobene Material als Falsifikation der Vorstellung vom Verbrecher als typische Varietät des ›genus humanum‹ vor. Status und Praxis der Erhebenden verweisen auf anschauliche Weise darauf, daß die Beichte das historische Vorbild der modernen Selbstbekenntnisse ist. »Bei Clay«, schreibt Bennett (a.a.O., S. 68), »ist (die mündliche Geschichte) ein religiöser Akt, der der weltlichen Reform dient.« Die ersten Lebensberichte sind Schilderungen des eigenen »Falls«, durchaus im doppelten Wortsinn, wobei der »Delinquent« als der säkularisierte »Sünder« erscheint.

gegeben und von Stanley selbst mit der Überschrift des ersten Kapitels des Eigenberichts – »Starting Down Grade« – eingenommen. Stanleys Lebensbericht ist nichts anderes als die Geschichte einer delinquenten Laufbahn, aus der so gut wie alles, was diese Laufbahn nicht betrifft, ausgesperrt ist. Alle Erfahrungen in den geschlossenen Institutionen, die sich nicht dem Modell der Korrektur beugen, bleiben ausgeschlossen – Stanleys Bemerkung etwa, daß er Shaw und seinen Freund (McKay?) mit seinen lustigen Erfahrungen während der Haft zum Lachen brachte (»I got a great kick keeping them laughing about the funny experiences I had in prison«), findet keinen Niederschlag im eigentlichen Bericht, als seien komische Erfahrungen mit der Perspektive des Niedergangs unvereinbar (vgl. Bennett, a. a. O., S. 196f.). Die Kapitelüberschrift ist aber noch aus einem anderen Grund von Interesse, spiegelt sich doch darin der literarische Einfluß. Titel wie »Starting Down Grade«, »The Baby Bandhouse«, »The Lure of the Underworld« scheinen direkt den Konventionen der in den 20er Jahren außerordentlich populären *pulp magazines* zu entsprechen. Es mögen diese Überschriften gewesen sein, die William Stott zu dem falschen Urteil verleiteten, *The Jack-Roller* und *The Natural History of a Delinquent Career* ähnelten den zeitgenössischen »pulp confessions« (Scott 1973, S. 199). Auch wenn Anleihen aus der Trivialliteratur (»The birds were singing, but not for me«) unübersehbar sind, so ähnelt *The Jack-Roller* im großen und ganzen weniger einem Produkt der »confession«-Literatur als vielmehr einer wissenschaftlichen Studie eines Kriminologen.

Es ist daran zu erinnern, daß Shaw den einzigartigen Aspekt des Eigenberichts darin sah, daß er in der ersten Person, d. h. in den eigenen Worten des Betroffenen abgefaßt und nicht in die Sprache der Person übersetzt ist, die den Fall untersucht. Nimmt man die von Sozialfürsorgern und Gerichtspsychologen verfaßten Fallberichte, die ja hier als Kontrastfolie dienen, zum Vergleich, dann wird diese Einschätzung verständlich.

Gegenüber den Fallberichten, die immer etwas von Akten an sich haben – mit all den damit verbundenen formalen und inhaltlichen Konnotationen –, vermittelt die »own story« schon aufgrund ihres Erzählcharakters einen hohen Grad an Authentizität. In einer aus heutiger Sicht naiven Weise wird jedoch dem Eigenbericht allein deshalb Wahrheitsgehalt zugeschrieben, weil er in der ersten Person verfaßt ist – und damit all jene Verzerrungen vermeidet, die sich aus der Übersetzung durch Dritte ergeben, deren Werte und Vorstellungen, Sichtweisen und Interpretationen in die Darstellung des Falles einfließen. Was jedoch fehlt, ist die komplementäre Einsicht, daß der Bericht eines Probanden nicht nur durch Übersetzung durch Dritte verzerrt werden kann, sondern auch dadurch, daß der Proband die Rolle und damit die Definitionen des Forschers zu übernehmen vermag.
In seinem Abriß der biographischen Forschung hat Fuchs (1984) konstatiert, daß Stanley in seinem Bericht stellenweise wie ein Kriminologe klingt. Stanley, der von Shaw als eine Person beschrieben wird, die sich überzeugend auszudrücken versteht und sich in die Rolle anderer zu versetzen vermag (gerade deshalb vermittelt er ihm ja die Stelle eines Handelsvertreters), hat, so muß angenommen werden, aus dem langen Kontakt mit Healy und Shaw eine Menge gelernt.[22] In seinem Eigenbericht lassen sich die *Broken-Home*-These (S. 47), die *Bad Companion*-These (S. 51) und die *Bad-Neighborhood*-These (S. 171) als Kausalfaktoren von delinquentem Verhalten sowie sozaldarwinistische, instinktpsychologische und sexualpathologische Annahmen wiederfinden. Überdies befleißigt sich Stanley, gerade bei der Einschätzung seiner Lei-

22 In einem Schreiben an die University of Chicago Press vom 22. 1. 1971 führt Michael P. Majer (= Stanley) aus: »Mr. Shaw, from the years dating from 1921, until the day of his death, became not only my very close friend, I might add also that he was more like a father, whom I lost in 1920.« (UCP B 406, F. 1) Mit dieser Behauptung setzt sich Majer sozusagen als Erben ein, geht es doch in dem Schreiben um Tantiemen für die Neuauflage.

densgenossen, der Sprache der Fürsorger und Reformer (»Die Bevölkerung der Besserungsanstalt ist aus den gemeinsten Arten heruntergekommener Menschen und Wracks zusammengesetzt«).

Falls es sich bei den genannten Kausalfaktoren nicht um Übersetzungen durch Dritte handelt (was nach Shaw ausgeschlossen ist), übernimmt Stanley hier wissenschaftliche Erklärungsmuster zur Selbstexplikation. Shaw, der betont, daß der Wert des persönlichen Dokuments nicht ausschließlich von dessen Wahrheitsgehalt abhängig ist, vielmehr Rationalisierungen, Lügengeschichten und Übertreibungen, gerade weil es sich ja um subjektive Deutungen handelt, von ebensolchem Erkenntniswert sind, macht bei dieser Erkenntnis ausgerechnet vor dem wissenschaftlichen Gehalt des Eigenberichts halt. Dieser aber erscheint über weite Strecken als Dokument einer sich selbst erfüllenden Prophezeiung.

Vergleichen wir die von Burgess im Anhang zusammengefaßten Befunde über die Ursachen delinquenten Verhaltens mit jenen »causative factors«, die William Healy aufgrund seiner klinischen Untersuchung nennt (vgl. Appendix I, S. 199), dann ist der Erkenntnisgewinn, den die »own story« gebracht hat, relativ gering. Zwar ist Bennett darin recht zu geben, daß Shaw die Notwendigkeit soziologischer Untersuchungen dadurch stark macht, daß er keine psychologischen Abnormitäten zu erkennen vermag. Im wesentlichen aber handelt es sich bei den Befunden um soziologische »Übersetzungen« psychologischer Vorannahmen. An die Stelle der »schlechten Einflüsse« von Familie, Nachbarschaft und peer group, wie sie von Healy benannt werden, treten nunmehr die »kulturellen Muster« von Familie, Nachbarschaft und peer group, die die Einstellungen und Wünsche des Betreffenden bestimmen. Die moralische Kategorie des »schlechten Einflusses« wird durch die wissenschaftliche Kategorie der kulturellen Muster ersetzt, die sich im moralischen Sinne »schlecht« auswirken.

Damit ist keineswegs der wissenschaftliche Erkenntniswert

von Dokumenten wie der »own story« bestritten, er verlagert sich nur entscheidend. Zwar ist nicht ausgeschlossen, daß tatsächlich die genannten Faktoren (Familie, Nachbarschaft, peer group) bei der Entstehung delinquenten Verhaltens eine wichtige Rolle spielen, allerdings vor dem Hintergrund der sträflich vernachlässigten ökonomischen und sozialen Verhältnisse. Wichtiger sind jedoch die Einblicke, die der Eigenbericht in den Prozeßcharakter von sozialen Phänomenen und in die subjektive Seite institutioneller Prozesse gewährt. Vor allem ist der Eigenbericht ein Beispiel dafür, daß die Untersuchungssituation selbst eine Interaktionssituation ist, die zur Eigendefinition eines Probanden beiträgt, der über eine hohe Fähigkeit zur Rollenübernahme verfügt. Shaw, der sehr stark, aber gleichzeitig recht oberflächlich, auf das Situationstheorem von Thomas rekurriert, versäumt es, eben dieses Theorem auf die Untersuchungssituation selbst anzuwenden. Wenn aber »Einstellungen und Werte entsprechend den Erfordernissen einer gegebenen Situation modifiziert werden« (Thomas 1965 [1927], S. 88), dann muß diese Annahme auch für die Untersuchungssituation gelten. Mit der Veränderung der Situation (vom Status des delinquenten Objekts zum Status des ge- und befragten Subjekts) geht eine Veränderung des Verhaltens einher. In dieser Hinsicht ist Stott recht zu geben, wenn er schreibt, daß *The Jack-Roller* und *The Natural History of a Delinquent Career* weniger Selbsterfahrungen als vielmehr Vorführungen *(performances)* zu sein scheinen (Stott 1973, S. 199). Das Thomas-Theorem (»Wenn Menschen Situationen als real definieren, sind sie real in ihren Konsequenzen«) findet hier seine Bestätigung: als wissenschaftliche *self-fulfilling prophecy*.

Hutchins Hapgood

Wenn wir von den von Kohli (1981a, 1981b) genannten Erwartungen an die biographische Methode ausgehen, nämlich einen methodischen Zugang zum sozialen Leben zu ermöglichen, der erstens möglichst umfassend ist, zweitens die Eigenperspektive der handelnden Subjekte thematisiert und drittens die historische Dimension berücksichtigt, dann ist die von Hutchins Hapgood herausgegebene Autobiographie eines Diebes zu Recht als ein Dokument dieses Verfahrens anzusehen. Ähnlich wie Willard als Monopolist des Vagabunden-Themas im zeitgenössischen Journalismus bezeichnet wurde, können wir in Hapgood den führenden Vertreter des »own story«-Genre der Publizistik der Zeit sehen. Neben *The Autobiography of a Thief* (1903) veröffentlichte Hapgood *The Spirit of Labor* (1907) und *An Anarchist Woman* (1909), ein Buch, das zeigen sollte, »unter welchen Bedingungen, in Verbindung mit welchen persönlichen Qualitäten sich das anarchistische Denken *(habit of mind)* entwickelt« (Preface). In der thematischen Verschiebung, vom Dieb zum Radikalen, sah Hapgood persönlich eine Entwicklung; schon bald nach der Publikation der Autobiographie eines Diebes schätzte er die Welt des Verbrechens, im Vergleich zur radikalen Arbeiterbewegung, als gesellschaftlich bedeutungslos ein (Hapgood 1939, S. 172).

Hapgoods dokumentarische Arbeiten sind durch ein Interesse an Charakteren geprägt, die der konventionellen Gesellschaft den Rücken kehren, ein Interesse an den menschlichen Eigenschaften, die dazu führen, daß sich jemand der radikalen Arbeiterbewegung anschließt oder zu einem Dieb wird.

Auch die von Hapgood herausgegebene Geschichte eines Diebes folgt der bereits aus dem *Jack-Roller* bekannten Dramaturgie von der »Verführung« am Anfang der Laufbahn bis zu dem am Schluß des Berichts geäußerten Besserungswillen, eine Dramaturgie, die dem Genre, das ja die Bereitschaft zum Bericht zur Voraussetzung hat, inhärent zu sein scheint. Aber die Geschichte, die uns Hapgoods Protagonist, ein professioneller Taschendieb, erzählt, ist eine ganz andere als die von Stanley. Ein erster, wesentlicher Unterschied liegt in der Kontaktaufnahme. Hapgood hatte seinen Berichterstatter Jim (Caulfield) über Willard kennengelernt, mit dem er befreundet war. Caulfield hatte sich nach seiner Entlassung aus Sing-Sing an Willard um Hilfe gewandt; das erinnert an Stanley, der nach seiner Haftentlassung Shaw aufsuchte. Bei aller Ähnlichkeit der Ausgangssituation macht es aber schon einen Unterschied, ob man einen Bewährungshelfer und Delinquenzforscher oder einen in der Unterwelt bekannten und angesehenen Publizisten aufsucht, ein Unterschied, der sich möglicherweise in der Person des Protagonisten, sicherlich aber in Akzentuierung und Perspektive der Lebensgeschichte niederschlagen muß.

Hapgood, der sich auf Bitte von Willard, der verhindert war, um Jim kümmerte, war von dieser Aufgabe zunächst nicht begeistert, bald aber an dessen Person so interessiert, daß er ihm vorschlug, ein Buch über sein Leben zu schreiben. Über das Vorgehen bei der Rekonstruktion des Lebenslaufs gibt Hapgood in einer »Editor's Note« Auskunft:

»The method employed in composing the volume was that, practically, of the interview. From the middle of March to the first of July we met nearly every afternoon, and many evenings, at a little German café on the East Side. There, I took voluminous notes, often asking questions, but taking down as literally as possible his story in his own words; to such a degree is this true, that the following narrative is an authentic account of his life, with occasional descriptions and character-sketches of his friends of the Under World. Even without any explicit assurance, the autobiography bears sufficient internal evidence of the fact that, essentially, it is a thief's own story (sic!).« (S. 12)[23]

23 Vgl. diese Darstellung mit Shaws Erläuterung seines Vorgehens: »The technique which we have most frequently employed to secure the delinquent's ›own story‹ is that of the personal interview. The task of securing complete and useful documents by this technique usually necessitates a series of interviews, which in some cases extend over a relatively long period of time. In most of our cases a stenographic record of the interview is made, so that the story is recorded in the exact language of the inter-

Über ein zumindest protowissenschaftliches Vorgehen kann also kein Zweifel bestehen. Für Hapgoods realistische Sicht des Vorhabens spricht überdies, daß er sein Verfahren, meiner Auffassung nach zutreffend für das gesamte ›life history‹-Genre, als »assisted biography« bezeichnet. Überraschend für ein journalistisches Produkt auch der, im Vergleich zu *The Jack Roller*, unspektakuläre Titel des Buches; *The Autobiography of a Thief* wirkt im nachhinein und verglichen mit anderen journalistischen und wissenschaftlichen Produkten (zu denken ist etwa an *Hustler! The autobiography of a thief*, ein von R. L. Keiser [1966] herausgegebenes soziologisches Dokument) ausgesprochen sachlich.

Auch Jims Erzählung enthält Spuren ihres Initiators und dessen Sphäre. Jims Betonung der Vaudeville-Welt etwa und die dabei an den Tag gelegte Intimkenntnis von Theatern und Darstellern scheint von Hapgood herzurühren. Die eingestreuten »character-sketches« von Verbrechern sind ganz offensichtlich ein Zugeständnis an die zeitgenössischen Leseerwartungen. Wichtiger ist, daß Perspektive und Schwerpunktsetzung von Jims Lebensgeschichte andere als bei Stanley sind. Auch wenn Jim dem Genre sozusagen Tribut zollt, indem er mit seinem Eintritt in die delinquente Lebenswelt qua Verführung beginnt, ist seine Fallgeschichte weniger eine Geschichte seines Falles als vielmehr eine Innenansicht einer delinquenten Berufs- und Lebenswelt. Damit gewinnt die Geschichte das, was wir heute den ethnographischen Blickwinkel nennen; wir erfahren vom Standpunkt eines professionellen Taschendiebes, was es bedeutet, ein Taschendieb zu sein. Ähnlich wie bei Willards teilnehmender Beobachtung der Vagabunden spielt in Jims Eigenbericht das Einfließenlassen von Argot eine wichtige Rolle; sozusagen ein Markenzeichen journalistischer Exposés der Unterwelt. So lernen wir u. a., daß »fall« die Verhaftung meint, »mouth-piece« den

viewee. Thus the record of the interview is not only complete, but its objectivity is preserved.« (a. a. O., S. 21 f.)

Rechtsanwalt und »moll-buzzer« einen (in der kriminellen Hierarchie verachteten) Taschendieb, der sich auf weibliche Opfer spezialisiert hat. Aber *The Autobiography of a Thief* bietet mehr als flüchtige Einblicke in das Sprachgebaren einer kriminellen Subkultur. Sie ist die Entwicklungsgeschichte eines professionellen Diebes, die die Darstellung der charakteristischen Einstellungen und Verhaltensmuster, der spezifischen Fertigkeiten und Techniken sowie des Milieus und der Lebensweise miteinschließt.

Hapgood versteht die »own story« durchaus soziologisch. Ähnlich wie Burgess in seiner Diskussion des »Jack-Roller« darauf verweist, daß die Untersuchung einer Person zugleich Licht auf die Aktivitäten einer Gruppe wirft, weil die Erfahrungen eines Individuums die Meinung seiner Gruppe reflektieren (a.a.O., S. 186), so betont Hapgood, daß das ausdrucksfähige Individuum nicht nur in sich selbst interessant sein, sondern zugleich eine »Klasse« repräsentieren sollte: »If he be thoroughly identified with some social *milieu*, his story cannot be well told without involving that *milieu*. In the process of touching his life, the ideals and habits of his class would be shown.« (a.a.O., S. 244) Im Unterschied zum »Jack-Roller«, der stets das Schicksal, das gegen ihn ist, beklagt, wird aus der Autobiographie des Taschendiebs deutlich, warum man eine solche Laufbahn wählen kann. In dieser Hinsicht erfüllt die von Hapgood erhobene Lebensgeschichte sogar eher den von Shaw behaupteten Anspruch, nämlich ein Bild von der Herausbildung delinquenten Verhaltens als Resultat eines Interaktionsprozesses zu geben, als Shaws *The Jack-Roller*. Weniger die Verführung durch »schlechte Kameraden« als vielmehr das bewunderte Vorbild der Berufsverbrecher – der »swell guns« (oder »big shots«, wie sie in den 20er Jahren genannt wurden) – scheint zum Aufgreifen einer solchen Karriere im Immigrantenviertel animiert zu haben. Ähnliches hat unter den Chicagoer Soziologen John Landesco mit den von ihm erhobenen »life histories« zu Tage gefördert (Landesco 1933). Dies scheint mir kein Zufall zu sein,

ist doch Landesco als Kind rumänischer Einwanderer selbst in einem Immigrantenviertel aufgewachsen.[24]
Die unterschiedlichen Bezugspersonen und Bezugsfelder imprägnieren die Berichte. Während Stanley eher untertreibt, was die Schwere seiner Taten (und möglicherweise die Taten selbst) betrifft, ansonsten aber damit beschäftigt ist, seinen unaufhaltsamen ›Fall‹ zu schildern, zeigt Jim einen gewissen Berufsstolz; so wie Shaw ja eine Geschichte erwartete, die Auskunft über Ursache und Verlaufsform eines delinquenten Werdegangs gibt, kann vermutet werden, daß Hapgood in erster Linie an einem »Insider«-Bericht aus dem kriminellen Milieu gedacht hat, eine Perspektive, die dem Publikumsgeschmack Rechnung trägt. Das gibt Jims Autobiographie im Vergleich zu Stanleys Eigenbericht einen sensationellen Anstrich; mit der Präsentation der Gaunersprache und den »Charakterskizzen« einiger »crooks« wird derselbe Appetit angesprochen, der ansonsten in den zeitgenössischen »slumming tours« befriedigt wird.[25] Wenn wir uns aber Howard Beckers (in seiner Einleitung zur Neuauflage von *The Jack-Roller* geäußerte) Ansicht vor Augen halten, daß die Lebensgeschichte, »weil es sich dabei um die ›own story‹ des Handelnden handelt, eine lebendige und pulsierende Botschaft

24 Leider ist die von Landesco erhobene, für Vergleichszwecke besonders geeignete Lebensgeschichte eines professionellen Taschendiebs, obwohl in der Bibliographie zur zweiten, überarbeiteten Auflage von Thrashers *The Gang* unter dem Titel *The Pickpocket* (University of Chicago Press 1932) aufgeführt, nie erschienen. Auszüge dieser Studie über »Eddie Jackson the Immune« sind in der Zeitschrift *Journal of Criminal Law and Criminology* (vol. XXV/1934-35) publiziert worden.

25 In seiner Autobiographie schildert Hapgood, wie Jim aufgrund der Publikation von einer jungen verheirateten Frau, die der sog. *fashionable world* angehörte, um eine Bowery-Führung gebeten wurde (Hapgood 1939, S. 168f.). Auch die Chicagoer scheinen sich der Faszination, die die Unterwelt auf Teile der sog. Gesellschaft ausstrahlt, nicht gänzlich entzogen zu haben. Faris erwähnt in seiner Darstellung des Departments »tours«, die für auswärtige Gäste arrangiert wurden: »... zeitweise waren Besuche des Slums Mode unter den jungen Intellektuellen Chicagos« (Faris 1970, S. 65).

von ›da unten‹ ist, die uns davon erzählt, was es bedeutet, eine Art von Person zu sein, die wir niemals von Angesicht zu Angesicht getroffen haben« (Becker 1966, S. xiv), dann erfüllt *The Autobiography of a Thief* diesen Anspruch eher als *The Jack-Roller*. Letztlich kommt Jims Lebensbericht mit der Darstellung der Lebensweise eines professionellen Diebes, die Aussagen über die Hierarchie bei dieser Berufsgruppe und die Schilderung eines typischen Tages einschließt (a.a.O., S. 125 ff.), einer modernen Studie im Rahmen der *Street Ethnography* näher als Stanleys »own story«. Ein Vergleich von Hapgoods Dokument mit Inciardis Feldstudie über professionelle Taschendiebe aus dem Jahre 1977 fördert eine überraschende Übereinstimmung in den Befunden zutage. Nicht nur, daß dieser Vergleich die Geschichte von Jim im nachhinein bestätigt, wir erkennen auch, wie wenig sich in der Berufswelt der Taschendiebe im Verlauf von fast 75 Jahren verändert hat: angefangen vom Argot (noch immer ist von »moll-buzzer« und »fall« die Rede) über die bevorzugten Tätigkeitsfelder (Renn-/Sportplätze; Kongregationen/Messen; öffentliche Verkehrsmittel/Bahnhöfe) bis hin zur Bedeutung der Kleidung als Berufsrequisit.

Ein zusammenfassender Vergleich der beiden Lebensgeschichten zeigt, daß sie beide ein vollständiges, in der ersten Person gehaltenes Dokument einer delinquenten Laufbahn darstellen. Beide Herausgeber erläutern in einer Vorbemerkung ihr Vorgehen bei der Gewinnung der Daten, beide benutzen die Methode des Interviews, und beide verstehen ihr Produkt als »own story«. Beide sind überdies davon überzeugt, einen authentischen Bericht vor sich zu haben, und beide betonen die »literarische« Kompetenz ihres Protagonisten. Aber Shaws Präsentation ist ungleich wissenschaftlicher. Shaw benutzt ergänzende Informationen aus anderen Quellen zur Überprüfung der Gültigkeit und Zuverlässigkeit des Berichts; er gibt in Fußnoten zu Stanleys Geschichte weiterführende Informationen und Interpretationen, und er verortet den sozialen und kulturellen Hintergrund von Stanley mittels der sozialökologischen Methode. Aber die methodischen Prozeduren scheinen der Studie bloß beigegeben, um sie als wissenschaftliche von der zeitgenössischen »confessions«-Literatur abzuheben. Die Einkesselung des Eigenberichts (er nimmt die Seiten 47-163 von insgesamt 205 Seiten ein) durch ausführliche methodologische Vor- und Nachbemerkungen wirkt wie ein wissenschaftlicher Exorzismus der journalistischen Geister; Bennett spricht zutreffend von »life history sandwiches«. Aus dem Bemühen, sich abzuheben, erklärt sich auch Shaws Verzicht auf die Heranziehung populärer Autobiographien Straffälliger zur Ergänzung des Materials; den Wert solcher Dokumente sieht Shaw dadurch entscheidend gemindert, daß sie kein zusätzliches Material (wie etwa Gerichtsakten oder Aussagen des Gefängnispersonals) enthalten, das eine Überprüfung der Authentizität der Lebensgeschichte ermöglicht. In dieser (aber nicht nur in dieser) Hinsicht unterscheidet sich Shaws Studie auffallend von Sutherlands *The Professional Thief*. Sutherland, der als Begründer einer interaktionstheoretischen Kriminologie gilt, macht umfassenden Gebrauch von solchem Material, und die am häufigsten zitierte Quelle stellt Hapgoods *Autobiography of a Thief* dar.[26] Das kann nicht verwundern, wenn man bedenkt, daß es Sutherland darum ging, Diebstahl als einen Beruf zu rekonstruieren, der über eigene Codes und Traditionen, Techniken und Organisationsformen verfügt. Dafür hat Hapgoods Studie, die eine Innenansicht einer abweichenden Berufs- und Lebenswelt vermittelt, entscheidende Vorarbeit geleistet.

26 Während Hapgood 14mal zitiert wird, greift Sutherland nur 3mal auf Shaw zurück. Sutherland benutzt auch die zeitgenössischen Autobiographien Straffälliger, die Shaw zwar genannt, aber als unzuverlässig zurückgewiesen hat.

Zweiter Teil

Vorbemerkung

Als Winifred Raushenbush noch über den Titel ihrer Park-Biographie nachdachte, die später schlicht »Biography of a Sociologist« heißen sollte, schlug ihr Edgar T. Thompson, ebenfalls ein Park-Schüler, den Titel »Robert E. Park: Marginal Man« vor. Der Titel klingt verführerisch, und es ist durchaus vorstellbar, daß Park selber daran Gefallen gefunden hätte. Zweifellos war Park, was seinen Zugang zur Soziologie betrifft, ein Randseiter; außer Zweifel steht freilich auch, daß er wie kaum ein zweiter das Gesicht der amerikanischen Soziologie geprägt hat. Die entscheidende Frage ist, ob es nicht die Randständigkeit gewesen ist, die wesentlich zur Prägung einer amerikanischen Soziologie sui generis beigetragen hat.
Everett C. Hughes hat die Verbindung der Neugier auf das, was in der Welt vor sich geht, mit einem theoretischen Erklärungsinteresse als das besondere Gütesiegel der amerikanischen Soziologie bezeichnet. Neugier läßt sich auch als Wunsch nach neuer Erfahrung umschreiben, dem in W. I. Thomas' Abhandlung über die Person und ihre Wünsche eine zentrale Rolle zukommt. In ihren autobiographischen Selbstversicherungen haben sich Thomas und Park diesen Wunsch selbst zugeschrieben: Thomas, »getrieben vom Wunsch, neue Erfahrungen zu machen«, Park, der sich entscheidet, »Erfahrungen um ihrer selbst willen zu machen«. Mit diesem Wunsch stehen Park und Thomas zu ihrer Zeit nicht allein. Die zentrale Rolle, die die Kategorie der Erfahrung im Denken einer ganzen Generation von Intellektuellen spielt, kann nur vor dem Hintergrund dessen verstanden werden, von dem sie sich absetzt, der moralischen und kulturellen Enge des authentische Erfahrungen versagenden puritanischen Milieus. Diese Generation bildet eine Generation im Übergang von der »genteel tradition« zur Kultur der Moderne, die nicht mehr durch Einheit, sondern durch Vielfalt gekennzeichnet ist.

Kapitel IV
Marginalität und Erfahrung

1. Marginal Man

»... a man on the margin of two cultures and two societies ...«

Robert Ezra Park

Das »marginal man«-Konzept ist wohl Parks bedeutendster Beitrag zur Kultursoziologie, ein Konzept, das seine Fruchtbarkeit bei der Interpretation zahlreicher soziokultureller Phänomene erwiesen hat und immer noch erweist, gleichviel, ob es sich dabei um Prozesse räumlicher und sozialer Mobilität, um den Themenkreis Emigration, Flucht und Verbannung, um Fragen des Kulturkontakts und Kulturkonflikts, um das Problem sozialen und kulturellen Wandels oder um die Analyse von Rollenkonflikten handelt.

Das Konzept ist ein exzellentes Beispiel für Parks Denkweise, die durch das Fortschreiten von Erfahrung zu Wissen gekennzeichnet ist. Wie bereits erwähnt, hatte Park beim Entwurf des Konzepts einen konkreten Typus vor Augen. In einer ersten Problemskizze faßt er seine provisorischen Überlegungen unter der Überschrift »The Marginal Man: a Study of the Mulatto Mind« zusammen. In einem 1931 veröffentlichten Aufsatz (»The Mentality of Racial Hybrids«) kommt Park auf das Mischlingsthema zurück, aber inzwischen bildet der Mischling nur noch einen Sonderfall des kulturellen Mischlings *(cultural hybrid)*, Prototyp einer Persönlichkeit, die zwischen den Kulturen steht.

Was zeichnet nun den marginal man aus? Allgemein handelt es sich dabei um einen Menschen, der sich am Rande bzw. im Grenzbereich zweier Kulturen befindet, der an zwei Kulturen teilhat, ohne einer wirklich anzugehören. In seinem Aufsatz »Human Migration And The Marginal Man« (1928) stellt Park die marginale Persönlichkeit als Produkt eines Kulturkontakts dar, der auf Mobilitätsprozesse räumlicher, sozialer und kultureller Art zurückzuführen ist, »... ein Mensch am Rande zweier Kulturen und zweier Gesellschaften, die einander nie völlig durchdrangen und nie völlig miteinander verschmolzen« (Park 1928, S. 892). Park bezieht sich hier zwar konkret auf die Gestalt des emanzipierten Juden, diese aber ist für ihn insofern prototypisch, als sich im emanzipierten Juden, »the first cosmopolite and citizen of the world«, der moderne Mensch ankündigt. Die marginale Persönlichkeit wird zur Schlüsselfigur des Kulturkontakts, weil dieser in sie hineinverlagert ist, ja, sie verkörpert ihn, bildet sie doch den Schmelztiegel, in dem die kulturellen Prozesse stattfinden. Das Leben in der Schwebe führt zunächst zu einer psychischen Krise, in der das Gefühl der Entwurzelung und Desorientierung dominiert. Aber die Verarbeitung dieser Krise eröffnet dem Randseiter eine Chance, die dem Verwurzelten nicht so leicht zufällt. »Unausweichlich«, schreibt Park apodiktisch, wird der Randseiter »das Individuum mit dem weiteren Horizont, dem schärferen Intellekt, dem unvoreingenommenen und rationalen Standpunkt« (Park 1961, S. xvii f.). Es ist bedenkenswert, daß Park diese Überlegung anhand des Philosophen George Santayana illustriert. Dessen Roman *The Last Puritan*, laut Santayana eine Philosophie in Form einer Fabel, versteht Park als verdeckte Autobiographie, deren Hauptgestalten Oliver und Mario symbolisch für die zwei Kulturen stehen, die der Autor in sich vereinigte und die seine Philosophie prägten.

Aufgrund seiner dualen Kultursituation verliert der Randseiter jene naive Selbstgewißheit, die den in seiner Kultur festverwurzelten, bodenständigen Typus auszeichnet; mangels entsprechender Kulturtechniken ist er zugleich nicht in der Lage, einfach in das neue kulturelle Milieu einzutauchen. Folglich ist er, wie Stagl bemerkt, »darauf verwiesen, über

kulturelle Unterschiede und kulturellen Wandel nachzudenken« (Stagl 1981, S. 67). In seiner Person vereinigt der Mensch in der Schwebe das Wissen und den Einblick des Eingeweihten mit der kritischen Attitüde des Außenstehenden, was ihn für die Rolle des Mittlers und Interpreten prädestiniert.
Mit gutem Recht kann man das marginal-man-Konzept als amerikanisches Konzept bezeichnen, reflektiert es doch die besondere soziokulturelle Situation in den Vereinigten Staaten, insbesondere im ersten Viertel dieses Jahrhunderts.[1] In gewisser Weise kann es als ein sozialpsychologisches Korrelat zur soziologischen Schmelztiegel-Metapher angesehen werden. In unserem Kontext ist jedoch ein weiterer Aspekt dieses Konzepts von Bedeutung, nämlich die wissenssoziologischen Implikationen, die es in sich birgt.

Mobilität räumlicher und sozialer Art schafft, Karl Mannheim (1958) zufolge, jene Distanz, die die Haltung des »uninteressierten Zuschauers« erst möglich macht. Simmel hat für diesen Sachverhalt die Kategorie des objektiven Menschen geprägt, der durch keinerlei Festgelegtheiten gebunden ist, »die ihm seine Aufnahme, sein Verständnis, seine Abwägung des Gegebenen präjudizieren könnten« (1983 [1908], S. 510). Diese Attitüde des Objektiven, die »ein besonderes Gebilde aus Ferne und Nähe, Gleichgültigkeit und Engagiertheit« ist (ebd.), findet sich in Reinkultur in der soziologischen Form des Fremden.
Simmels »Exkurs über den Fremden«, der für Levine »den frühesten und wohl publizistisch wirksamsten Einfluß auf die amerikanische Sozialforschung gehabt hat« (Levine u. a.

1 So wie das *marginal-man*-Konzept amerikanischen Zuschnitts ist, so reflektieren verwandte Begriffe wie *déclassé* und *déraciné* europäisch-französische Zustände. Stonequist war über den Umweg der französischen Begriffe, die er bei einem Studienaufenthalt in Paris kennengelernt hatte, auf das Parksche Konzept gestoßen. Als er Park sein Interesse am Thema des »déraciné« vortrug, antwortete dieser spontan: »Hier nennen wir solche Personen ›marginal men‹.« (Stonequist o. J., S. 3)

1981, S. 55), hat die Ausformulierung des marginal-man-Konzepts entscheidend mitgeprägt.[2] Der Randseiter kann als eine Sonderform des Fremden angesehen werden, als eine Person, »die alle Dinge ohne die Voreingenommenheit des Individuums sehen kann, das nur eine Sichtweise kennt, nämlich die seiner eigenen Kultur« (Bowdery 1951, S. 90). Diese Formulierung deutet aber bereits die Unterschiede in den beiden Konzepten an, auf die eine Reihe von Autoren, allen voran Levine (1977, 1981), hingewiesen haben.

Es ist nicht unwesentlich, daß Simmel die Form des Fremden an der Gestalt des Händlers exemplifiziert. Der Zirkulationsagent ist nicht nur deshalb der idealtypische Fremde, weil er der schlechthin Bewegliche ist, sondern auch deshalb, weil er der schlechthin Gleichgültige ist, dem alles gleich gilt. Levine meint in Simmels Fremden eine Metapher für Geld zu sehen (persönliche Mitteilung, 15. 5. 1987); zumindest ist in dieser Gestalt die Keimform des modernen Menschen enthalten, dessen Beziehungen durch Objektivierung, Rationalisierung und Versachlichung gekennzeichnet sind. Ausgangspunkt für Parks Überlegungen waren hingegen konkrete empirische Tatsachen, seine Erfahrungen mit ethnischen Minderheiten. Simmels Fremder ist, um die Differenzen in aller Schärfe zu skizzieren, objektiv, *weil* er frei ist, frei von Bindungen verwandtschaftlicher, lokaler und beruflicher Art, die ihm die Aufnahme und das Verständnis des Gegebenen präjudizieren würden. Im Unterschied zu Parks Randseiter sucht Simmels Fremder nicht die Mitgliedschaft in der neuen Gruppe, deren temporäre oder dauerhafte Verwehrung ja gerade den Typus des Randseiters konstituiert. Der Fremde bleibt auch in der Nähe distanziert; eben das macht ihn für die Rolle des »anonymous stranger« (Cressey), dem die überraschendsten Offenheiten und Bekenntnisse entgegengebracht werden, so geeignet.

2 Die erste amerikanische Übersetzung des Exkurses, erschienen im Park/Burgess-Reader, stammt von Park.

Die Objektivität des Randseiters, die sich in *multiplen* Sichtweisen niederschlägt, ist weder Resultat aus Gleichgültigkeit (im Sinne einer Position über den Parteien) noch aus einer kritischen Haltung an sich geboren, die ihn das scheinbar Selbstverständliche in Zweifel ziehen läßt. Der tiefere Grund für die Objektivität des Randseiters liegt vielmehr (und darin zeigt sich die Nähe von Parks marginal man zum »Fremden« von Schütz [1944]) in der Erkenntnis der Grenzen des »thinking as usual«. Er ist ein Fremdgewordener, der gerade aufgrund soziokultureller Entfremdung die Chance zur Klarsicht hat.

Parks marginal man ist also, ebenso wie Schütz' Fremder, dessen Idealtypus der Immigrant ist, aus der praktischen Erfahrung heraus, daß ihm sein kulturelles Muster, das ihm zum selbstverständlichen Bezugsrahmen geworden ist, nicht zum Verständnis der neuen Umgebung ausreicht, auf sich selbst zurückgeworfen. Es ist der Zwang der Situation, nicht die Freiheit, die ihn dazu führt, die quasi natürliche Weltsicht, die das jeweilige kulturelle Muster als Mittel zur Vereinfachung komplizierter Abläufe nahelegt, selbst in Frage zu stellen.

Das kulturelle Muster der Gruppe, der sich der Fremde im Sinne von Schütz annähert, ist für diesen »keineswegs selbstverständlich, sondern ein fragwürdiges Untersuchungsthema, kein Instrument, um Probleme zu lösen, sondern selbst eine problematische Situation, und zwar eine, die schwer zu bewältigen ist« (Schütz 1944, S. 506). Der an sich an Handlung interessierte Fremde ist deshalb ein momentan »uninteressierter Zuschauer«, weil er sich mangels Verfügung über die kulturellen Selbstverständlichkeiten der neuen Gruppe nicht in bequeme Binsenwahrheiten flüchten kann. Das auf sich selbst zurückgeworfene Individuum wird sich seiner selbst bewußt, d. h. es beginnt, sich selber mit anderen Augen zu sehen, seine Einstellungen und Gewohnheiten, seine kulturellen Prägungen und sein soziales Erbe. Diesen Aspekt hat Park immer wieder in Hinblick auf eine adäquate Einschätzung der Situation der Einwanderer und ihrer Eingliederung hervorgehoben: Erst der Pole in Amerika wird sich seiner selbst als Pole bewußt. Park sah darin ein notwendiges, krisenhaftes Durchgangsstadium, das durch kruden Voluntarismus in der Frage der Amerikanisierung nicht einfach zu umgehen ist. Der Rückzug in die kulturelle Nische, »Little Poland« ebensogut wie die »University in Exile«, die *New School für Social Research*, ist eine Möglichkeit der behutsamen Akklimatisierung an ein fremdes Kulturmilieu, mit dem ungeschützt konfrontiert zu sein ansonsten zur Desorientierung führen würde. Das Bewußtsein, das der Mensch in der Schwebe von sich selbst gewinnt, weist zugleich über jede Form traditioneller Bindungen hinaus: Was sich herausschält, ist Subjektivität, die um Differenzen weiß.

Wenn der existentiell Randständige aufgrund seiner objektiven Situation in einen Reflexionsprozeß hineingetrieben wird, der seinen geistigen Horizont über jene Bornierungen hinaustreibt, die dem Bodenständigen durch sein frageloses Hineinversetztsein in die Umstände auferlegt sind, dann drängt sich förmlich die erkenntnistheoretische Frage auf, ob es nicht so etwas wie einen experimentell Randständigen gibt.

Dennison Nash (1963) hat das Modell des Fremden auf den Ethnologen übertragen und in ihm eine Art professionellen Wandervogel gesehen. In der Tat scheint Fremdheit in diesem elementaren Sinne jeglicher Feldforschung vorausgesetzt, ganz ebenso wie der Feldforscher den Forschungsobjekten als generalisierter Fremder, etwa als »der Weiße«, erscheint. In einer Reflexion über teilnehmende Beobachtung schreibt Frankenberg, daß das, was alle Ethnologen, egal ob sie nun Feldforschung in der Südsee, in Afrika oder in den Fabriken von Manchester betreiben, gemeinsam haben, »die Erfahrung (sei), daß sie für irgend etwas von einem Jahr bis zu drei oder vier Jahren in eine kulturelle Umgebung eingetaucht seien, die sich von ihrer eigenen unterscheidet« (1982, S. 50). Auch wenn die Vorstellung, daß Feldforschung eine Reise voraussetzt, der Feldforscher also ein professioneller Wandervogel ist, angesichts von Untersuchungen in vertrauter Umgebung nicht mehr unangefochten ist, so wird doch an der *Perspektive* des Fremden festgehalten; heuristische Kunstgriffe wie »fremder Blick« und »artificial naiveté« verweisen auf die Notwendigkeit, das Gewohnte mit anderen Augen zu betrachten.

Das Festhalten an der Perspektive des Fremden hat seinen wesentlichen Grund darin, daß mit ihrer Aufgabe zugleich eine erkenntnistheoretische Prämisse aufgegeben würde, die Merton, Simmels Ausführungen referierend, folgendermaßen zusammenfaßt: »Es ist der Fremde, der das, was der Gruppe vertraut ist, grundlegend unvertraut findet und so dazu veranlaßt wird, Untersuchungsfragen aufzuwerfen, die von Insidern nicht so leicht vorgebracht worden wären.« (Merton 1972, S. 33)

Daß eine Beobachtung des Geschehens durch einen von außen Kommenden deshalb als sinnvoll erscheint, weil dieser im Kontrast zu seinen eigenen Erfahrungen das Besondere dessen wahrzunehmen vermag, was der unmittelbar Einbezogene als selbstverständlich und nicht der Rede wert hinnimmt, leuchtet unmittelbar ein. Strenggenommen aber ist eine solche Prämisse nichts anderes als eine Korrelation von sozialem Sein und Denkstil; es ist der objektive Status des Fremden selbst, der diese Sichtweise hervorbringt. Der teilnehmenden Beobachtung als Königsweg der Feldforschung ist das Fremdsein eingeschrieben; Teilnahme und Beobachtung können wir als die Einheit von Nähe und Distanz im Simmelschen Sinne begreifen. Die objektiv gegebene Fremdheit wird aber in der Methodologie der Feldforschung, nämlich im Distanz-Postulat, verdoppelt. Der objektiv gegebene Status als Fremder, der der Forschung vorausgesetzt ist, wird im Feld nochmals als kontrolliertes Rollenverhalten eingefordert. Mir scheint in der methodologischen Verdoppelung ein wissenschaftslegitimatorischer Überbau gegeben, der nicht nur den Forscher vor den angsterregenden Daten schützen

(Devereux 1976), sondern auch die ethnographische Erfahrung zu einer respektablen professionellen Rolle gerinnen lassen soll. Das Distanz-Postulat hat im Streit der Methoden um wissenschaftliche Anerkennung den Stellenwert, den im Experiment die Faktorenkontrolle einnimmt. Indem der Forscher Distanz hält, hält er sich als Faktor unter Kontrolle. Wie aber bereits in der nicht nur technisch, sondern auch metaphorisch aufzufassenden Wendung »sich unter Kontrolle halten« (ebenso wie »die Kontrolle über sich verlieren«) anklingt, geht es bei diesem Postulat um mehr. Verstanden als »Abstand«, den es zu wahren gilt, ist Distanz eine zivilisatorische Kategorie, die den rechten Umgang mit Menschen festschreibt. Distanz zu anderen halten können, heißt hier allererst, Distanz zu sich selber einzunehmen, um sich der Unterwerfung unter den Affekt zu entziehen; noch *in* der Situation *über* ihr zu stehen. Die Vehemenz, mit der vor dem »going native« gewarnt wird, ist aus der Sorge um die Einhaltung wissenschaftlicher Regeln allein nicht zu erklären; die Würde als Achtung gebietendes Verhalten steht auf dem Spiel.[3] »Going native« erscheint mithin als eine Variante des »Sich-gehen-Lassens« im zivilisatorischen Sinne, das von der scientific community mit einem scharfen Verweis geahndet wird. So gesehen wird aber auch die Zeitgebundenheit dieses Gebots deutlich: Das Verdikt des »going native« ist eine spätviktorianische Kategorie, die der ethnologischen Tätigkeit im Kontext des Kolonialsystems angepaßt wird. Heute wird bezeichnenderweise gefragt, ob es nicht zwei Arten des »going native« gibt, die traditionelle und die auf »dieser«, »unserer« Seite (Tedlock 1985, S. 66).

Zu Recht hat Stagl (1981) in bezug auf die Situation des Ethnographen die Rolle des »Fremden« von der des »marginal man« geschieden; »Fremder« ist der Ethnograph aufgrund seiner objektiven Situation, »marginal man« aufgrund des

3 Malinowskis Feldtagebuch ist angefüllt mit Beispielen des Ringens um persönliche Würde, die wenig mit der Frage wissenschaftlicher Objektivität zu tun haben.

Kulturkontakts. Daß nämlich der Feldforscher ein Fremder ist, der insofern Nähe und Distanz im Simmelschen Sinne in sich birgt, als er physisch nah und kulturell fern ist, folgt aus der *conditio sine qua non* ethnographischer Forschung. Der Forscher beginnt stets als ein Fremder, aber es ist das Ziel der Forschung, diese Fremdheit, und sei es in der Vorstellung, aufzuheben. Indem es dem Forscher darum geht, die Art und Weise zu rekonstruieren, in der die Menschen ihre eigene Welt interpretieren, muß er sich in die Gedankenwelt, in das »selbstgesponnene Bedeutungsgewebe« (Geertz) der Gruppe hineindenken, muß er von einem Außenseiter zu einem Randseiter werden.

Der Forscher im Feld ist folglich ein *experimenteller marginal man*, der wie der marginal man als Kulturtypus aufgrund der dualen Kultursituation, die hier zwar gewollt ist, der er sich aber dennoch (außer um den Preis des Scheiterns) nicht entziehen kann, die naive Selbstgewißheit verliert, die den in seiner Kultur fest verwurzelten Typus kennzeichnet. Es wäre daher grundfalsch, die kleinen Feldstudien in den Einführungskursen, auf denen Park bestand, ausschließlich als Vermittlung von Forschungstechniken zu verstehen; primäres Ziel des Einführungskurses war vielmehr, die Grundlagen soziologischen Denkens zu vermitteln. Ob nun in der (Auto-)Biographie existentiell Randständiger oder vermittels experimentellen Hineinversetzens in fremde Situationen, in beiden Fällen gilt es, die Grenzen des »thinking as usual« aufzuzeigen und zu durchbrechen. Das Insistieren darauf, ins Feld zu gehen, kommt daher nicht nur der klassischen doppelten Initiation des Feldforschers in die fremde Kultur und in die wissenschaftliche Gemeinschaft gleich, es zielt auch auf etwas, was als kontrollierte Selbstentfremdung bezeichnet werden kann. Erst wenn man die eigenen Selbstverständlichkeiten hinter sich läßt, erst wenn man das Denken und Handeln anderer gründlich kennenlernt, ist man überhaupt zum Erkennen – des Eigenen wie des Fremden – in der Lage.

Mit der Rolle des experimentell Randständigen ist der wissenssoziologische Gehalt des marginal-man-Konzeptes keineswegs erschöpft; zu fragen bleibt, inwieweit Marginalität mit Innovation einhergeht (vgl. Bargetzky 1981, S. 155 ff). Parks Behauptung, daß der Randseiter das Individuum mit dem weiteren Horizont, dem schärferen Intellekt und dem unvoreingenommenen Standpunkt sei, legt dies nahe, und der Verweis darauf, daß der Marginale an die Grenzen des »thinking as usual« stößt, macht die Suche nach innovativen Wegen und eine experimentelle Haltung geradezu zwingend. Die Kritik, daß der amerikanische Ansatz im Unterschied zu den Vorstellungen von Simmel und Schütz sich letztlich mit der Frage beschäftigt, wie wir »sie« (die Fremden, Immigranten) »uns« ähnlicher machen können (Harman 1988, S. 14), greift, was die Position von Park betrifft, entschieden zu kurz; letztlich handelt er unter dem Thema »marginal man« zwei Themen ab, nämlich Akkulturation *und* kulturellen Wandel. Gewiß ist Harman recht zu geben, daß Park ein widersprüchliches Bild vom Randseiter (»der leidet, aber besser dran ist«) zeichnet und inkonsistent argumentiert; der einfache polnische Immigrant ist schwerlich mit dem emanzipierten europäischen Juden unter ein Etikett zu bringen. Diese Inkonsistenz mag dazu beigetragen haben, daß Soziologen in der Nachfolge von Park das Konzept nur im Rahmen begrenzter empirischer Forschung akzeptiert haben, während das zentrale Anliegen von Park, die Rolle des Randseiters im Kulturprozeß, weitgehend unbeachtet blieb (Stonequist 1964, S. 344). Im Vordergrund der soziologischen Forschung stehen Bevölkerungsgruppen, die um einen Platz in der Gesellschaft ringen; bei aller empirischen Ausrichtung auf die Situation der Einwanderer ging es Park aber um mehr. Er sieht im Randseiter einen neuen Persönlichkeitstypus, der, entlassen aus den traditionellen Bindungen, zum Träger kulturellen Wandels, zur Verkörperung moderner Subjektivität wird (vgl. Makropolous 1988). Die Krisenerfahrung der marginalen Situation, die zur Auflösung der Gewohnheiten, des »cake of custom« (eine von Bagehot übernommene Lieblingswendung Parks) führt, hat eine befreiende Wirkung auf das Individuum, das die Hemmungen konventioneller Denkweisen zu überwinden vermag; »... eines der Ergebnisse ist, daß er (der Randseiter) mehr vom Leben, mehr vom Leben der menschlichen Natur sieht, tiefer in das Leben eintritt, einen weiteren Radius an Erfahrungen hat« (Vorlesungsmanuskript »The Marginal Man«, 4. 12. 1934; REPA 5:10).

Eine solche Konzeption des Randseiters hat, trifft sie zu, Konsequenzen für die Wissenschaftssoziologie. In der Wissenschaftsforschung ist von verschiedenen Autoren hervorgehoben worden, daß *bahnbrechende* Entdeckungen und Erfindungen von Außenseitern gemacht wurden, von Personen, die in einer marginalen Position zu den offiziellen Institutionen und Professionen mit ihren festgelegten Orientierungen und Problemstellungen standen. Ben-David (1960) spricht von »fundamentalen marginalen Erfindungen« und verweist auf die Anfänge von Bakteriologie und Psychoanalyse als Beispiele: Koch, Pasteur und Freud befanden sich zur Zeit ihrer Entdeckungen in einer marginalen Position zwischen Wissenschaft und Praxis. Ben-David bezeichnet Personen dieser Art als »role hybrids«, was an Parks »cultural hybrids« erinnert.

Randständigkeit ist auch und gerade im Bereich des Denkens über Randständigkeit im Spiel; es ist, so hat es den Anschein, allererst der Randständige, der über Marginalität, Fremdheit, Entwurzelung nachdenkt. Simmels Originalität ist für Coser unmittelbar mit dessen relativ isolierter Position an der Berliner Universität verbunden, eine Isolation, die sowohl aus den antisemitischen Ressentiments ihm gegenüber als auch aus seiner, zweifellos durch die Ressentiments verstärkten, unorthodoxen Arbeitsweise herrührt, wozu die literarische Brillanz seiner Abhandlungen und der Verzicht auf Belege, ein nicht geringes Sakrileg gegenüber den akademischen Regeln, gehören. Coser sieht in Simmel einen »Stranger in the Academy«, der wie der von ihm analysierte Fremde ein durch

Nähe wie Distanz gleichermaßen geprägtes Verhalten zur akademischen Welt entwickelt (Coser 1958, 1965).
Ähnliches, nämlich ein »marginal stranger in the American academy« zu sein, konstatiert Coser (1984) für Alfred Schütz, der seinen Aufsatz über den »Fremden« fünf Jahre nach seiner erzwungenen Emigration aus Österreich publiziert. Es ist gewiß nicht zufällig, daß es die Gestalt des Immigranten ist, die für Schütz das Beispiel par excellence für die Situation des Fremden ist, zufällig auch nicht, daß er sich bei der Analyse vor allem mit den Grenzen des »thinking as usual« in der neuen Umwelt auseinandersetzt.
Auch der Dritte im Bunde derer, die sich über Randständigkeit und Fremdheit äußern, der heute nahezu vergessene Ernst Grünfeld, scheint durch sein Lebensschicksal zum Nachdenken über Randständigkeit gedrängt worden zu sein. Seine Gestalt des Peripheren knüpft an Simmels Fremden an, »(a)ber es ist doch ein leichtes, sowohl in der Themenwahl als auch in einzelnen Äußerungen die existentiellen Voraussetzungen des Gesagten aufzuspüren« (König 1981, S. 120). Charakteristischerweise unterscheidet Grünfeld, ein aus Deutschland vertriebener Jude, Fremde und Ausgesonderte (Grünfeld 1939).
Diese beeindruckenden Beispiele einer lebensgeschichtlichen Verknüpfung von Person und Konzept werfen die Frage auf, inwieweit es sinnvoll und nicht bloß metaphorisch gemeint sein kann, Park als Randseiter zu bezeichnen, wie es Edgar Thompson vorgeschlagen hat. Hält man sich Parks Kurzbiographie vor Augen, dann fällt der Gebrauch von Begriffen auf, die auf eine mobile Existenz mit transitorischem Charakter verweisen. Die Kindheit, die in »vagabondierenden Bahnen« verläuft, die Charakterisierung seines Lebens in den 1890er Jahren als »intellektuelle Vagabondage«, der mehrfach vorgetragene Wunsch nach einer Tätigkeit, die zugleich romantisch und sinnvoll ist, all dies sind Verweise auf eine durch innere Unruhe angetriebene Suche nach existentiellen Möglichkeiten, die zugleich eine Abkehr von traditionellen Fest-

gelegtheiten ist. Parks Bemerkung, daß es für seine intellektuelle Neugier auf die Welt in der Tradition, in der er erzogen wurde, weder Rechtfertigung noch Erklärung gab, läßt ihn als Vertreter jener Zwischengeneration im kulturellen Wandlungsprozeß erscheinen, deren Erfahrungshunger antipuritanische Motive aufweist.

Parks Lebensweg ist, zumindest vom 20. bis zum 40. Lebensjahr, durch ein ständiges Pendeln zwischen der akademischen und der publizistischen Sphäre gekennzeichnet, wobei sich der Grenzgänger Park von beiden Sphären relativ enttäuscht zeigt. Ganz offensichtlich ist er auf der Suche nach einer Synthese, die den Wunsch nach Erfahrung mit dem Wunsch nach Erkenntnis versöhnt. Everett C. Hughes ist in seinen Notizen zur Park-Biographie nicht müde geworden, hervorzuheben, daß Park die »Dialektik des Reporters mit dem Philosophen« in sich vereinigte, die Neugier des einen mit der analytischen Schärfe des anderen verband. Wenn wir uns vor diesem Hintergrund die an der Gestalt des emanzipierten Juden entwickelte Definition des Randseiters als eine Person vor Augen halten, »die mit dem kulturellen Leben und den Traditionen zweier verschiedener Völker lebt und vertraut ist; weder willens, ganz mit seiner Vergangenheit und seinen Traditionen zu brechen, selbst wenn es ihm gestattet wäre, noch, aufgrund von Rassenvorurteil, vollständig in der neuen Gesellschaft akzeptiert, in der er nun einen Platz zu finden suchte« (Park 1928, S. 892), dann drängt sich der Eindruck auf, daß hier mehr ›gemeint‹ ist als die Situation des emanzipierten Juden. Journalismus und Philosophie können wir mit Recht als zwei Kulturen mit distinkten Traditionen, Regelsystemen und Sprachen bezeichnen, die unterschiedliche Zugangsweisen zur und Interpretationsweisen von Lebenswirklichkeit repräsentieren. Konkretisieren wir die »zwei verschiedenen Völker« der Definition als das der Journalisten einerseits und das der Philosophen andererseits, übersetzen wir das »Rassenvorurteil« als fachspezifische Voreingenommenheit, dann läßt sich der Text auch als eine unterschwellige Botschaft eines

Grenzgängers zwischen Journalismus und Philosophie lesen. Daß eine solche auf ›Disziplin‹-Konstellationen ausgeweitete Bedeutung des marginal-man-Theorems durchaus von Park geteilt wird, zeigt seine Charakterisierung William Lloyd Warners als »marginal man« zwischen Anthropologie und Soziologie.

»Kann es nicht sein«, fragt Hughes in seinem »Essay on the Marginal Man«, »daß es in der geregeltsten Gesellschaft Menschen gibt, die gegen die Rollen protestieren, die ihnen zugeschrieben werden; Menschen gar, die eine Rolle spielen wollen, für die es keinen Präzedenzfall oder festgelegten Ort in der Kultur gibt?« (Hughes 1949, S. 65) Park, in seiner inneren Unruhe, mit seinen Selbstzweifeln und seinem Wunsch nach einer zugleich romantischen und sinnvollen Tätigkeit, weist Züge einer solchen Person auf, die sich auf der Suche befindet. Sie mündet in der von ihm vertretenen Soziologie, die eine Synthese zweier für unvereinbar gehaltener Traditionen und Perspektiven bildet, eine Synthese, die die amerikanische Soziologie sui generis hervorbringt:

»Park combined philosophical and theoretical interest with what some are inclined to derogate as journalistic interest. It has been a peculiar cachet of American sociology to combine curiosity about what is going on in the world, with a more theoretical interest. Park, more than any one before or during his time, brought these two interests together.« (E. C. Hughes; REPA 9:8)

2. *Der Wunsch nach Erfahrung*

»The wish for new experience is found equally in the vagabond and the scientific explorer.«

William Isaac Thomas

Die Anmerkung von Stagl, daß man »eine gewisse Unstetheit, einen Drang nach räumlicher Veränderung ... in der Biographie vieler Ethnographen (findet)« (1981, S. 86), deutet auf psychische Dispositionen der Forscherpersönlichkeit hin. Bekannt ist das Beispiel von Levi-Strauss, der sich einen unsteten, »neolithischen Verstand« zuschrieb: »Gleich einem Buschfeuer setzt er zuweilen unerforschte Gebiete in Brand, die er vielleicht befruchtet, um hastig ein paar Ernten einzuholen, und läßt ein verödetes Land hinter sich.« (Levi-Strauss 1978, S. 46) Diese Eigentümlichkeit des Denkens erinnert an Thomas' »Wunsch nach neuer Erfahrung«, dem er in seiner Abhandlung über die Person und ihre Wünsche, die letztlich eine Abhandlung über die inneren Antriebskräfte sozialen Wandels ist, einen prominenten Platz einräumt.

Konzeptionell bleibt unentschieden, was »Wünsche« im Sinne von Thomas sind. Im Verlauf der verschiedenen Ausformulierungen schwankt er in ihrer Bestimmung zwischen Handlungsimpulsen, Motiven und wertorientierten Einstellungen.[4] Obwohl die Theorie der Wünsche durch die instinktpsychologische Diskussion angeregt ist, ist sie nicht mit einer Instinkttheorie gleichzusetzen. Thomas' »Wünsche« haben im Kontext seiner Persönlichkeitstheorie den Stellenwert von Variablen, die zwischen der organischen Natur und den sozialen Einflüssen vermitteln bzw. das Produkt der Vermittlung von organischer Natur und sozialen Einflüssen sind. Thomas' Persönlichkeitstheorie ist im wahrsten Sinne dyna-

4 Die erste Fassung findet sich in dem Aufsatz »The persistence of primary-group norms in present-day society and their influence in the educational system« (1917), die letzte Fassung in »The Unadjusted Girl« (1925).

misch; für sie sind Begriffe kennzeichnend, die Aktivität, Entwicklung, Wandel betonen. Das Konzept der Wünsche ist in diesem Kontext deshalb von entscheidender Bedeutung, weil es sich gewissermaßen auf die Triebkraft der personalen und sozialen Entwicklung bezieht: Die Wünsche sind die »zur Handlung drängenden Kräfte«.

Thomas reduziert die Vielfalt konkreter Formen, die die menschlichen Wünsche annehmen können, auf vier Grundformen, die in den verschiedenen Ausformulierungen bis auf eine gleich bleiben: der Wunsch nach neuer Erfahrung; der Wunsch nach Sicherheit; der Wunsch nach Erwiderung (in der ersten Fassung: nach Meisterung); der Wunsch nach Anerkennung. Die jeweilige Konstellation, in der die Wünsche zueinander stehen, bringt bestimmte Persönlichkeitstypen hervor, deren fundamentale, vor allem durch die spezifische Gewichtung der beiden ersten Wünsche bestimmte Gestalten der *Spießer*, der *Bohemien* und der *schöpferische Mensch* sind.

Der Spießer, bei dem der Wunsch nach Sicherheit dominiert, paßt seine Handlungen ganz den vorherrschenden Definitionen und Normen an. Er ist eine beschränkte, selbstzufriedene Person, deren reflexive Haltungen eine derartige Starrheit aufweisen, daß die einzige Entwicklungsmöglichkeit in den allmählichen Veränderungen besteht, die das Altern bewirkt. Den Gegentyp zum Spießer bildet der Bohemien. Bei ihm dominiert der Wunsch nach neuer Erfahrung, der aber selten produktiv wird, weil der Bohemien Nonkonformist aus Prinzip ist. Statt den Prozeß der Normerschütterung produktiv zu wenden und in ein Werk von sozialer Bedeutung umzusetzen, wird bei ihm die rebellische Geste zum Selbstzweck. Der schöpferische Mensch stellt eine positive Synthese beider dar. Sein Charakter ist geschlossen und organisiert, schließt aber zugleich die Möglichkeit der Veränderung und die Notwendigkeit der Entwicklung mit ein.

Das Problem mit der Persönlichkeitstypologie von Thomas besteht aus heutiger Sicht darin, daß man ihr in der gegenständlichen Formulierung die Zeitgebundenheit ansieht. Um 1917 formuliert, liegt es nahe, daß Thomas die Greenwich-Village-Boheme, das Zentrum der Vorkriegsrevolte gegen den Neo-Puritanismus – das Spießertum – und ihr letztliches Scheitern in der Selbstzweckhaftigkeit nonkonformen Verhaltens, zum Ausgangspunkt seiner Überlegungen genommen hat. Dabei hat die in These-Antithese-Synthese gedachte Persönlichkeitstheorie durchaus soziologische Karriere gemacht. Kluckhohn/Murrays Unterscheidung von »untersozialisiertem« (Bohemien), »übersozialisiertem« (Spießer) und »richtig sozialisiertem Typ« (schöpferische Persönlichkeit) folgt ganz dem Thomasschen Modell, und noch Riesmans Unterscheidung in »Angepaßter«, »Anomaler« und »Autonomer« steht in dieser Tradition (Kluckhohn/Murray 1948; Riesman u. a. 1958).

Spießer, Bohemien und schöpferischer Mensch sind Idealtypen. Thomas betont, daß keine dieser Formen jemals von einer Person in allen ihren Betätigungen absolut rein verwirklicht wird; sie stellen vielmehr ideale Grenzen der persönlichen Entwicklung dar.

Mannheim hat in dieser Unterscheidung der Persönlichkeitstypen eine Parallele zu seinen Überlegungen über bodenständige und mobile Elemente innerhalb der Intelligenz gesehen (Mannheim 1958, S. 67, Anm. 1). Ganz offensichtlich entspricht der schöpferische Mensch dem mobilen Typ bei Mannheim, mit dem Unterschied freilich, daß sich letzterer aufgrund von wechselnden Umweltverhältnissen zur Reflexion genötigt sieht, während die reflexiven Haltungen des ersteren eine Neigung zur Veränderung aufweisen. Dieser Unterschied hängt selbstverständlich mit der Unterstellung eines Wunsches nach neuer Erfahrung zusammen, ein Wunsch, der bei Thomas Priorität genießt.

Der Wunsch nach neuer Erfahrung

»is seen in simple forms in the prowling and meddling activities of the child, and the love of adventure and travel in the boy and the man. It ranges in moral quality from the pursuit of game and the pursuit of pleasure to the pursuit of knowledge and the pursuit of ideals. It is found equally in the vagabond and the scientific explorer ... In its pure form the desire for new experience implies motion, change, danger, instability, social irresponsibility. The individual dominated by it shows a tendency to disregard prevailing standards and group interests. He may be a complete failure, on account of his instability; or a conspicious success, if he converts his experience into social values – puts them in the form of a poem, makes of them a contribution to science etc.« (Thomas in: Park/Burgess, a.a.O., S. 489)

In der beschriebenen reinen Form enthält der Wunsch nach neuer Erfahrung alle Elemente des neolithischen Verstandes im Sinne von Lévi-Strauss, der, paradox genug, Kennzeichen der Moderne ist: Bewegung (»Ich tauge nicht dazu, sittsam ein Feld zu bestellen, dessen Ernte ich Jahr für Jahr einholen müßte«), Veränderung (»unerforschte Gebiete«), Instabilität (»Hast«) und soziale Verantwortungslosigkeit (»ein verödetes Land hinter sich lassen«). Der Imperativ des Wandels, die »morale canonique du changement«, die die Moderne kennzeichnet (Gumbrecht 1975), scheint hier in den Erfahrungsmodus selbst hineinverlagert, als Drang nach neuen Erlebnissen, die, als reflektierte, neue Erfahrung gewinnen lassen. Dieser Drang äußert sich elementar in der Abenteuerlust, sublimiert und produktiv in der ethnographischen Forschung (Thomas 1965, S. 227). Ein solches epistemologisches Modell, das die contemplatio der vita activa einverleibt, setzt eine bestimmte Vorstellung von den zugrundeliegenden Denkschemata voraus. Am Beispiel der Tierexperimente von Watson gelangt Thomas zu der Hypothese, daß der gesamte physische Mechanismus des Tieres an die Bewegung, die Jagd, angepaßt sei (Thomas 1965, S. 153). Daraus folgert er, daß das geistige Schema im wesentlichen das der Jagd oder Verfolgung sei:

»Wenn man unvermittelt von der Ratte zum schöpferischen Menschen übergeht, dann ist man erstaunt, in der Geschichte einer praktischen Erfindung oder einer wissenschaftlichen Entdeckung eine große Ähnlichkeit zwischen der Aktivität des Menschen angesichts seines Problems und derjenigen der Ratte vor ihrer Kiste oder in ihrem Labyrinth festzustellen. Ich habe es mir deshalb angewöhnt, darauf hinzuweisen, daß die wissenschaftlichen An-

> strengungen genau dem Jagdschema entsprechen. Die Intensität des Interesses auf seiten des Entdeckers oder Wissenschaftlers, seine zufälligen und spannungsreichen Bewegungen, die Verfolgung einer jeden Spur, die Abwendung von falschen Spuren, seine Freude, wenn er zum Ergebnis gelangt ist, all das erinnert uns an das Tier in Verfolgung und Überwindung seiner Beute.« (a. a. O., S. 153 f.)

Was hier auf den ersten Blick auffällt, sind die starken Parallelen zu Ginzburgs Paradigma der »Spurensicherung«. Ginzburg argumentiert, daß sich gegen Ende des 19. Jhs. in den Humanwissenschaften ein neues epistemologisches Modell durchsetzt (je nach Kontext als Jäger-, Wahrsage-, Indizien- oder semiotisches Paradigma bezeichnet), dessen Wurzeln weit zurückreichen. Hinter dem Indizienparadigma »erahnt« Ginzburg »den vielleicht ältesten Gestus in der Geschichte des menschlichen Intellekts: den des Jägers, der im Schlamm hockend die Spuren der Beute untersucht« (Ginzburg 1983, S. 72). Dieses »Jägerparadigma« entspricht – bis in die anthropologische Komponente hinein – Thomas' »geistigem Schema der Jagd«. Ähnlich wie Ginzburg dieses Modell am Beispiel des Vorgehens des Kunsthistorikers Morelli, des Detektivs Sherlock Holmes und der Psychoanalyse Freuds erläutert, verweist Thomas auf Pasteurs detektivisch anmutende Suche nach der »verschwundenen« Traubensäure,[5] ein Beispiel, das ohne weiteres auch von Ginzburg hätte angeführt werden können (Thomas, a. a. O., S. 154 f.).
Ginzburg betont, daß die Gruppe von Wissenschaften, die als Indizienwissenschaften bezeichnet werden, »in einem hohen Grad qualitative Wissenschaften (sind), die *das Individuelle* an Fällen, Situationen und Dokumenten zum Gegenstand haben« (Ginzburg, a. a. O., S. 73). Mit der biographischen bzw. dokumentarischen Methode, der Nutzung von Lebensgeschichten, Tagebüchern, Briefen usw., überträgt Thomas die-

5 Sein kriminalistisches Pendant (und Vorbild?) hat Pasteurs Untersuchung in der Toxikologie, die reich an Beispielen der Suche nach verschwundenen Substanzen ist. Eine reichhaltige Quelle stellt in dieser Hinsicht Uwe Nettelbecks Sittengeschichte des Erkennungsdienstes (1979) dar.

ses epistemologische Modell auf die Soziologie und macht sie im Sinne von Ginzburg zu einer Indizienwissenschaft, die die Erklärung dafür herbeibringen soll, warum verschiedene Menschen auf eine gegebene Situation unterschiedlich reagieren.

In diesem Zusammenhang sind die Anekdoten darüber, wie Thomas biographisches Material als soziologische Quelle entdeckte, deshalb von großem Interesse, weil sie selbst noch dem Muster der Indizienwissenschaft folgen, d. h. so erzählt sind, daß sie selbst noch Indizien für die Indizienwissenschaft bilden. In der für L. L. Bernard verfaßten kurzen Lebensbeschreibung führt Thomas den Ursprung seines Interesses am Dokument

»auf einen langen Brief zurück, den ich eines regnerischen (!) Tages auf dem Weg hinter meinem Haus aufsammelte; es war der Brief eines Mädchens, das an einem Ausbildungskurs in einem Krankenhaus teilnahm; er richtete sich an ihren Vater und drehte sich um die familiären Beziehungen und Mißstimmigkeiten. Mir schien es damals, als könnte man eine Menge lernen, wenn man im Besitz einer Reihe solcher Briefe wäre« (Baker 1981, S. 254f.).

In einer Variante dieser Anekdote heißt es, daß sich Thomas eines Morgens, »um das Jahr 1910 herum« (!), vor Abfall duckte, der auf einen Weg in Chicagos West Side geworfen wurde, und ihm dabei ein Bündel Briefe vor die Füße fiel: »In der Reihenfolge, die die Briefe präsentierten, sah er einen reichen und einträglichen Bericht, und bald wurde er dazu gebracht, das persönliche Dokument als Forschungswerkzeug zu nutzen.« (Bennett, a. a. O., S. 123)

Es ist relativ gleichgültig, welche Fassung stimmt oder zumindest der Wahrheit nahekommt, gut erzählt sind jedenfalls beide.[6] In ihrer Detailtreue (»on a rainy day«) verdeutlichen sie das schicksalhaft anmutende Zufallsprinzip großer Entdeckungen, ein Zufall, der jedoch nur jenem ›zufällt‹, der um dieses Prinzip weiß. So gesehen gehört die »alley« zu den

6 »Thomas was a great raconteur. He loved telling stories about himself as well as about others. He didn't tell them always in the same way.« (Brief von E. C. Hughes an Bennett, Bennett, a. a. O., S. 123)

Der Comic-Strip (aus dem Jahre 1925) stammt aus den Robert Park-Papers. Der handschriftliche Text lautet: »I love this, but incinerators will spoil it all, won't they? Show it to Pop [= Park] as part of the ›City‹« [= der Grundsatz-aufsatz von Park].

Ein sehr schönes Beispiel für das Serendipitätsprinzip (und den Sinn für abwegige ›Quellen‹).

Briefen wie der Weinstein zur Traubensäure bei Pasteur.[7] Die *back alley*, die als Ort der Datengenerierung als ebenso abwegig und unkonventionell (*out-of-the-way* im doppelten Wortsinne) erscheint wie der Soziologe, der sich dort herumtreibt, wird (ebenso wie der Abfalleimer, der über dem Kopf des Soziologen geleert wird) zur Metapher einer methodisch abweichenden Soziologie, die sich mit abweichenden Phänomenen befaßt. Beiden Fassungen liegt die von Merton beschriebene *serendipity*-Komponente der Forschung zugrunde, d. h. die Entdeckung – »by chance or sagacity« – von Daten, nach denen gar nicht gesucht wurde (Merton 1968, S. 157ff.).[8] Das *serendipity*-Muster gehört zu den unwägbaren Elementen, die in allen Indizienwissenschaften eine Rolle spielen: Hellhörig-, Scharfsichtig- und Feinfühligkeit verbunden mit einem untrüglichen, fast instinktiven Gefühl für den günstigen Augenblick (vgl. König 1986). Dabei ist wichtig zu betonen, daß ein Befund nach dem serendipity-Muster nicht willkürlich herbeigeführt, Serendipität nicht gewollt werden kann. Es ist, wie es Miller (1986, S. 139) ausdrückt, »die Aufmerksamkeit für den Augenblick«, der Serendipität ausmacht und die uns in den Anekdoten von und um Thomas so eindrucksvoll vor Augen geführt wird.

Hellhörig machen sollte uns überdies die Koinzidenz zwischen wissenschaftlicher Vorgehensweise (»Zufallsentdekkungen«) und wissenschaftlichem Theorem (»Wunsch nach neuer Erfahrung«), wobei der Wunsch als Voraussetzung für das Vorgehen erscheint. Thomas' Behauptung nämlich, daß

7 Von Pasteur stammt auch der Satz: »Dans le champ de l'observation, le hasard ne favorise que les esprits préparés« (zit. n. W. B. Cannon o. J., S. 79).

8 Horace Walpole hat den Begriff »serendipity« in Anlehnung an das Märchen von den »Drei Prinzen von Serendipp« in einem Brief an Horace Mann vom 28. 1. 1754 geprägt. Merton, der erstmals 1945 auf diesen Begriff einging (wobei, Zufall oder nicht, im selben Jahr der Physiologe Walter B. Cannon in einer Abhandlung über »The Way of an Investigator« den Begriff zur Beschreibung von Zufallsentdeckungen nutzt), hat wesentlich zu dessen Verbreitung in den Sozialwissenschaften beigetragen.

der Wunsch nach neuer Erfahrung »unternehmerische« (und das heißt: mobile und abenteuernde) Züge trägt, findet seine Entsprechung in Cannons Ausführungen zur Serendipität, in denen er betont, daß eine »nicht unternehmende (und das heißt: bodenständige, R. L.) Intelligenz« vollkommene Sicherheit in herkömmlichen Meinungen findet: »Für Menschen, die nach der Schablone leben, gibt es keine Abenteuer in der Welt der Ideen.« (Cannon, a.a.O., S. 81)
Norbert Miller hat in seinen Ausführungen das Serendipitätsmuster als ein mixtum compositum der Kunst des Spurenlesens, wie sie Detektiv und Scout beherrschen, und der Einstellung des morgenländischen Kalifen beschrieben, der sich in das nächtliche Labyrinth fremder Schicksale, fremder Straßen und fremder Abenteuer begibt (Miller 1986, S. 137f.). Auf den Soziologen Thomas trifft beides zu: Aus dem Abfall – dem unbrauchbaren Rest – liest er jene Spur heraus, die ihm – methodische Innovation einer sich der inneren Welt zuwendenden empirischen Soziologie – Einblick in das Labyrinth fremder Schicksale gewährt.

Thomas war alles andere als der gesetzte und reservierte Professor, der zu seiner Zeit das Bild der Alma mater beherrschte. Sein Lebensstil bot im Gegenteil für einige der »bien pensants« einen Stein des Anstoßes (Coser 1977). Beschrieben wird Thomas als Bonvivant, distinguiert gekleidet und mit einem großen Gusto für Essen und Trinken, der Gesellschaft und Konversation schätzte, wobei er sich als »fantastic gossip and a great raconteur« erwies (E.C. Hughes; REPA 6:3). Eine besonders aufschlußreiche Beschreibung stammt von Hutchins Hapgood, der über Robert Morss Lovett mit Thomas bekannt war:

»Thomas is a scientist, a sociologist well-known among the interested; he held a position as Professor of Sociology for many years at Chicago, but his impulse to dig deep into sociological groups of people naturally separated him from the academic life, and for years he has made his living by being employed to make investigations in this country and in Europe, ascertaining the manner of living in large groups, approaching the work with no prejudice ... In his little apartment in New York, he did his own washing, much of his own cooking, and, during Prohibition at any rate, made his own drinks; as a pastime he invented what he thought was a new type of golf-ball, but I don't think he was ever able to put it on the market. In fact, he was just as clear as any workingman of personal relations with capitalistic graft; for, in fact, he is a workingman; also a man of extraordinary life-desire, a sense of sex and of mental amusement in the midst of moderate drink. During Prohibition days, many a time Lovett and I dined at his apartment. At these parties Will (Thomas) would do the cooking, and he cooked beautifully, concoct the drinks, and genially analyze the human animal, temperamentally and sociologically. As I have had frequent opportunity to observe, the scholar may have a permeating geniality peculiarly marked. Then Lovett would often take us to one of his delightful speak-easies, run by some Italian; or we would go to see dear old Luke O'Connor.«[9] (Hapgood 1939, S. 542)

Ein Wissenschaftler, der in der Prohibitionszeit *speak-easies* aufsucht, der in der ›Gesellschaft‹ ebenso zu Hause ist wie in der ›demi-monde‹, auf wissenschaftlichen Tagungen wie in literarischen Zirkeln, ist gewiß schillernd genug, um auf seiten der gesetzteren Bewohner des *faculty club*, so beschreibt es Coser, Animositäten hervorzurufen. Er ist aber auch die Art von Person, die persönliche Erfahrung und persönliche Dokumente zu schätzen weiß und eine Persönlichkeitstheorie entwirft, die um drei idealtypische Gestalten kreist: den Spießer, den Bohemien und den schöpferischen Menschen. Allein Thomas' Aussage, daß sowohl beim Vagabunden, Abenteurer und Unsteten wie beim Erfinder und Wissenschaftler der Wunsch nach neuer Erfahrung überwiegt, muß für die »bien pensants« ein Stein des Anstoßes gewesen sein, beinhaltet sie doch, gegen den Strich gelesen, daß in jedem Wissenschaftler, dem empirischen zumal, etwas von einem Vagabunden, Abenteurer und Unsteten steckt. Für Thomas ist der Wissenschaftler in der Tat eine ungehörige Person, ja, er muß es sein, ist doch seiner Ansicht nach das hohe Kulturniveau der westlichen Welt auf die Tendenz zurückzuführen, Normen zu er-

9 Luke O'Connor war ein bekannter Boheme-Wirt von Greenwich Village, dessen Kneipe scherzhaft »Working Girl's Club« genannt wurde.

schüttern. Was den Wissenschaftler vom Vagabunden unterscheidet, ist nicht der Wunsch an sich, nicht einmal dessen Stärke, sondern die Fähigkeit zur Sublimierung dieses Wunsches, wie sie im schöpferischen Menschen, ob nun Dichter oder Wissenschaftler, zutage tritt; »a Thomistic autobiographical distinction surely«, kommentiert Bennett trocken (a.a.O., S. 139).

»Im ganzen und im Hinblick auf meine soziologische Geschichte«, formuliert Thomas sein soziologisches Credo, »meine ich, daß mein primäres Interesse neuen, ganz konkreten Erfahrungen gehört hat.« (Baker, a.a.O., S. 255) Die Übereinstimmung mit Äußerungen von Park ist frappierend. In seiner Lebensbeschreibung hebt er hervor, daß ihm Bücher zwar beim Denken geholfen haben, »aber das meiste an den Lebensaspekten, die mich interessieren, meiner persönlichen Erfahrung entstammt« (Baker, a.a.O., S. 258). Dem Thomasschen Wunsch nach neuer Erfahrung korrespondiert bei Park das romantische Interesse am Leben, das sich, so Park, unweigerlich am Fremden, Entfernten und Ungewohnten orientiert (Park 1950 [1934], S. 134). Der soziologische Forscher erscheint in diesem Kontext als ein sozialer Typus, der das romantische Interesse am Leben zu seinem Beruf macht.

Gouldner sieht im romantischen Standpunkt insofern einen emanzipatorischen Standpunkt, als sich in ihm der Widerstand gegen das historisch Überholte, gegen unnötige Regeln und Beschränkungen ausdrückt: »Er (der romantische Standpunkt) bietet den Ansatzpunkt für den großen Durchbruch zu einer Modernität der sensiblen *Subjekt*erfahrung, die im Gegensatz zu dem *objektivistischen* Modernitätsbegriff der Aufklärung steht...« (Gouldner 1984, S. 175) Eben dies macht den grundlegenden Unterschied zwischen Simmels »Fremdem« und Parks »Randseiter« aus: Der Randseiter ist aus der Erfahrung von Subjektivität heraus objektiv, nicht aus bloßer Vernunftbegabtheit und Sachlichkeit.

In seinem Essay über »Tiefenstrukturen in den Sozialwissenschaften« hat Gouldner klassisches und romantisches Denken in den Sozialwissenschaften unterschieden. Während klassisches Denken die Allgemeingültigkeit von Maßstäben, Normen und Werten betont, hebt romantisches Denken die Relativität von Maßstäben, Normen und Werten hervor; so gesehen ist dem romantischen Denken die Tendenz, Normen zu erschüttern, inhärent. Obwohl für ihn das romantische Denken in der Kulturanthropologie, das klassische Denken in der Soziologie disziplinäre Gestalt annimmt, finden sich seiner Meinung nach romantische Gedanken am unverfälschtesten in der Chicago-Schule der Soziologie:

»Die(se) Einstellung der Chicagoer Soziologen repräsentiert eine naturalistische Spielart des romantischen Denkens. Man zieht das Entlegene, den Extremfall dem Üblichen oder Durchschnittlichen vor; man bevorzugt die assoziationsträchtige ethnographische Einzelheit gegenüber leidenschaftslosen und langweiligen Taxonomien; eine die Sinne ansprechende Analyse gegenüber den trockenen formalen Untersuchungstechniken; eine ungezwungene, naturalistische Beobachtung gegenüber standardisierten Fragebögen und streng durchgeführten Laborexperimenten; den Standpunkt des gewitzten Außenseiters gegenüber der langweiligen Perspektive des mit dem Strom schwimmenden Durchschnittsmenschen. Im Stil der Romantiker des neunzehnten Jahrhunderts könnte man zusammenfassend sagen, sie bevorzugen den Standort des Bohemiens gegenüber dem des Spießbürgers.« (Gouldner 1984, S. 192)

Gouldner führt diesen Tatbestand darauf zurück, daß die Begründer der Chicago-Schule der deutschen Tradition am engsten verbunden waren. Aber es gibt gewichtige, aus der eigenen kulturellen Tradition erwachsende Gründe, die der Herausbildung einer romantischen Einstellung als Protestmotiv förderlich waren.

Von besonderer Bedeutung ist in diesem Kontext, daß Vielfalt in der romantischen Vorstellung an sich von Wert ist; die romantische Einstellung ist in ihrem Wesen pluralistisch. Das lenkt nicht nur die Aufmerksamkeit auf bislang vernachlässigte Bereiche des sozialen Lebens und führt damit gewissermaßen eine ›Demokratisierung‹ des Datenbegriffs herbei. In dieser Einstellung ist implizit eine Kritik an der konventionellen Weltsicht enthalten, die die Realität in ›vornehme‹ und

›vorbildliche‹ und davon abweichende, ›niedere‹, Bereiche scheidet, die der Vernachlässigung, allenfalls aber der moralischen Bewertung überlassen werden können (Gouldner 1984, S. 197). Was letztlich kritisiert wird, ist die Beschneidung von Erfahrung. Als Ahne des romantischen Interesses an menschlicher Vielfalt, dem zugleich ein demokratischer Impetus zugrunde liegt, gilt Walt Whitman, der für George Santayana der einzige amerikanische Dichter des neunzehnten Jahrhunderts ist, der sich von der gentilen Tradition vollkommen gelöst hat. Für die junge Generation des ausgehenden 19. Jhs., die gegen die moralische und kulturelle Enge aufbegehrt, wird Whitman zur Leitfigur des kulturellen Dissens; sich im Ausgang des Jahrhunderts zu Whitman zu bekennen, heißt, sich als kultureller Dissident zu erkennen geben.

Auch Park bekennt sich in dieser Zeit zu Whitman. In einer Rede, betitelt »Walt Whitman«, die er 1930 vor dem »Chicago Branch of the Walt Whitman Fellowship« gehalten hat, legt er seine Begeisterung für Whitman offen, die vor allem von der Hoffnung auf einen Bruch mit der Tradition getragen wird:

»My remarks are likely to assume something of the character of a confession ... As a young man I was thrilled by the note of insurgency in the ›Song of Myself‹ and in ›The Children of Adam‹. I looked forward with confidence when thought and literature in America should be free, untrammeled by the traditional forms and the inherited conventions ... As a matter of fact, when I was young – and when I first began to read Whitman, though I was rebellious – I was what the Quackers call a seeker – I had not found my vocation. I was unsettled, unmarried, and without a program. In *Leaves of Grass* I encountered a new type of man; a man who had broken with tradition but had found, nevertheless, a new vocation and a new faith ... When I first encountered Whitman I was, as I have said, disturbed and unsettled, but I had my moments of ecstasy also. I was a newspaper man then, as Whitman had been. A newspaper man, more than most people, I suspect, knows, and feels, and is thrilled by the vast, anonymous and impersonal life of the city. Walking on upper Broadway or down to the Battery on a bright afternoon, or watching the oncoming and outgoing human tide as it poured morning and evening over Brooklyn Bridge, was always for me an enthralling spectacle. I remember writing, not a poem, but an article for the Sunday paper, on that theme. It was for that reason, no doubt, that I began to read with a certain amount of enthusiasm Whitman's musings on the city's surging life. Crossing Brooklyn Ferry, you remember, inspired Whitman to reflections upon life and death and I felt, as he did, that there was something inspiring, majestic – in the spectacle of the manifold and multitudinous life of the city.« (Freedman 1970, S. 103)

Parks Enthusiasmus für Whitman ist charakteristisch für viele junge Intellektuelle seiner Generation, die, »suchend etwas noch Ungefundenes« (Whitman), mit der Tradition gebrochen haben. Für sie wird die Metropole zu einem Erfahrungsraum, der alle Provinzialität, alle Enge hinter sich läßt, dem Heterogenität der Anschauungen, Lebensweisen und Kulturen innewohnt, der Subjektivität und Subjekterfahrung zuläßt.

In ihrem Kommentar zur Whitman-Rede führt Florence Freedman aus, daß Park in Whitmans Gedichten einen künstlerischen Ausdruck seines eigenen Interesses an der Vielfalt der Menschen, ihren Interaktionsformen und ihrem Leben in den großen Städten fand: »Like Whitman, he continued in his later work to have the journalist's eye for the present, for the event, while probing and expressing its deeper significance through philosophy and sociology as Whitman did through poetry.« (Freedman, a. a. O., S. 99)

Whitman und Park scheinen in geradezu idealtypischer Weise dem vom Wunsch nach neuer Erfahrung bestimmten Menschentyp zu entsprechen, der deshalb erfolgreich ist, weil es ihm gelingt, seine Erfahrungen in soziale Werte umzusetzen, in die Form eines Gedichts oder als Beitrag zur Wissenschaft. »Freedom to loaf, to look and see; that is enough« – kein Satz aus Parks Rede scheint mir bezeichnender zur Charakterisierung des intellektuellen Vagabunden und Grenzgängers Park zu sein als dieser. In seiner Lebensbeschreibung erwähnt Park, daß er im Anschluß an sein Studium bei Dewey (und unter dessen Einfluß) einen Lebensplan entwarf, der nur die Betrachtung und Erkenntnis der Welt ohne jede praktische Absicht zum Ziel hat: »My program was to see and to know what we call ›Life‹.« (Baker 1973, S. 253f.)

Kapitel V
»To see life«. Die kulturelle Unterströmung

1. »To see life«

> »The newspaper is, like art to the artist, less a career than a form of excitement and a way of life.«
>
> *Robert Ezra Park*

»To see and to know ›Life‹«, eine Wendung, die wie zugeschnitten zur Charakterisierung der empirischen Soziologie Chicagoer Provenienz wirkt, ist gegen Ende des neunzehnten Jahrhunderts als Begründungsformel für die Hinwendung zum Journalismus als Beruf im Umlauf. Auch Park rekonstruiert seine Hinwendung zum Journalismus mit Hilfe dieser Wendung. In einem ›Class Room Plan‹ zum Seminar »The Newspaper« aus dem Jahre 1921, in dem er die Anforderung an seine Studenten, sich ihrer Motive selbstreflexiv zu vergewissern, auf sich selbst bezieht, beginnt er seine Biographie mit dem Statement: »Motives for entering the profession: To see life« (REP 2:8).

In den 1890er Jahren setzte sich, forciert durch den Magazin-Journalismus, ein neuer Journalistentypus durch. Während der alte Reporter ein Schreiberling war, »ungebildet und stolz auf seine Ignoranz…, regelmäßig betrunken und stolz auf seinen Alkoholismus«, war der neue Typus »jünger, naiver, energiegeladen und ehrgeizig, College-Absolvent und in der Regel nüchtern« (Schudson 1978, S. 69).

In seiner Autobiographie schreibt Steffens, daß er in seiner Eigenschaft als Herausgeber des *Commercial Advertiser*, den er 1897 übernahm, junge enthusiastische Autoren suchte, »who would see and make others see the life of the city« (Steffens 1931, S. 313). Er fand sie an den Universitäten von Princeton, Yale, vor allem aber in Harvard, wohl nicht nur deshalb, weil er dort auf ein besonders verständnisvolles Fakultätsmitglied, den Literaturwissenschaftler Charles T. Copeland, stieß, sondern auch, weil Harvard in den neunziger Jahren als eine intellektuell besonders attraktive Universität mit einem ausgeprägten »antiphilistine sentiment« galt. Nicht von ungefähr war es ein Harvard-Professor, der Philosoph George Santayana, der die Frage zu beantworten suchte, was ein Philister sei (1967/1892). Die Antwort, ein wesentlicher Zug des Spießers sei seine Konventionalität, mag heute selber konventionell erscheinen, wirft aber ein Licht auf den Geist von Harvard, den Santayana ebenfalls zum Thema eines Essays machte (1967/1894). Die Hapgood-Brüder, die von 1886 bis 1894 in Harvard studierten, schätzten nicht nur die durch das *elective system* garantierte Lernfreiheit und, damit zusammenhängend, die Vielfalt und Flexibilität der Kurse, sondern, was ebenso wichtig war, die elektrisierende intellektuelle Atmosphäre, die sich im Habitus des In-Frage-Stellens und In-Zweifel-Ziehens artikulierte. Eben dies ist die ›Moral‹, die in der Philister-Analyse von Santayana enthalten ist, eine Lehre, die wir am besten verstehen, wenn wir sie im Kontext von Santayanas Überlegungen über den Geist und die Ideale von Harvard lesen. Was nämlich den Spießer amerikanischer Provenienz vom englischen Tory, der immerhin noch seine Vorlieben und Vorurteile hat, in den Augen von Santayana unterscheidet, ist seine Rigidität ohne Substanz. Indem der Spießer konventionelle Maximen verinnerlicht, die als Filter seine Wahrnehmung tönen, bedeutet das Spießerdasein letztlich ein Leben aus zweiter Hand. Dieser Blindheit des Philisters, der sich mit rigider Selbstkontrolle gegenüber Zweifeln schützt, stellt Santayana in seinen Überlegungen zu Harvard die *industry in doubt* entgegen, die den Geist von Harvard einfängt. Das Besondere an Harvard ist, daß es den Zweifel kultiviert, daß es zum Experimentieren und Explorieren einlädt und eine Vorstellung von einer einem Akademiker würdigen Ar-

beit entwickelt, die vor allem dadurch gekennzeichnet ist, daß sie ungezwungen erfolgt. Das *elective system* ist Symbol und Medium eines solchen Verständnisses vom Akademiker.
Zu denen, die von Harvard zum *Commercial Advertiser* stoßen, gehören u. a. Robert Dunn, Carl Hovey, Humphrey T. Nichols und Hutchins Hapgood, die sich allesamt einen über den Tag hinaus geltenden Namen im Journalismus gemacht haben. Auch John Reed, Harvard-Absolvent und Student von Copeland,[1] wendet sich dem Journalismus zu. Ihm verdanken wir eine der eindrucksvollsten Schilderungen der Faszination, die die Großstadt zu Beginn des Jahrhunderts auf jene ausstrahlte, die zu beobachten wußten:

»New York erschien mir als eine zauberhafte Stadt. Es war um so vieles großartiger als Harvard. Alles war dort zu finden, ich war überglücklich. Ich durchwanderte die Stadt von den emporstrebenden, riesenhaften Türmen der City, an den nach Gewürzen riechenden Werften am East River und den schnittigen Schnellseglern der Vergangenheit entlang, durch die übervölkerte East Side – fremdartige Städte innerhalb der Städte –, wo die rauchenden Lichter lärmender Karren meilenweit schäbigen Straßenzügen Glanz verliehen ... Ich lernte die Chinesenstadt kennen und Klein-Italien sowie das Syrische Viertel, das Puppentheater, Sharkeys und McSorleys Kneipen, die Mietskasernen der Bowery und die Plätze, wo sich die Landstreicher im Winter trafen; den Haymarket, das Deutsche Dorf und all die Kaschemmen des Tenderloin ... Ich entdeckte wundervolle obskure Restaurants, wo man Speisen aus der ganzen Welt finden konnte. Ich erfuhr, wie man sich Drogen beschaffen konnte oder wohin man sich wenden mußte, um einen Mann zu finden, der einen Widersacher umlegte; wie man es anstellte, sich Zutritt zu Spielhöllen und geheimen Nachtklubs zu verschaffen. Ich war wohlvertraut mit den Parkanlagen, den noblen Vierteln, den Theatern und Hotels; mit dem häßlichen Wachstum der Stadt, die sich wie eine Seuche ausbreitete, den Elendsvierteln, in denen das Leben verebbte, und den Plätzen und Straßen, wo eine alte, herrlich gemütliche Lebensweise im ewig ansteigenden Gebrüll der Slums ertränkt wurde. Ich war zu Hause am Washington Square bei den Künstlern und Schriftstellern, den Bohemiens und den Radikalen. Ich nahm an Tanzabenden der Gangster in der Tammany Hall teil, an Exkursionen des Tim-Sullivan-Vereins nach Coney Island in heißen Sommernächten. *Ein*

1 Reed schrieb für die »Interesting People«-Rubrik des *American Magazine* ein Porträt von Charles Townsend Copeland (*American Magazine*, vol. LXXIII [1911], S. 64-66).

paar Schritte von meiner Wohnung gab es jedes Abenteuer der Welt, und eine Meile weiter dünkte ich mich in jedem fremden Land.« (Reed 1977, S. 130f.; meine Hervorhebung, R. L.)

Der komprimierte, die einzelnen Beobachtungszonen aneinanderreihende Modus der Aufzählung vermittelt plastisch den Eindruck von Rastlosigkeit, wie sie dem Reporter in zahlreichen zeitgenössischen Darstellungen zugeschrieben wird. Diese Rastlosigkeit wirkt wie der psychosomatische Ausdruck eines Erfahrungshungers, der in Motorik übergeht. Der Reporter erscheint als ein von Natur aus unruhiger, von Neugier getriebener Geist. Diese als Anlage verstandene Eigenschaft wird im Zuge der Professionalisierung des Journalismus zu einem erwünschten, ja als unentbehrlich erachteten Requisit des Journalisten umgemünzt: »... eine unstillbare Neugier, eine flexible und gesellige Persönlichkeit und eine Natur, die durch vielfältige Erfahrungen befriedigt wird«, heißt es in einem Lehrbuch über die Eigenschaften, die derjenige mitbringen sollte, der sich dem Journalismus als Beruf zuwendet (Johnson/Harris 1948, S. 4). Dieses Psychogramm des Reporters wirkt wie eine Blaupause des vom Wunsch nach neuer Erfahrung gekennzeichneten Persönlichkeitstypus.

In einer Skizze, betitelt »The New Reporter«, werden dessen Motive anschaulich und aufschlußreich beschrieben:

»(Reporting) was so much better than dreamily drinking beer in Germany and telling himself that he was a sociologist. It had been a pleasant, contemplative existence for a while, and he had heard some interesting theories, but he had been doing the student thing too long ... He decided that he was sick of the ease and inexactness of the scholar, sick too, of having someone else pay his bills, sick of leisurely reading theories about man as a unit. He wanted to see something of men as warm beings with their passions and pursuits, their motives and their ways of looking at things. He could not have chosen a better field for it.« (Williams 1898, S. 573f.)

Auch wenn, was zeitgenössisch üblich ist, in dieser Passage auf eine bestimmte Person angespielt wird,[2] können wir sie

2 Ort und Zeit der Veröffentlichung (New York 1898) sowie die Hinweise im Text lassen die Vermutung nicht abwegig erscheinen, daß sich Williams hier auf Hutchins Hapgood bezieht.

doch als eine Art Schlüsseltext zum Verständnis des Journalismus als Feld, als Erfahrungsraum (und nicht nur als Beruf) nehmen. Der Erfahrungshunger des jungen Reporters, der der akademischen Welt den Rücken kehrt, wird nur auf der Kontrastfolie der kontemplativen Gelehrtenexistenz begreifbar. Der ruhelose Geist ist das Gegenbild des geruhsamen Gelehrten, der, wie ihn Williams karikiert, »mit der Pfeife im Mund, an einem komfortablen Schreibtisch in dicken Wälzern liest«. Die von Merton (1981) als wichtige Komponente der Wissenschaftsgeschichte ausgewiesene, immer wiederkehrende Spannung zwischen Gelehrsamkeit und Originalität nimmt gegen Ende des neunzehnten Jahrhunderts den Gegensatz zwischen »bloßem« Bücherwissen und »wirklicher« Erfahrung an. Die Studenten, die eine journalistische Laufbahn einschlagen, tauschen das Bücherwissen gegen Erfahrungswissen, die Alma mater gegen die Großstadt als den Ort, an dem sich das wirkliche Leben abspielt. Es ist die Straße, nicht der Hörsaal oder die Bibliothek, die zum Studienort wird: »Die Professoren waren die rauhen Lokalredakteure, die Seminarräume die Docks, Gefängnisse, Leichenhallen und Hospitäler, und die Wohnheime waren die billigen möblierten Zimmer, das einzige, worüber Gehälter zwischen fünf und fünfzehn Dollar die Woche verfügen konnten.« (Weisberger 1961, S. 158)

Vor dem Hintergrund der Spannung zwischen Gelehrsamkeit und Originalität, zwischen Bücherwissen und Erfahrung scheint es angezeigt, das Verhältnis von Journalismus und empirischer Soziologie neu zu überdenken, es in einem anderen Licht zu sehen. Charakteristischerweise ist die Debatte über Differenzen und Gemeinsamkeiten von Journalismus und Sozialwissenschaften erkenntnistheoretisch und methodologisch akzentuiert. Untersucht werden die journalistischen und soziologischen Unternehmungen als Idealtypen (Jacobs 1970); gefragt wird nach Objektivität und Parteilichkeit in den Sozialwissenschaften und im Journalismus (Fabris 1981);

überprüft wird das Wirklichkeitsverständnis von Journalismus und empirischer Wissenschaft (Rühl 1981). Damit wird eine historisch herausgebildete Konstellation in die Vorgeschichte projiziert; unterstellt wird ein immer schon gegebenes Nebeneinander der beiden Wege der Wirklichkeitsannäherung. Dies wird besonders deutlich anhand der Überlegungen von Harriet Jacobs, die Journalistin war und Soziologin wurde. Nicht nur, daß sie mit einem Eifer, der dem Konvertiten eigen ist, die zweifellos vorhandenen Unterschiede zwischen Journalismus und Soziologie überzeichnet (wobei sie, indem sie auf Lapsus bei ihren ersten soziologischen papers hinweist – z.B. statt »fieldworker« »reporter« zu schreiben –, ironischerweise die Verwandtschaft zwischen ihnen bestätigt), sie stellt auch nicht in Rechnung, daß die methodologischen Prozeduren, die die Soziologie gegenüber dem Journalismus auszeichnen, nicht nur aus Gründen der Abgrenzung gegenüber konkurrierenden Richtungen und Nachbardisziplinen, sondern, vermittelt über diese Auseinandersetzung, auch dem Journalismus gegenüber resultieren. Was Lepenies (1981) über die Versuche der Begründung eines Faches in der Konstellation von Nachbar-, Konkurrenz-, Vorbild- und Hilfsdisziplinen geschrieben hat, gilt im Fall der empirischen Soziologie auch in bezug auf den Journalismus. Es gilt die Einzigartigkeit der Orientierungen und Forschungswerkzeuge zu betonen und zugleich einen Anciennitätsanspruch zu erheben; Parks Verweise auf Charles Booth, dem er tatsächlich nicht gefolgt ist, können in diesem Sinne verstanden werden. Der an die frühe empirische Soziologie gerichtete Vorwurf, »journalistische Soziologie« zu betreiben, ist Teil und Ausdruck dieser Auseinandersetzungen; er verdeckt aber zugleich den Zugang zu einer unvoreingenommenen Darstellung der Wurzeln der empirischen Soziologie. Zu sagen, eine bestimmte Art der empirischen Soziologie habe sich aus dem Journalismus herausgebildet, kann nur dann als Vorwurf aufgefaßt werden, wenn man dazu neigt, die Entstehung neuer Disziplinen und Richtungen als einen Prozeß der (wissenschaftlichen) Parthenogenese zu begreifen.

Richtet man den Blick auf die in Betracht kommende Journalistengeneration, dann könnte man im Hinblick auf ihre Arbeiten durchaus von einer Art verborgenen Soziologie sprechen. Die zeitgenössische Einschätzung, dieser oder jener Reporter sei ein »realistischer Soziologe«, deutet dies an. Reporter wie Jacob A. Riis und Hutchins Hapgood, Ray Stannard Baker und Lincoln Steffens, Alfred Hodder, Josiah Flynt Willard, Walter A. Wyckoff u. v. a. m. können als Schatten-Soziologen ohne akademische Verankerung gesehen werden. Wyckoff hat später als Assistenzprofessor für Politische Ökonomie in Princeton tatsächlich (Industrie-)Soziologie gelehrt; interessanterweise ist aber seine, auf teilnehmender Beobachtung beruhende Untersuchung »The Workers«, die ihn für die Soziologie qualifizierte, in *Scribner's Magazine* erschienen.

Alle oben genannten Journalisten, mit Ausnahme von Riis, der aus mehreren Gründen einen Sonderstatus einnimmt,[3] haben einen akademischen Abschluß, in der Regel in Literatur oder Philosophie. Von diesen ist Hutchins Hapgood besonders beachtenswert, weil sein sozialer Hintergrund und Bildungsweg erstaunliche Parallelen zu dem von Park aufweisen. Beide, Park (* 1864) und Hapgood (* 1869), sind in kleinen Städten am Ufer des Mississippi aufgewachsen, beide sind (wie im übrigen die meisten der neuen Generation der Reporter) Sprößlinge einer alten New-England-Linie, beide stammen aus einer begüterten Mittelschichtfamilie, beider Väter werden als Puritaner charakterisiert, legen aber letzten Endes ein erstaunliches Verständnis für den individuellen, aus der Familientradition ausscherenden Lebensweg ihrer Söhne an den Tag und unterstützen sie finanziell.

3 Riis war unter den Genannten nicht nur der einzige Immigrant, er gehörte auch, was nicht unwesentlich ist, einer anderen Generation (* 1849) an. Alle diese Faktoren haben dazu beigetragen, daß Riis von den Genannten der einzige Reformer war, dem es um ›Hebung‹ der unteren Schichten ging.

Hapgoods Studium beginnt an der University of Michigan, wo Park seinen B.A.-Grad erwarb, es führt ihn 1889 nach Harvard, wo er u.a. bei William James, Josiah Royce und George Santayana studiert und 1892 zum B. A. graduiert. Aus Hapgoods Bericht über seine Studienzeit wird noch einmal die besondere Atmosphäre in Harvard deutlich: das flexible, nicht verschulte Curriculum, die geistige und moralische Freiheit, verbunden mit einer Haltung des Infragestellens, des Bezweifelns und Sondierens, vor allem aber die »Harvard Indifference«, eine Attitüde, die sowohl etwas von der aristokratischen *réserve* wie von der modernen *coolness* hat. Als zur Farce getriebener Ausdruck dieser Haltung erscheint der *Laodicean Club* (mit Norman und Hutchins Hapgood als Mitgliedern und Santayana als Vorsitzendem), der sich nach seiner zweiten Sitzung auflöst, weil zu seinen Regeln gehört, daß der Klub *ipso facto* aufhört zu existieren, wenn eine beschlußfähige Anzahl von Mitgliedern anwesend ist. In der Geste der Indifferenz, die vor dem Hintergrund der neopuritanischen Anteilnahme zu sehen ist, kündigt sich der Habitus des Beobachters an, der sich nicht einmischt, sondern registriert.

Nach einem weiteren Jahr an der »graduate school« geht Hapgood 1893 nach Europa, wo er 1893/94 u.a. bei Simmel in Berlin und bei Windelband in Straßburg studiert; auch dies eine Parallele zu Park. Über sein Studium in Deutschland erfahren wir nicht viel (mehr über die Freuden am deutschen Bier und über die Sitten der Corps-Studenten); zu fragen bleibt, wie ernst er sein Studium genommen hat. Aber es ist sicherlich nicht unerheblich, daß Hapgood in Berlin Arthur F. Bentley und Celestin Bouglé kennenlernt. Bouglé hat er später, als dieser bereits eine Professur an der Sorbonne innehatte, in Paris besucht; die Schilderung des Diners im Hause Bouglé, bei dem die Mutter, »obviously considered the First in the family«, an der Spitze des Tisches »thronte«, ist überaus erhellend (Hapgood 1939, S. 98).

Nach einer Weltreise kehrt Hapgood nach Harvard zurück,

wo er 1897 den M.A.-Grad erwirbt und eine Assistenzprofessur für englische Literatur erhält. Alles deutet auf eine akademische Karriere hin, zumal er vom Harvard-Präsidenten Eliot einen Ruf als Dozent erhält. Aber Hapgood schlägt diesen Ruf aus, um sich dem (schlechtbezahlten und sozial nicht anerkannten) Journalistenberuf zuzuwenden. Mit dieser Entscheidung steht Hapgood nicht allein. Ein enger Freund von Hapgood und Willard, Alfred Hodder (* 1866), gibt ebenfalls dem Journalismus gegenüber der akademischen Karriere den Vorzug. Hodder galt als eine große philosophische Hoffnung. Über ihn hat Josiah Royce, sein akademischer Lehrer, gesagt, daß er der brillanteste Student gewesen sei, den er jemals gehabt habe, zugleich aber die Befürchtung geäußert, daß sich Hodder durch sein »romantisches Temperament« von der Philosophie abbringen läßt (Hapgood 1939, S. 164).[4] Auch bei Hodder klingt der Überdruß am Bücherstudium an. Im Nachruf auf Josiah Flynt Willard schreibt er:

»I had chosen a passably dreary seminary course in Harvard in which all the literature of criminology had been got up and reported. I myself had looked into some of the books – too many – some is too many. Five minutes of Flynt's talk turned my books into a heap of rubbish. Five hours' stroll with him made me forget that the rubbish heap existed.« (Hodder 1908, S. 347)

Die Tatsache, daß führende Vertreter der neuen Reportergeneration bei James und Dewey studiert haben, läßt den Gedanken nicht abwegig erscheinen, daß der Pragmatismus, ähnlich wie für die Chicagoer Schule (vgl. Joas 1988), eine Art »Hintergrundphilosophie« bildete. Das ist freilich nicht im Sinne des theoretischen Potentials als vielmehr als *attitude of orientation* gemeint. Der Pragmatismus rechtfertigt nicht nur eine experimentelle Haltung (wie sie im Schritt in den Journalismus zutage tritt), er legt sie geradezu nahe. Etwas »wirklich« zu wissen, heißt, in die »Wirklichkeit« einzutreten und, ohne unmittelbaren Handlungszweck, »Erfahrungen« zu

4 William James hat Hodders Doktorarbeit *The Adversaries of the Sceptic or the Specious Present* hochgelobt und in seinen Schriften verschiedentlich erwähnt.

machen, um neue Handlungsmöglichkeiten zu eröffnen. Das kommt jenen entgegen, die sich, unzufrieden mit ihrem bloß angelesenen Wissen, ihrer »slender book-learned lore« (Wyckoff), dem Journalismus als Erfahrungsfeld zuwenden. Freilich bleibt vor diesem Hintergrund die Frage zu beantworten, warum diese *sociologists manqués* eigentlich nicht Soziologen geworden sind, war die amerikanische Soziologie der Jahrhundertwende doch in einem beachtlichen Ausmaß empirisch orientiert. Die Antwort liegt, vergegenwärtigt man sich das intellektuelle Feld am Ende des neunzehnten Jahrhunderts, auf der Hand: Die empirische Soziologie der Zeit stellt für jene, die sich dem Journalismus zuwenden, deshalb keine Alternative dar, weil sie unmittelbar mit dem *social gospel* verbunden ist; mit anderen Worten: weil sie *normativ* ausgerichtet ist.

In den ersten beiden Jahrzehnten nach dem Bürgerkrieg setzt sich in den Vereinigten Staaten eine soziale Lesart des Evangeliums durch, die unter der Bezeichnung social gospel in die Theologiegeschichte eingegangen ist (vgl. Hopkins 1940). An die Stelle der Präokkupation mit dem Seelenheil des einzelnen und dem Leben im Jenseits tritt eine christliche Morallehre, die sich an den Anforderungen der modernen, durch Industrialisierung und Urbanisierung gekennzeichneten Lebensverhältnisse orientiert – eine Umorientierung, die notwendig wurde, um den Anspruch der Kirche auf innerweltliche Führung aufrechtzuerhalten. Die Prediger des sozialen Christentums fordern eine Haltung, die Reverend J.H.W. Stuckenberg in seiner für den social gospel grundlegenden Schrift *Christian Sociology* (1880) als »christlicher Realismus« bezeichnet. Realismus meint hier eine säkularisierte Wendung, die die Übernahme wissenschaftlicher Methoden, die Betonung der sozialen Aufgabe der Kirche und ein definitives Erziehungsprogramm einschließt, das auf Charakterbildung zielt.

Die enge Verbindung von Theologie und Soziologie kommt auch in dem Bildungshintergrund derer zum Ausdruck, die

Soziologie in der Lehre vertreten: Mehr als ein Drittel aller Professoren, die sich bis 1900 mit Soziologie beschäftigen, sind ausgebildete Theologen.[5]

Morgan (1969) hat überzeugend nachgewiesen, daß die im Vergleich zu den europäischen Ländern überaus rasche Ausbreitung der akademischen Soziologie in den Vereinigten Staaten auf ihre Orientierung am social gospel zurückzuführen ist. Durch diese Verbindung werden die Interessen beider Parteien gewahrt: Die Kirche findet einen Fußpunkt in der modernen Welt, die Soziologie findet in den 90er Jahren rasch Anerkennung als Lehrfach. Der Charakter dieser Verbindung als eine Art »gentleman's agreement« kommt gerade dort zum Ausdruck, wo eine gewisse Distanz unübersehbar ist. In seinem Editorial zum ersten Jahrgang des *AJS* beantwortet Small die vorweggenommene »mögliche« Frage nach dem Verhältnis des *Journal* zur christlichen Soziologie mit den Worten: »Die Antwort lautet kurz und bündig, gegenüber der Christlichen Soziologie aufrichtig voller Respekt, gegenüber angeblichen ›Christlichen Soziologen‹ bestimmt voller Mißtrauen.« (Small 1895, S. 15)

Eine dem social gospel verpflichtete Soziologie ist notgedrungen eine an sozialen Problemen orientierte praktische Wissenschaft, die der Frage nachgeht, was zu tun sei; »Big C (Charity, Crime, Correction)«-Soziologie, wie sie zeitgenössisch genannt wurde. Charakteristisch für eine solche Soziologie sind Kurse wie »Charities and corrections«, »Charities and penology« und »Charities and crime«. Aus Tolmans Übersicht über das Studium der Soziologie an den Lehranstalten in den Vereinigten Staaten aus dem Jahre 1902 geht hervor, daß die meisten Kurse, sehen wir einmal von der allgemeinen Soziologie ab, in den Bereichen »Sociology of the Industrial Group; Social Economics« (60 Kurse); »Social Reform, Practical Sociology; Social Problems« (57 Kurse) und

5 Das trifft auch auf das Chicagoer Department zu. Small, Henderson und Zueblin waren ausgebildete Geistliche; Henderson, Hauptvertreter der social-gospel-Linie in Chicago, war überdies Universitätskaplan.

»Sociology of the Dependent Classes; Charities« (40 Kurse) angesiedelt waren.
Bis zum Ersten Weltkrieg ist die amerikanische Soziologie zum überwiegenden Teil eine Wissenschaft mit melioristischen Vorannahmen, eng verflochten mit Wohltätigkeitsorganisationen, deren Arbeit auf dem Gefühl christlicher Bestimmung zur praktischen Nächstenliebe beruht. Das öffentliche Image des Soziologen war, so schreibt Lapiere, »das eines Reformers mit ausgeprägt puritanischen Moralüberzeugungen *(blue nosed)*, stets bereit, moralische Urteile zu fällen, und gegen jede vergnügliche Form sozialen Verhaltens« (zit. n. Harvey 1987, S. 24). Das »wirkliche Leben«, dem sich die dem social gospel verpflichtete Soziologie empirisch annähert, wird durch den Filter moralischer Postulate wahrgenommen. Was ins Auge fällt bzw. worauf die Aufmerksamkeit gerichtet ist, sind die »Many D's« (Drink, Drugs, Disease, Desertion, Delinquency, Disorganization). Innerhalb des Chicagoer Departments ist es vor allem Charles Henderson, Direktor und Präsident der *United Charities of Chicago*, Präsident der *Chicago Society of Social Hygiene* und Mitglied zahlreicher Wohlfahrtseinrichtungen, der die melioristische Perspektive vertritt. In seiner *Introduction to the Study of the Dependent, Defective, and Delinquent Classes*, ein Standardwerk der praktischen Soziologie, sucht er »die ethische Basis der Nächstenliebe, die Ideale der Philanthropie und die sozialen Mechanismen, um im größeren Maßstab zu erreichen, was sein sollte« (Henderson 1906 [1893], S. vii).
Daß in einem auf Rettung und Hebung der abhängigen Klassen und der fremden Ethnien zielenden Umfeld kein Platz für ein »romantisches Temperament« ist, das dem Leben der »Other Half« einen eigenen Reiz abgewinnt, ist leicht einzusehen. Mehr noch, dieser Reiz ist nur zu haben, wenn man einerseits gegenüber den Ameliorationsbemühungen auf Distanz geht, andererseits die Distanz gegenüber der »Other Half« aufzuheben trachtet. Daher ist es nicht verwunderlich, daß die sich dem Journalismus als Erfahrungsraum zuwen-

denden jungen Intellektuellen nicht in der Defensive bleiben; Werke des literarischen Journalismus, wie etwa Hapgoods »The Spirit of the Ghetto«, sind ausdrücklich gegen die Ameliorationsperspektive gerichtet:

»The Jewish quarter of New York is generally supposed to be a place of poverty, dirt, ignorance and immorality – the seat of the sweat-shop, the tenement house, where ›red-lights‹ sparkle at night, where the people are queer and repulsive. Well-to-do persons visit the ›Ghetto‹ merely from motives of curiosity or philanthropy; writers treat of it ›sociologically‹, as a place in crying need of improvement. That the Ghetto has an unpleasant aspect is as true as it is trite. But the unpleasant aspect is not the subject of the following sketches. I was led to spend much time in certain poor resorts of Yiddish New York not through motives either philanthropic or sociological, but simply by virtue of the charm I felt in men and things there.« (Hapgood 1967 [1903], S. 5)

Dieses genuin »ästhetische« Interesse an einer anderen Lebensweise, von der man sich nicht abstoßen lassen, sondern deren Reiz man auskosten will, ist ein Ausdruck für die Sehnsucht, das wirkliche Leben ohne moralischen Filter zu erfahren. In der Metapher vom »wirklichen Leben« meldet sich das Interesse an unverstellter Wirklichkeit an, das insofern ein romantisches Interesse ist, als dabei die eigene Sehnsucht, sich der Konventionen zu entledigen, auf das Objekt der Anschauung projiziert wird. Was gesucht wird, sind Lebensformen, die im Sinne von Lévi-Strauss authentisch in sich sind, Beziehungsformen und Weltbilder, die anschaulicher und unmittelbarer, aber auch humaner und emotionaler als jene der Herkunftskultur sind. In der *Sehnsucht nach Authentizität* schließen sich »romantisches Temperament« und »wirkliches Leben« zusammen: Das romantische Interesse am wirklichen Leben ist letztlich eine Reaktionsbildung auf den aufgeklärten Neo-Puritanismus, dessen akademischer Repräsentant die evangelikale Soziologie ist.

Als symbolische Repräsentanten dieser kontroversen Positionen sind die Gestalten des »Reformers« einerseits und des »Reporters« andererseits anzusehen, deren unterschiedliches Programm bei der Hinwendung zur sozialen Wirklichkeit bereits in ihren Benennungen eingeschrieben ist. Die prononcierte Antireformer-Haltung der Reporter ist gar nicht zu verstehen, wenn ihrer symbolischen Bedeutung nicht Rechnung getragen wird. Die zynische Pose des Reporters um die Jahrhundertwende, gegen alles zu sein und an nichts zu glauben, ist ebenso Bestandteil dieser Kontroverse wie die symbolischen Grenzüberschreitungen, die darauf abzielen, eben das zu zelebrieren, was in den Augen der »Do-Gooders« als »niedrig«, »gemein« und »lasterhaft« erscheint. Gegenüber einer Soziologie, die in der Kneipe *(saloon)* einen Ort sah, »wo Ton und Themen der Konversation häufig von antisozialem Verhalten künden« (Henderson, a. a. O., S. 251), eine Ansicht, die von einem Soziologen stammt, der sich zugute hielt, niemals in seinem Leben eine Kneipe betreten zu haben, waren die Reporter maliziös genug, deren soziale Bedeutung hervorzuheben, die sich nicht zuletzt aus dem Antagonismus zu amelioristischen Bemühungen ergibt:

»The poor man looks upon the saloon as his club, partly because he knows full well that there is no philanthropy in it. Even if he likes coffee as much as beer, he will avoid the coffee saloons which have been established as beer antidots, for he feels that they are not ›on the level‹, that in some way their promoters are trying to help his soul, and the poor man desires strongly to look after his own moral welfare.« (Hapgood 1910, S. 26)

Vor diesem Hintergrund wird die Pointe verständlich, die in der Benennung von Luke O'Connors Bohemekneipe als »Working Girls' Home« steckt – ein spöttischer Verweis auf die von Wohltätigkeitsvereinen eingerichteten »Working Girls' Clubs«, die jungen Arbeiterinnen und Dienstmädchen eine preiswerte, moralisch einwandfreie Begegnungs-, Unterhaltungs- und Bildungsstätte sein sollten.

Die für das eigene Selbstverständnis so überaus wichtige Pose des »shocking« der Mittelklassestandards findet exzentrischen Ausdruck in dem 1889 von Chicagoer Journalisten gegründeten *Whitechapel Club*, dessen Bezeichnung, die auf den Londoner Stadtteil zurückgeht, in dem »Jack-the-Ripper« 1888 seine Verbrechen begangen hatte, selbst schon ein

Verstoß gegen das Gebot der Pietät darstellt. Wir werden uns des parodistischen Moments, das in dieser Klubgründung enthalten ist, nicht bewußt, wenn wir den *Club* nicht als eine genuine Einrichtung der Ostküsten-Gentry sehen, mit eigenen Kriterien der Klubwürdigkeit *(clubability)* prospektiver Mitglieder und einem Club-Code, der diesen Treffen, die nicht zuletzt die geistige und ökonomische Elite zusammenführen sollten, eine Atmosphäre der Ungezwungenheit und Verfeinerung verlieh (Persons 1973, S. 103 ff.).

Der *Whitechapel Club*, der in verblüffender Weise an den *Cannibal Club* der Anthropologen-Fraktion im *Royal Anthropological Institute* erinnert (vgl. Stocking jr. 1971), zielte mit seinen, aus heutiger Perspektive pubertär anmutenden Schockeffekten – der Raum war mit echten Mörderwaffen, mit Hinrichtungssträngen und mit einer Sammlung von Totenschädeln dekoriert, die ein Arzt einer Irrenanstalt gestiftet hatte – gegen diese Kodifizierung durch die Elite. Daß der Klub, wie Tobin (1973) bemerkt, eher Schauplatz von Trinkgelagen als von literarischer Konversation gewesen sei, mag als ein überzeichneter Ausdruck der gewollten Mißachtung des gentilen Codes gewertet werden. Als Klub von Presseleuten war er Ort literarischer Selbst- und Gruppenkritik, wobei die ästhetische Debatte im *Literary Club* der Chicagoer Elite als Kontrast diente. Im Mittelpunkt stand die Debatte um eine realistische Publizistik, deren Themen zeitgenössisch-großstädtisch, deren Stil wirklichkeitsgetreu zu sein hatten. Damit gingen sie über eine Kritik der gentilen Tradition in der Literatur hinaus und zu einer generellen Kritik dieser Tradition über. Politisch war der Klub radikal – »die Konservativeren gaben der Neuverteilung des Eigentums den Vorzug, während die Radikalen an den freien Gebrauch von Dynamit glaubten« (Duncan 1948, S. 164) –, und seine Mitglieder waren sich einig in der Ablehnung der »Do-Gooders«, in ihrem Kampf gegen die »Blue Noses« mit ihren »anti-vice-crusades« und in ihrem Haß auf die Intoleranz jener, die sie als die »silk stocking«-Puritaner bezeichneten. In einem Punkt stimmen alle Beschreibungen der Klub-Atmosphäre überein: »This is the hatred of cant, sham, hypocrisy, in short of the urban type now known as the stuffed shirt.« (Duncan, a.a.O., S. 167)

Dieser Abscheu, den Park teilte,[6] und den wir weit über den engen Kreis des Whitechapel Club verallgemeinern können, ist ein Indiz dafür, daß wir es bei dieser neuen Generation von Intellektuellen mit *kulturellen Dissidenten* zu tun haben, deren Vorliebe für gesellschaftliche Außenseiter und Randseiter in einem direkten Verhältnis zur Entfremdung von ihrer angelsächsisch-protestantischen Herkunftskultur steht. Steffens' »Entdeckung«, daß er Gauner mehr mag als Reformer (weil erstere auf ihre Art ehrlicher, auf alle Fälle aber lebensnäher sind), die Anekdote, Parks Lieblingsreformer sei ein Ex-Gauner gewesen (der aus Erfahrung weiß, was es zu reformieren gilt), Hapgoods Stilisierung des »Bowery Tough« zu einem »Charakter«, d.h. zu einer wirklichen Persönlichkeit anstelle einer bloßen Charaktermaske, all dies sind in der Logik des »turn upside down« vorgetragene Gesten des kulturellen Dissens.

»Gelangweilt von dem, was sie als das Ersatzhafte am Leben der Mittelklasse empfanden«, schreibt Skotheim in seiner Einleitung zu Hapgoods Autobiographie, »wurden die jungen Intellektuellen von dem angezogen, was ihre Familien und ihre Gesellschaft nicht waren.« (Skotheim 1971, S. XIX) Die Faszination, die der Journalismus als ein Beruf ausübt, der, um es in den schönen, auf die Ethnographie gemünzten Worten von Lévi-Strauss auszudrücken, den Charakter mit dem Leben versöhnt, läßt sich mit der Anziehungskraft primitiver Kulturen auf jene vergleichen, die durch die eigene Kultur abgestoßen werden (vgl. Stagl 1981, S. 77ff.). Die Übereinstimmung mit der von Lévi-Strauss analysierten Haltung des Ethnographen ist frappierend: Bei beiden, dem Eth-

6 Everett C. Hughes: »He hated cant and hypocrisy« (REPA 7:7).

nographen wie dem Reporter der Jahrhundertwende, scheint der Wert, den sie exotischen bzw. binnenexotischen Kulturen beimessen, »Funktion der Verachtung und zuweilen der Feindseligkeit zu sein, die ihm die in seiner eigenen Umwelt geltenden Sitten einflößen« (Lévi-Strauss 1978, S. 377).

Der »Wunsch nach neuer Erfahrung« stellt, sowohl als Handlungsentwurf als auch als Theoriekonzept, eine Transformation des »Leidens an der Erfahrung von Erfahrungslosigkeit« dar, wie es Karl-Heinz Kohl (1979) bei Lévi-Strauss diagnostiziert hat. Dieses Leiden aber, das es hier zu analysieren gilt, ist weniger Resultat der Deformation des Wahrnehmungsvermögens in der Moderne, die Erfahrung nur mehr als erlebnishafte zuläßt, als vielmehr Reflex einer einübenden Sozialisation, die Erfahrung als authentische nicht mehr zuzulassen scheint. Es drückt sich aus in dem für die Generation der kulturellen Dissidenten charakteristischen Gefühl, von der Wirklichkeit abgeschnitten zu sein, als deren Ersatz, Erfahrung aus zweiter Hand, das »slender book-learned lore« figuriert.

Als Hebel der Transformation ist dieser Wunsch zugleich Symptom eines kulturellen Wandels, der einen neuen Persönlichkeitstyp gebiert. In Thomas' Typologie der Persönlichkeiten ist dies kondensiert. Kultursoziologisch können wir »Spießer« einerseits und »schöpferischer Mensch« andererseits als Etiketten für modale Typen interpretieren, die bestimmte Varianten der dominanten Ethik verkörpern. Das, was Thomas als Haltung des Spießers beschreibt, entspricht in weiten Zügen dem »Charakter«-Ideal des 19. Jhs. mit seiner Betonung von Selbstkontrolle und Selbstbeherrschung und dem zugrundeliegenden strengen moralischen Code; Henry L. Mencken hat dies aus der Sicht der aufbegehrenden Generation auf die einprägsame Formel gebracht, daß Spießigkeit nur ein anderes Wort für Puritanismus sei.

Demgegenüber scheint im »schöpferischen Menschen« der der Kultur des 20. Jhs. entsprechende modale Typ der »Persönlichkeit« durch, dem von Anfang an zur Charakterisierung ganz andere Schlüsselwörter beigeordnet werden: statt Ansehen, Moral und Pflicht Kreativität, Sensibilität und Überzeugungskraft (vgl. Susman 1984).

Die um 1865 geborene, noch im puritanischen Geist erzogene Generation der Intelligenz bildet eine Zwischengeneration im kulturellen Wandlungsprozeß, und ihre Vertreter sind sich dessen sehr wohl bewußt: Mit dem Titel seiner Autobiographie, »A Victorian in the Modern World«, hat Hapgood dieser generationsspezifischen Spannung konzisen Ausdruck verliehen.

Es ist diese Generation, die ein Interesse an persönlichen Eigenheiten, Idiosynkrasien und Temperamenten entwickelt sowie Fragen der Herausbildung von Ich-Identität und Persönlichkeit im Rahmen einer gegebenen Kultur nachgeht. Zu ihr gehören Park (* 1864) und Thomas (* 1863) ebenso wie Hapgood (* 1869) und Steffens (* 1866). Hapgoods Vorliebe für das ›Original‹, für den *character* also, der sich in der Authentizität seiner Selbstdarstellung, in der genuinen Art seines Denkens und seines sprachlichen Ausdrucks gerade vom genormten »Charakter«-Ideal des Puritanismus abhebt, bildet auf der literarischen Ebene eine Entsprechung zu Thomas' Präferenz für den schöpferischen Menschen. Beide Positionen sind Ausdruck einer Entwicklung, in deren Verlauf der Wert, der der Persönlichkeitsentwicklung, die auf *self-expression* zielt, beigemessen wird, an die Stelle der Sorge um Charakterformierung, der es um *self-control* geht, tritt.

Meads Modell von »I«, »Me« und »Self«, das an einem Dialog von Triebimpulsen und gesellschaftlichen Erwartungen um eines einheitlichen, aber zugleich wandlungsfähigen und zukunftsoffenen Selbstbildes willen orientiert ist, bringt diese Transformation auf den analytischen Begriff (vgl. Joas 1980, S. 91-119). Es liegt an der konkretistischen Formulierung der Persönlichkeitstheorie von Thomas, daß die strukturelle Verwandtschaft mit dem Meadschen Modell, damit aber auch die Übereinstimmung in der Genese, übersehen wird. Aber Thomas handelt auf der Ebene der Sozialcharaktere (Bohemien/

Spießer) nichts anderes als den Meadschen Dialog von Triebimpulsen und gesellschaftlichen Erwartungen ab. Der schöpferische Mensch, der seinen Wunsch nach neuer Erfahrung dadurch mit dem Wunsch der Gesellschaft nach Stabilität in Einklang bringt, daß er Situationen neu interpretiert und neue Normen von höherem sozialem Wert schafft, ist die gelungene Synthetisierung, das »Self«.
Der Übergang von der Charakterformierung zur Persönlichkeitsentwicklung als Sozialisationsideal spielt sich vor dem Hintergrund einer gesellschaftlichen Zäsur ab, die die selbstverständliche Verankerung des Gebildeten im sozialen System auflöst, aber noch keinen gesicherten Ort für den neuen Typus des Intellektuellen bereithält, der seine Beziehung zur Gesellschaft durch seine angenommene Fähigkeit definiert, sich über sie mit größerer Objektivität äußern zu können als jene, die direkt in das praktische Geschäft von Produktion und Politik verwickelt sind (Lasch 1965, S. ix). Persönlichkeitsentwicklung ist daher allererst ein Problem, das sich der neuen Generation der Intelligenz stellt, die als Avantgarde eines Dissens, der aus ihrer eigenen Herkunftskultur erwächst, ihren Platz in einer sich wandelnden Gesellschaft erst noch zu finden hat.
Der Journalismus bietet jenen, die mit der Tradition gebrochen haben, ohne zu ihrem Beruf im existentiellen Sinne gefunden zu haben, ein soziales Moratorium und ein Experimentierfeld personaler und sozialer Art. Es ist der experimentelle Charakter, der diesem Feld Züge eines gegenkulturellen Milieus verleiht. Ebenso wichtig, wenn nicht gar wichtiger als das, worüber er schreibt, ist für den Journalisten das, was er sich in diesem Experimentierfeld an Kenntnissen aneignet. Lincoln Steffens hat diese Diskrepanz in die Worte gefaßt, daß das, was der Reporter weiß, worüber er aber nicht berichtet, entweder Literatur oder Soziologie wird. Der Zugang zum Journalismus wird für die marginale Intelligenz der Zwischengeneration, ähnlich wie es Lévi Strauss in bezug auf die Ethnographie formuliert hat, zu einer *technique de dépayse-*

ment. Im Rückblick hat Steffens diese Lebensphase als *life of unlearning* interpretiert, in dem die Desillusionierung einer Art Umerziehung gleichkommt.
Die desillusionierte Haltung, die als zentral für die Reportergeneration der Jahrhundertwende angesehen wird, und die so leicht als bloße Pose mißverstanden werden kann, ist die notwendige Voraussetzung für die Herausbildung einer distanzierten Einstellung, die erst eine andere Sicht auf die soziale Wirklichkeit ermöglicht.

Obwohl die evangelikale Soziologie empirische Verfahren einsetzt (und darin erweist sie sich als Teil des aufgeklärten Puritanismus), tut sie dies nur halbherzig (gewissermaßen mit spitzen Fingern) und getragen von der christlichen Pflicht, Not zu lindern und Anstand zu vermitteln. Demgegenüber insistieren die kulturellen Dissidenten auf einer Erfahrung, die nicht durch konventionelle Moralanschauungen imprägniert ist. Ähnlich wie der Ethnologe die Hoffnung mit sich trägt, noch auf Lebensweisen zu stoßen, die möglichst unberührt vom Kulturkontakt sind, sucht der Dissident das Kolorit der ethnischen Enklaven, bevor es im Prozeß der Amerikanisierung verwischt ist. Es ist nicht zufällig, daß als Analogie für die unvoreingenommene Aufnahme des anderen und Neuen das Bild des Kindes herangezogen wird; dem übersozialisierten Spätviktorianer erscheint das Kind als prinzipiell erfahrungsoffen. Deshalb kann es auch, wie bei Dewey und Thomas, als Vorbild für wissenschaftliches Denken genommen werden; das Kind ist noch neugierig und trägt keine Scheuklappen, die ihm seinen Blickwinkel vorschreiben. Dieses Motiv klingt bereits in der Rede »The Student as Child« an, die Hapgood 1892 anläßlich der akademischen Abschlußfeier in Harvard gehalten hat. In dieser Rede, die die »unvoreingenommene Qualität des Kindes« als Ideal des Studierenden beschwört, vergleicht Hapgood das Kind mit dem Künstler:

»They both stand expectant, with all their mental pores open, eager for impressions, and beyond those impressions, they do not care to go; they do not care for moral significance, for practical value. They do not care for future ends, for present experience is so entrancing, that it is an end in itself.« (Zit. n. Marcaccio 1977, S. 28)

Dieses ästhetische Interesse, das sowohl die moralistische Wahrnehmung der Phänomene als auch das utilitaristische Denken über diese zurückweist, baut die Brücken für eine Empirie, die unvoreingenommen an ihren Gegenstand herangeht. Es ist gerade das interesselose Interesse an den Phänomenen, »die unvoreingenommene Qualität des Kindes«, die den am Menschen interessierten Journalisten vom humanitär gesinnten Soziologen unterscheidet. Zeitgenössische Rezensenten von »The Spirit of the Ghetto« stellen diesen Unterschied klar, wenn sie hervorheben, daß der Autor den Standpunkt des Politikers und des Kirchenmannes beiseite läßt und auch die umfassenderen Ideale des Soziologen ablegt, um dem Publikum ein Bild des Ghettos zu geben, wie es ist, und nicht, wie es, nach Ansicht früherer Forscher, sein sollte (Cobron 1903). Gewiß zeigt auch die neue Generation der Berichterstatter, was sie zeigen will. Aber weil diese Sichtweise an eine Entfremdung von der Herkunftskultur gebunden ist, zeigt sie die »andere Hälfte« tatsächlich als andere und nicht als abhängige, fehlerhafte oder straffällige. In nuce deutet sich in dieser Verschiebung der Übergang von der Präventions- zur Verstehensperspektive an. Diese Perspektivenverschiebung findet ihr Konzentrat im Vokabular: An die Stelle der »Dependents, Defectives, and Delinquents« von Henderson treten bei Hapgood »die Enteigneten, Enterbten, Rebellischen und Halbkriminellen«. Diese Perspektive denaturiert zwar nicht von vornherein das Objekt der Anschauung, aber sie läuft andere Gefahr: die der Romantisierung einer sozialen Gruppe, die als lebende Negation all dessen figuriert, was an der Herkunftskultur verhaßt ist.

2. Perspektivenverschiebung

> »We are mainly indebted to writers of fiction for our more intimate knowledge of contemporary urban life.«
>
> *Robert Ezra Park*

Zeitungen waren, wie Larzer Ziff (1966) bemerkt, ebenso Friedhöfe des Talents wie dessen Schule, und jede Lokalredaktion hatte ihre lebenden Leichen. Wer nicht rechtzeitig den Absprung schaffte, entweder in die höheren Etagen des Zeitungsgeschäfts oder in ein anderes Metier, dem blieb, wenn es hart auf hart kam, mit 40 nur noch der East River oder jene Verbitterung, die nicht von ungefähr auch den in die Jahre gekommenen Bohemien kennzeichnet. Aber der Journalismus wurde von der neuen Generation auch nicht als Lebensaufgabe begriffen. »To see life« als Motiv für den Einstieg in den Journalismus zu nennen, deutet auf den transitorischen Charakter dieser Beschäftigung hin, auch wenn so mancher im Gewerbe hängenblieb. In der Tat fällt ja, wie gesehen, im Zusammenhang mit der Großstadtpresse des ausgehenden neunzehnten Jahrhunderts keine Bemerkung häufiger als die von der Zeitung als Schule, mit einem Lehrprogramm, das an Vielfalt und Lebensnähe seinesgleichen sucht. Die meisten der aus dem akademischen Milieu übergelaufenen Reporter verstanden ihre Zeitungszeit als Lehrzeit, sowohl im Sinne einer empirischen Phase, in der man Erfahrung mit dem wirklichen Leben macht, als auch als Trainingsgelände für literarische Ambitionen. Daß die Zeitung eine Chance für literarische Fingerübungen bot, bei der Entwicklung eines persönlichen Stils behilflich war und neue Sprachebenen eröffnete, steht außer Zweifel; David Graham Phillips, Journalist und naturalistischer Autor, verglich nicht zu Unrecht die Bedeutung der Zeitung für den zukünftigen Autor mit der des Hospitals für den Medizinstudenten.

Aber die erste und wichtigste Lektion, die die Großstadtpresse als Akademie dem »freshman« erteilte, war die Kunst des Sehens. Die Zeitungspraxis war allererst ein »eye-opener« in dem Sinne, daß sie lehrte, daß man auch mit offenen Augen nichts sieht, wenn man mit Scheuklappen durchs Leben geht. Nichts war »at face value« zu nehmen, schon gar nicht in der Großstadt, der idealen Bühne für jede Art von »front«. Sehen lernen heißt, hinter den Vorhang vorgefaßter Meinungen (Vorstellungen von Tugendhaftigkeit ebensogut wie von Lasterhaftigkeit) und hinter die öffentlichen Kulissen und privaten Fassaden zu blicken; daher auch die enge Verbindung der Attitüde der Desillusionierung mit der Fähigkeit zur Distanz im Sinne der Loslösung *(detachment)*.
Eine solche Selbstverständlichkeiten in Frage stellende Perspektive macht sich auch bei der Beobachtung von alltäglichen Situationen und bei der Offenlegung von Paradoxien bezahlt. Eine der Lieblingsanekdoten von Park handelt von einem Nachwuchsreporter, der über eine Trapeznummer berichten soll. Er kommt unverrichteter Dinge zurück, denn der Artist konnte nicht auftreten, weil er sich beim Fall aus dem Bett ein Bein gebrochen hatte. Solche Anekdoten gehören zur zeitgenössischen journalistischen Folklore (vgl. auch Williams 1898). Sie haben durchaus didaktischen Charakter. Stets geht es dabei um einen Nachwuchsreporter, dem der Redakteur die Kunst des Sehens beibringt: Was ist das Besondere an einer Situation, was ist der ›Witz‹ einer Geschichte? Die Zeitungspraxis entwickelt auf diese Weise einen Sinn für die Betrachtung der sozialen Welt aus einer ungewöhnlichen Perspektive; deshalb können die Reporter auch zu scheinbar paradoxalen Wendungen wie dem »honest crook« und dem »dishonest do-gooder« gelangen.
Beobachten lernen heißt auch, einen Blick für Differenzen und Details zu entwickeln, um überhaupt erst eine Perspektive gewinnen und Phänomene in Bezug zueinander setzen zu können. Das bezieht sich nicht nur auf die groben Unterschiede von »Gold Coast« und »Slum«, »Wall Street« und

»Bowery«, sondern auch auf Feinheiten wie die Beschreibung der Unterschiede zwischen der 36sten und 37sten Straße, eine Testaufgabe, die Steffens den Jungreportern stellte.
Vor diesem Hintergrund gewinnen wir von der Zeitungspraxis den Eindruck eines Einführungskurses in die Sichtweisen der naturalistischen Soziologie, wie sie von Gouldner und Matza formuliert wurden. Zweifellos sind in dieser Praxis Momente der Perspektivenverschiebung *(perspective by incongruity)*, der Überschneidung und der Ironie enthalten. Mehr noch: der Enthüllungsjournalismus, dem es darum geht, die Verbindungen zwischen »Ober-« und »Unter«welt aufzuzeigen, beruht geradezu auf der von Matza als wesentlich für die naturalistische Sichtweise erachteten Problematisierung und Relativierung von »Gut« und »Böse«.
Die Präventionsperspektive, die die schlechten Konsequenzen des Bösen betont, »machte blind für die Möglichkeit von Paradox und Ironie, dafür, daß Böses aus für gut gehaltenen und Gutes aus für schlecht gehaltenen Dingen entstehen könnte« (Matza 1973, S. 29). Mittels der Perspektivenverschiebung wird, wie es Gouldner am Beispiel von Goffman aufzeigt, das einfache Bild der Welt als einer geschlossenen Hierarchie zerstört. »Da das Dasein in der Welt ziemlich kompliziert ist, verlangt die Treue zur Wirklichkeit eine Darstellung, die ihrer Komplexität gerecht wird«, schreibt Matza, und er sieht diese Darstellung in der naturalistischen Tradition der Soziologie, die offen ist für »Überschneidungen« und »Ironie«, eingelöst (a.a.O., S. 94).
Aber steckt in dem Fazit der desillusionierten Reporter, daß die Wirklichkeit geradezu das Gegenteil von dem ist, was den Leuten zu glauben beigebracht wurde, nicht schon mehr als ein Gran dieser Wahrheit? »›Good people‹ were really bad people, because their illusions did more harm than the intelligent crimes of the ›big bad men‹«, faßt Lasch Steffens' Credo zusammen (Lasch 1965, S. 262f.). Erinnert dieses exemplarische Beispiel der Perspektivenverschiebung nicht an Parks Verdikt, daß die Reformer und nicht die korrupten Po-

litiker Chicago den größten Schaden zugefügt haben (REPA 7:2)? Es ist die Kritik an der *Gentility* und ihrer sozialen Selbstgefälligkeit, die den Sinn für scheinbare Paradoxien schärft; es ist die journalistische Praxis, die lehrt, Uneindeutigkeiten und Überschneidungen zu sehen.

Auch wenn einige Werke des literarischen Journalismus von zeitgenössischen Rezensenten als soziologisch eingestuft wurden, waren doch die Ambitionen der Reporter im Hinblick auf die Umsetzung ihrer in der Zeitungspraxis gewonnenen Einsichten und Erfahrungen nicht auf die Soziologie gerichtet; was von vielen, wenn nicht den meisten, angestrebt wurde, war eine literarische Karriere.

Auch Park hatte zeitweise diese Ambition. Wie Raushenbush in einem Brief erwähnt, wollte er zunächst Schriftsteller werden, und er hat sich anscheinend auch an der Verfassung von Theaterstücken versucht (REPA 7:2). Gemeinsam mit seinem langjährigen Freund und Kollegen Hartley Davis plante er um 1892 ein Buch, für das anscheinend so etwas wie ein Vorvertrag mit einem Verlag vorhanden war. Außerdem existiert ein Fragment oder besser – von dem, was mir davon zugänglich war – eine Ideenskizze für einen Roman mit dem Arbeitstitel »Island of Enchantment«. Der Roman sollte in New York spielen und mit einer Beschreibung von Washington Square, dem Herzen von Greenwich Village, beginnen. Der Ort der Handlung und das Thema des Buches, die Beziehung dreier Menschen – Prudence, einer jungen emanzipierten Frau, Simon, einem Zeitungsreporter, und Caleb –, deuten darauf hin, daß der geplante Roman ganz dem von Duncan (1948) skizzierten Modell der von Journalisten entwickelten Chicago-Literatur entspricht, mit Helden großstädtischen Zuschnitts (Duncan nennt als mögliche Protagonisten u. a. den Reporter und den Typus der »neuen Frau«), die Szenen erkunden, die urbanen Charakter haben. Ein Stichwort in Parks Plot lautet bezeichnenderweise »They go slumming«.

Daß literarische Ambitionen von Journalisten keine Schimäre

Island of Enchantment

Chap I.

Description – Washington Square –
Peter Cooper. House – The
Judson Memorial Church –
The swallows – eager, ardent,
a little cynical, irresponsible
generous, loyal, vain, flitting
hither and yon – above the
whirlpool, ~~[illegible]~~ reflecting
in their lives the mighty ardors
of its large life – spending with
the rich and suffering with the
poor – living the vast and multi-
tudinous life of the city in their

waren, zeigt ein Artikel von Norman Hapgood über »The Reporter and Literature« aus dem Jahre 1897, in dem er darauf hinweist, daß ein aufmerksamer Beobachter der literarischen Szene nicht umhin kann festzustellen, daß Zeitungsreporter Jahr für Jahr einen prominenteren Platz in der literarischen Welt einnehmen. Diesen Platz verdanken sie vor allem ihrer Familiarität mit dem Gegenstand, die der aus der Zeitungspraxis hervorgegangene Autor in seiner Auseinandersetzung mit der gentilen literarischen Tradition durchaus selbstbewußt ins Feld führt. Mit Akribie werden Details geschildert, wie sie nur aus eigener Anschauung gewonnen werden können, Sondersprachen und Mundarten werden präsentiert und kaum eine Gelegenheit ausgelassen, um den Beweis dafür zu erbringen, daß der Autor über eine Innenperspektive verfügt.

Der amerikanische Naturalismus ist ohne den journalistischen Einfluß undenkbar. Es fällt schwer, auch nur einen bedeutenden Naturalisten zu nennen, der nicht für kürzere oder längere Zeit als Journalist tätig war. Zwar spielen, namentlich bei den frühen Naturalisten, sozialdarwinistische Annahmen als dramaturgische Hilfsmittel eine wichtige Rolle, aber in der detaillierten Beschreibung der Großstadt, in dem Gespür für genuin städtische Lebensformen und Mentalitäten und in dem Rückgriff auf einen milieuspezifischen Sprachgebrauch schlägt die journalistische Erfahrung zu Buche:

»For if the novelist was analogous to the sociologist [im Sinne sozialdarwinistischer Grundannahmen, R. L.], so he was to the journalist, the hard-boiled city room reporter or the crusading investigator of social facts, the man who walked in the city, observed, explored, exposed, *the man who had been there, in the place of experience* – the ghetto, the stockyard, the apartment block, the battlefield, the social jungle.« (Bradbury 1983, S. 8; meine Hervorhebungen, R. L.)

Diese Bipolarität führt dazu, daß der naturalistische Roman als ›analytische Soziologie‹ Wissenschaft bloß imitiert, während er als ›deskriptive Soziologie‹ realitätserschließenden Gehalt besitzt. Eine solche Zweipoligkeit ist nicht ohne Fallstricke. Die Nutzung von wissenschaftlichen Fragmenten als organisierendes Prinzip führt allzuleicht zur Entwertung der Details, deren Präsentation die eigentliche Stärke der Geschichte ausmacht. Norris' *Octopus* z. B. wird für Ziff gerade durch die populärdarwinistische Rahmung seines vom realistischen Gehalt her erstrangigen Romans zu einem letztlich zweitrangigen Werk (Ziff 1966, S. 269).

Wenn von Soziologisierung des naturalistischen Romans die Rede ist, dann muß streng zwischen Verwissenschaftlichung und wissenschaftlichem Gehalt unterschieden werden. In der Regel ist der naturalistische Roman deterministischer Roman (im Sinne sozialdarwinistischer Annahmen) und Großstadtroman in einem. Als deterministischer Roman überträgt er eine wissenschaftliche Methode auf die Literatur, während er als Großstadtroman Lücken füllt, die die Soziologie bis dato gelassen hat. Das eine ist bloß angelesen, während das andere auf Erfahrung beruht.

Dreisers »Sister Carrie« zum Beispiel schildert nicht nur den unaufhaltsamen Niedergang von Hurstwood (mit zum Teil penetranten Einschüben von Gedankenfragmenten Spencers), der Leser erfährt überdies etwas über die Großstadt aus der naiven Sicht der Neuankommenden. Der naturalistische Roman nutzt, ähnlich wie später die Soziologie, die Großstadt als Labor, um das Zusammenspiel von Mensch, Umwelt und Gesellschaft nachzuzeichnen. In den Eingangspassagen bietet Dreiser ein großartiges Panorama der Großstadt, wie es sich wohl jedem Neuankömmling dargeboten haben muß. Anhand der Beschreibung von Personen und Situationen zeichnet er ein Bild von den Gegensätzen zwischen Arm und Reich; er gibt einen Einblick in das Leben in Hotels, Appartementhäusern und in Nachtasylen; er verdichtet im Verhalten seiner Protagonisten die Bedeutung von »front«, von Bluff und Gleichgültigkeit als spezifisch großstädtischen Verhaltensweisen. Bei alledem werden die in der Zeitungspraxis gewonnenen Erfahrungen – »die sorgfältige Untersuchung der wichtigsten Straßen, Läden, Hotels und Wohnviertel« (Dreiser) – genutzt, um ein wirklichkeitsgetreues Bild zu zeichnen.

Es ist diese Wirklichkeitstreue, die den naturalistischen Roman zu einer durchaus beachtenswerten Quelle einer an Realitätserschließung interessierten Soziologie macht. Wenn Park seinen Studenten Dreiser, Lewis und andere Naturalisten zur Lektüre empfiehlt, dann schwingt darin das Wissen darüber mit, daß die Autoren ihren Gegenstand aus eigener Erfahrung kennen. Werner Cahnmann zeigte sich anläßlich eines Besuches in Parks Privathaus verwundert darüber, daß in dessen Bibliothek mehr Reisebücher, Reportagen und Romane zu finden waren als Abhandlungen sozialwissenschaftlicher Natur. Park erläuterte seine Präferenz mit den Worten: »Of course, these books are not sociology, but those who wrote them have one advantage over sociologists – they knew people.« (REPA 6:7) Was an dieser Erläuterung besticht, ist, daß Park seine Position noch um 1940 im Ton eines Journalisten vorträgt, zu dem die Ablehnung von Akademikern gehört, die vom wirklichen Leben keine Ahnung haben.[7] Im Geprāch mit Carey bemerkt Cottrell, ein Park-Schüler, daß sein Vater, ein Journalist, voreingenommen gegenüber Akademikern war, »die versuchten über Probleme zu schreiben, von denen sie in Wirklichkeit nichts wissen«, sein Urteil aber revidierte, als er erfuhr, daß Park ein ehemaliger Journalist sei: »He (Cottrell sen.) thought that was a good idea. May be he'd be able to teach us something.« (JTC 1:6) Parks größtes Verdienst als akademischer Lehrer besteht darin, daß er eine wissenschaftliche Möglichkeit eröffnete, das interesselose Interesse an sozialen Welten soziologisch produktiv zu machen.

7 Man kann die Kontroverse zwischen Journalismus und Soziologie als Formen der Wirklichkeitsannäherung bis heute in den Kategorien »acquaintance with« versus »knowledge about« beschreiben. Während die Journalisten den Soziologen fehlendes Kennen (»keine Ahnung«) vorwerfen, halten Soziologen den Journalisten mangelndes Wissen (»unpräzise und oberflächlich«) vor.

Dabei ging es ihm, der die Ansicht vertrat, daß die »Big D«-Soziologie, wie sie noch in den 20er Jahren an den Colleges gelehrt wurde, überhaupt keine Soziologie sei (REPA 9:2), darum, auf die Verzerrungen aufmerksam zu machen, denen eine kurzatmige, unmittelbar mit der Wohlfahrtspflege verbundene Soziologie notwendigerweise unterliegen muß. Zunächst galt es, jenen Studenten, die mit dem »service«-Gedanken spielten, die Augen zu öffnen; dazu konnten literarische Werke und Autobiographien einen nicht unerheblichen Beitrag leisten.

Die in den Titeln der klassischen Monographien zum Ausdruck kommende Annäherung an die zeitgenössische Literatur ist nicht dahingehend mißzuverstehen, es handele sich dabei um bloße Nachahmung der Großstadtliteratur (obwohl eine Spekulation auf ein breiteres Publikum sicherlich darin enthalten ist). Sie dokumentiert vor allem die Einheit eines naturalistischen Ansatzes. Park war sich darüber im klaren, »daß der Sozialwissenschaftler und der Schriftsteller häufig im selben Weinberg arbeiten« (Borenstein 1978, S. 170), daß sie dies aber aus unterschiedlichen Blickwinkeln und mit unterschiedlichen Zielsetzungen taten. Park selbst hat diese Unterschiede dahingehend erklärt, daß die Funktion des psychologischen oder soziologischen Romans bei der Darlegung eines individuellen Falles endet, während die Soziologie insofern darüber hinausgehe, als sie Generalisierungen anstrebe (Park/Burgess 1924, S. 146). Literatur war für Park deswegen unersetzlich, weil sie »insight«, ein Verstehen dessen zu vermitteln vermag, was sich hinter der menschlichen Fassade und den sozialen Formen tut. Darin sah er zugleich eine bedeutende Aufgabe der Soziologie, die nur dann zu erfüllen ist, wenn die wissenschaftliche Analyse mit dem Interesse an der menschlichen Natur einhergeht. Ein Rezensentenurteil, das, wie im Falle von Zorbaughs Studie, hervorhebt, hier liege eine soziologische Untersuchung vor, die gleichermaßen durch wissenschaftliche Methodik wie durch »human interest« besticht, bedeutet in den Augen von Park keine Abwertung, sondern eine Auszeichnung für einen Typ der soziologischen Forschung, der darauf abzielt, Menschen in ihrer Lebenswelt besser zu verstehen und besser verstehbar zu machen. In dieser Hinsicht unterschied sich Park vollkommen von Ogburn. In einer wissenschaftlichen Polemik, deren Zielscheibe wohl auch Park war, sieht Ogburn die Herausbildung der sozialwissenschaftlichen Einstellung an die Aufgabe der gegenwärtigen Gewohnheit gebunden, zu versuchen, Resultate der Wissenschaft in Literatur umzusetzen: »The audience for these (scientific) articles will be The Scientific Guild, and no attempt will be made to make these articles readable for shop girls or for the high-school youth.« (Ogburn 1930, S. 301) Mit dieser Ablehnung der Vermischung von szientifischem und literarischem Stil wird in der Konsequenz aber auch ein wesentliches, für Park charakteristisches Moment des wissenschaftlichen Ethos aufgegeben. Für Park, dessen Wissenschaftsverständnis von Deweys »shared experience«-Ideal durchdrungen war, hatte die Soziologie nicht zuletzt eine wichtige kommunikative Aufgabe, die weit über die »Scientific Guild« hinausreichte:

»Time and again he (Park) insisted that it was not enough merely to learn about human beings and their ways of life, but that one's knowledge must also be communicated clearly to other interested persons. ›Just tell the story of what happened or of what you have found to be true‹, he would say, ›and tell it in such a way that anyone with a reasonable amount of intelligence can understand it.‹« (Pierson an Matthews, REPA 7:3)

Kapitel VI
Uncle Sam und *Young Sammy*
Soziologie zwischen Reform und Report

»He's not Uncle Sam, the father,
that prim, pompous, honest man,
Yankee, or Virginian, rather:
Sammy's an American.«

George Santayana
Young Sammy's First Wild Oats

Wie beeindruckend auch die Übereinstimmungen zwischen journalistischer Reportage und soziologischer Feldstudie hinsichtlich Themen und Vorgehensweisen sind, so würde doch das wesentliche Moment des Einflusses des Journalismus auf die Chicagoer Soziologie verfehlt, wenn man sich auf diese Aspekte beschränkt. Allzuleicht nämlich beschwört eine solche Beschränkung die letztlich unergiebige Debatte herauf, die um Oberflache vs. Tiefe, Deskription vs. Analyse als differentia specifica der beiden intellektuellen Unternehmungen kreist. Die Kritik an der empirischen Soziologie als »bloß beschreibende« und damit journalistische hat es sich in dieser Hinsicht zu leicht gemacht, aber auch jene Entgegnung, die, um der Kritik den Wind aus den Segeln zu nehmen, auf den »systematischeren« und damit wissenschaftlichen Charakter der Soziologie verweist. Zu sagen, die Chicagoer Soziologen hätten sich als Wissenschaftler (und nicht als Journalisten, Publizisten oder Literaten) verstanden (Bulmer 1984, S. 97), kommt einem Pleonasmus gleich; wie anders denn als Soziologen hätten sie sich verstehen sollen?

Der Einfluß des Journalismus auf die empirische Soziologie, zwar weitgehend von der Person Parks ausgehend, in ihrer Wirkung aber weit über sie hinausgehend, läßt sich nur rekonstruieren, wenn man fragt, warum er diesen Einfluß überhaupt hat ausüben können. Was machte den Journalismus gewissermaßen zu einer Vorbilddisziplin, deren Orientierungen, Problemstellungen und Forschungswerkzeuge es zu vertiefen galt? Zentral ist hier der Stellenwert des Journalismus nicht nur als Beruf, sondern vor allem als *Milieu*. Den wesentlichen Einfluß dieses Milieus haben wir in der Herausbildung einer anderen Einstellung gegenüber den sozialen Welten zu sehen, die der wissenschaftlichen Einstellung näher ist als diejenige einer praktischen Soziologie, die mit dem social gospel paktiert. Diese Einstellung ist zunächst in einem unmittelbaren, wörtlichen Sinne weltanschaulicher Natur. Ihr liegt der Wunsch nach neuer Erfahrung zugrunde, und zwar nach Erfahrung, die nicht durch moralische Vorannahmen gefiltert ist. Diese Einstellung ist Teil eines Wider-Spruchs, bei dem das Eigeninteresse an der Abnabelung von einer durch Konventionen abgeschirmten Erfahrungsweise mit dem unvoreingenommenen und unverhohlenen Interesse am »anderen« und »Fremden« einhergeht. Dabei gewinnt das andere subjektiv die Qualität eines Korrektivs zum Eigenen; die Anziehungskraft dessen, was das »wirkliche Leben« genannt wird, ist Funktion der »Unwirklichkeit« des eigenen Lebens, die sich aus dem Gefühl speist, das Leben in all seinen Dimensionen nur noch aus zweiter Hand zu erfahren.

Die publizistische Sphäre der Jahrhundertwende bildet ein Sammelbecken für kulturelle Dissidenten, deren Protest sich allererst gegen die Enge und Sterilität, gegen den schönen Schein und die eitle Selbstgefälligkeit dessen richtet, was George Santayana (1911) als die *genteel tradition* bezeichnet hat, eine Tradition, die, wie Sinclair Lewis in seiner Rede bei der Entgegennahme des Nobelpreises ausführte, beispielhaft für die Trennung des intellektuellen Lebens von allen authentischen Standards der Wirklichkeit steht. Das gibt dieser Sphäre die Note eines gegenkulturellen Milieus, das nicht nur neue Erfahrungen eröffnet, sondern auch eine experimentelle Lebensweise erlaubt. Zumeist *White Anglo-Saxon Protestants*, richtet sich der Protest derer, die sich der metropolitanen Presse als Erfahrungsfeld zuwenden, gegen ihre Herkunftskultur, wobei sie sich insofern als deren Erben erwei-

sen, als sie sich nicht nur als »Rebellen«, sondern auch als »Suchende« im metaphysischen Sinn verstehen. Diese persönliche Suchbewegung ist Teil einer kulturellen Umwälzung, in deren Verlauf der provinzielle Puritanismus durch einen kosmopolitischen Liberalismus abgelöst wird. Daß diese Umwälzung von den Großstädten, Laboren des Kosmopolitismus, ausgeht, nimmt nicht wunder; daß sich ihre Avantgarde in der publizistischen Sphäre sammelt, ebensowenig: Die Journalisten im Ausgang des Jahrhunderts sind Prototypen des modernen, urbanen Menschen.
Was hier aufscheint, ist ein neues Verständnis von der gesellschaftlichen Rolle der Intelligenz, die ihre Basis in den neuen Kommunikationstechniken und Publikationsmedien hat. Parks Vorstellung von der Soziologie als einem Medium zur Erhellung der öffentlichen Meinung spiegelt dieses neue Verständnis: unparteiisch und ohne Rücksicht auf irgend jemandes Politik oder Programm nur Sachwalter der Öffentlichkeit sein.

Matza hat in *Becoming Deviant* die Vorstellung von Vielfalt als Anti-These zur Pathologie Annahme bezeichnet. Steht erstere für die Verstehens-, so letztere für die Präventionsperspektive. So unvereinbar diese Perspektiven in *einem* Blick auch scheinen, sieht Matza das Dilemma der Chicago-Schule gerade darin, daß *kulturelle Vielfalt* beschrieben und *soziale Pathologie* diagnostiziert wird. Er stellt folglich die Frage, wie man die Tatsache der Vielfalt in den Städten Amerikas beschreiben und dennoch an der Pathologie-These festhalten konnte (Matza 1973, S. 54). Seine Antwort lautet, daß der Begriff der Pathologie von der persönlichen auf die soziale Ebene verschoben wurde: an die Stelle individueller Pathologie tritt die Konzeption sozialer Desorganisation. Das beantwortet aber immer noch nicht die Frage, wie es überhaupt zu diesem Dilemma hat kommen können, stellt sich uns doch heute das Verhältnis von Präventions- zur Verstehensperspektive als ein Entweder-Oder dar.

Hans Joas (1988, S. 437) hat, ohne explizit auf das Dilemma einzugehen, die Situation der Chicagoer Schule gerade im Hinblick auf die falsche Einschätzung ihres vorgeblich bloß sozialreformerischen Charakters als eine wissenschaftsgeschichtliche Zwischenposition zwischen fehlender und vollendeter Professionalisierung bezeichnet. Gewiß konnte die Chicagoer Schule sich nur mit einer verbesserten Erforschung der Problembereiche gegenüber dem bloßen Reformertum qualifizieren, nicht durch den Verzicht auf jedes außerwissenschaftliche Mandat. Aber ich denke, daß wir, was die Erklärung des Dilemmas angeht, noch hinter die wissenschaftsgeschichtliche Position zurückgehen müssen, die in gewisser Hinsicht selbst noch Symptom des Wandels im kulturellen Selbstverständnis ist.

Wir können, ja wir müssen von zwei kulturellen Wurzeln der empirischen Soziologie sprechen, wie sie die »Goldene Ära« der Chicago School (1918-1933) auszeichnet. Um deren besondere, zwitterhafte Gestalt zu verstehen, gilt es, sie als Übergangsphänomen bzw., in ihrer eigenen Terminologie, als »zone in transition«, im Wandlungsprozeß von einer »Kultur des Charakters« und der Charakterbildung zu einer »Kultur der Persönlichkeit«, der modernen Subjektivität zu sehen (vgl. Susman 1984). Die Chicagoer Soziologie weist diese Spannung auf: Sie fragt noch, was zu tun sei (»Prävention«), und sie fragt schon, was Menschen tatsächlich tun (»Verstehen«).

Das Dilemma, kulturelle Vielfalt zu beschreiben und soziale Pathologie zu diagnostizieren, resultiert aus dem Umstand, daß die Chicagoer Soziologie der 20er Jahre den Schnittpunkt zweier kultureller Strömungen bildet, als deren Archetypen der *Reformer* einerseits, der *Reporter* andererseits figurieren. Diesen Archetypen entsprechen unterschiedliche Weltanschauungen, die mit unterschiedlichen Wirklichkeitssichten einhergehen. Schon in ihren Benennungen ist dieser Unterschied enthalten. Der Reformer wendet sich der sozialen Wirklichkeit aus der Ameliorationsperspektive zu. Für ihn sind andere und fremde Lebenswelten nicht bloß anders und fremd, sondern, gemessen an moralischen und zivilisatorischen Standards, zugleich defizitär. Der Reporter dagegen erstattet über andere und fremde Lebenswelten Bericht. Er verweist auf Unterschiede als Unterschiede, ohne sie zugleich aufheben zu wollen.

Vor diesem Hintergrund wird deutlich, wie kurzsichtig (und oberflächlich) der Einwand, eine Darstellung sei »bloß deskriptiv«, aus historischer Perspektive ist. Das, was sich als »bloße« Beschreibung so leicht ausnimmt, erweist sich in einer Zeit, in der es um die Purifizierung der Wahrnehmung von moralischen Vorannahmen geht, als ein außerordentlich schwieriges Unterfangen. »Beschreibung« um ihrer selbst willen bedeutet, sich auf den Gegenstand einzulassen, statt ihn durch die normativen Filter und kulturellen Selbstverständlichkeiten der Herkunftskultur von vornherein zu denaturieren.

In auffälliger Weise korrespondieren die Unterschiede zwischen Reformer und Reporter im Feld großstädtischer Lebenswelten mit denen zwischen Missionar und Ethnologe im Feld ›primitiver‹ Kulturen. Für Malinowski ist der Missionar jemand, der die Sichtweise des weißen Mannes dem Eingeborenen erklärt (der die Sichtweise des WASP den Immigranten erklärt), während die Aufgabe des Ethnologen darin besteht, die Sichtweise des Eingeborenen dem Europäer zu übersetzen (die Sichtweise des Immigranten dem WASP zu übersetzen) (Malinowski 1935, Bd. 2, S. xxi). Diese Korrespondenz schließt noch die subjektive Aversion der Reporter/Ethnologen gegenüber den Reformern/Missionaren mit ein: Letztere sind Emissäre einer Kultur, der die ersteren zu entfliehen trachten (vgl. auch Stipe 1980). Sowohl Harvey (1987) wie Joas (1988) ist in ihrer Einschätzung recht zu geben, daß die Chicagoer nicht in erster Linie reformorientiert, sondern auf die Entwicklung der Soziologie als objektive Wissenschaft bedacht sind. Insbesondere die von Park inspirierten Studien zeichnen sich durch das Bemühen aus, soziale Welten und so-

ziales Handeln unvoreingenommen zu erforschen, um auf diese Weise zu einem Fundus an soziologischem Wissen zu gelangen, das ein aus praktischen Zielsetzungen gewonnenes Wissen ersetzt.
Dennoch bleibt eine gewisse Ambivalenz festzuhalten, die sich sowohl phasenspezifisch (erste vs. zweite Phase der Chicagoer Soziologie) wie personenspezifisch (Henderson/Burgess vs. Thomas/Park) bemerkbar macht, eine Ambivalenz, die auf die von Joas genannte Zwischenposition verweist. Eine Durchsicht der Vorkriegsjahrgänge des *American Journal of Sociology* vermittelt uns, sehen wir einmal von den Beiträgen zur allgemeinen Soziologie ab, über weite Strecken das Bild einer Soziologie, die sich als Hilfswissenschaft karitativer Bestrebungen versteht. Eine solche Anbindung fordert ihren Tribut: Bei allem Bemühen um Lebensnähe läuft die empirische Soziologie in dieser Phase letztlich auf die Erstellung eines Ameliorationsprogramms hinaus. Führender Exponent dieser Orientierung in der ersten Phase war Charles Henderson, aber diese Perspektive ging mit Hendersons Tod (1915) nicht gänzlich verloren; Burgess war, wie Hughes bemerkt, in mehr als einer Hinsicht Hendersons Nachfolger. Zweifellos ging es Burgess um die Entwicklung der Soziologie als Wissenschaft; daher wäre es falsch, in dieser Hinsicht einen Gegensatz zu Park zu konstruieren. Aber Burgess blieb der Präventionsperspektive bis zu einem gewissen Grad verhaftet; nicht nur seine Kontakte mit der School of Social Service Administration und seine Mitarbeit bei verschiedenen Präventionsprogrammen zeugen davon, sondern auch seine soziologischen Schwerpunkte in Forschung und Lehre. Burgess steht mit Seminaren wie »Social Pathology«, »Crime and its Social Treatment« sowie »Causes and Prevention of Poverty« in der Tradition von Henderson. Seine Forschungsschwerpunkte (Gemeindeforschung mit einem besonderen Akzent auf Nachbarschaftsarbeit, Familiensoziologie und Delinquenzforschung), die durch ihre Nähe zur Sozialarbeit geprägt sind, verstärken diesen Eindruck noch. Es war Bur-

gess, der die Kontakte zu den Wohlfahrtseinrichtungen und Stiftungen herstellte, Forschungsgelder und Stipendien besorgte und zum Zwecke der Erhöhung der Reputation der Soziologie Komitees, zusammengesetzt aus einflußreichen Persönlichkeiten und Vertretern karitativer und sozialer Einrichtungen, gründete. Diesen Komitees war das Ritual der »Empfehlungen«, Residuum der Präventionsperspektive, zu verdanken, in die die klassischen Studien, zum Teil auf recht irritierende Weise, mündeten. Nels Andersons *The Hobo* kann dafür als Beispiel gelten. Man braucht nur das Vorwort des Komitees, dessen Vorsitzender Burgess war, mit der Einleitung des Herausgebers, Robert Park, zu vergleichen, um sich der Einflußfaktoren, die die wissenschaftsgeschichtliche Zwischenposition der Chicagoer Soziologie in ihrer »Goldenen Ära« bedingen, bewußt zu werden: Dort erscheint die Studie als ein Unternehmen, das den sozialen Einrichtungen Fakten liefert, aufgrund derer sie sich in kenntnisreicher Weise mit dem Problem des Wanderarbeiters auseinandersetzen können; hier als ein Beitrag zur Soziologie des Großstadtlebens, der seinen Untersuchungsgegenstand, den Hobo, in seiner eigenen Lebenswelt aufsucht, um seine Handlungsweise besser verstehen zu lernen.

Park hielt sich, was Kontakte mit sozialen Einrichtungen anging, bedeckt. Man könnte auch sagen, daß er Burgess die Kärrnerarbeit der Akquisition von Forschungsgeldern überließ, während er sich auf das Brainstorming kaprizierte. Für Reckless war Burgess der Verwalter, der die Erstellung der base maps veranlaßte, der die Kontakte zu den sozialen Einrichtungen herstellte und die Gelder besorgte, während Park als der Mann der Ideen, als der Anreger erscheint: »But Park nevertheless was, because of his newspaper experience, a field man, he wanted to get out in the field and look what's going on... And this was Park's idea, get your feet wet... Get down in the streets and get out there and learn things about life.« (Reckless, JTC 1:21)

»Get your feet wet«: in dieser Wendung ist ein Programm der Annäherung an soziale Wirklichkeit enthalten, dem es um den Schritt in unvertraute Zonen sowohl als Mittel der Katharsis wie der Datengewinnung geht. Dinge über das Leben lernen heißt nicht nur, Erfahrungen zu machen, die in Erkenntnisse umzusetzen sind, sondern auch, jene ungedachten Vorannahmen abzustreifen, die der wissenschaftlichen Erkenntnis im Wege stehen.

Mit dem unvoreingenommenen, gleichwohl leidenschaftlichen Interesse am »wirklichen Leben«, der Begründungsformel für die Hinwendung zum Journalismus um die Jahrhundertwende, ist im Kern das Modell einer um ihrer selbst willen betriebenen soziologischen Feldforschung gegeben. Dieses interesselose Interesse, das sich dem »anderen« zuwendet, um es zu verstehen, nicht um es zu verändern, ist freilich nicht uneigennützig. Das Eigeninteresse liegt gerade in der ostentativ vorgetragenen Interesselosigkeit (an Bevormundung, Einmischung, Stellvertreterhandeln) verborgen: Die Absage an die traditionelle Sichtweise ist zugleich ein Akt der Selbstbefreiung.
In der Vermeidung einer patronisierenden Attitüde, in der Suche nach dem »Authentischen«, »Genuinen« und »Wirklichen« verbirgt sich das Streben nach Subjektivität, die frei von den Restriktionen durch Konventionen ist. Die damit einhergehende Umkehrung der Perspektive, die Betrachtung der respektablen Gesellschaft vom Standpunkt jener, die außerhalb oder jenseits der respektablen Gesellschaft leben, ist, folgen wir Gouldners Unterscheidung, genuin romantischer Natur; einschließlich des »üblichen Berufsrisikos des Romantikers«, alle Sitten tolerieren zu können außer den eigenen. Als emotionale Flüchtlinge ihrer Kultur stellen sie die übliche Hierarchie auf den Kopf: Gerade in der Andersartigkeit der Immigranten-Kulturen scheint die Chance einer Wiederbelebung der amerikanischen Kultur zu liegen. Die aus der Abstoßung durch die eigene Kultur erwachsene Zuwendung zur fremden

Kultur im eigenen Land, die so sehr an das Motiv vieler erinnert, die sich der Ethnologie zuwenden, hat einen entscheidenden Effekt: Die Kenntnis anderer Lebensweisen erscheint, unabhängig von einer moralischen Bewertung, als lohnend.

Damit steht aber die romantische Haltung gegenüber den sozialen Welten modernen Vorstellungen von wissenschaftlicher Objektivität weit näher als die instrumentellen Vorstellungen einer politisch ausgerichteten oder angewandten Soziologie (Gouldner 1984, S. 198). Objektivität geht hier, nur scheinbar ein Paradoxon, aus dem Streben nach Subjektivität hervor.

Wie sehr das romantische Denken im literarischen Journalismus der Zeit präsent ist, zeigt ein Aufsatz von Hutchins Hapgood über »Literature in Low Life«:

»Comfortable people, as a rule, do not like to read about anything they deem ›unpleasant‹. If they pay attention at all to ›low‹ things, it is for charitable purposes. They do it to relieve distress or their own consciences. They do it as outsiders who force their sympathy, not as human beings moved by spontaneous interest in the lives of their kind. Again, many respectable people think that there is something perverted or immoral merely in paying attention, unless the object for doing so is reform, to the ›low‹ forms of human life. And yet is not only the literary interest of such a disinterested attitude unquestionable, but also it is true that without such genuine interest and sympathy the real facts, without which no reform is possible, can not be ascertained.« (Hapgood 1910, S. 13f.)

In diesem Statement, das sicherlich auch als eine Rechtfertigung für seine Beschäftigung mit abweichenden Gruppierungen zu lesen ist, zeichnet Hapgood in der Gestalt der »respectable people« ein Porträt der »genteel tradition«, verdeutlicht am Untersuchungsgegenstand die unterschiedlichen Wirklichkeitssichten und führt die Widerstände vor Augen, denen gegenüber sich ein Interesse am »anderen«, »Fremden« und »Niederen« durchzusetzen hat, das nicht durch das Motiv der Änderung oder Besserung geleitet wird. Daß aber nur eine Methode, die frei ist von der Ausrichtung auf Praxis, in ihrer Anwendung praktisch nützlich werden kann, gehörte zum soziologischen Credo von William Isaac Thomas und Robert Ezra Park. In dieser Hinsicht ist das literarische Programm von Hapgood zugleich ein Programm für eine, die moralistische Wahrnehmung der Phänomene überwindende, empirische Soziologie.

In seinen Anmerkungen über den Ursprung der »Society for Social Research« führt Park den Beginn einer sich von der Ausrichtung auf unmittelbare Praxis lösenden Soziologie auf Thomas zurück:

»*Thomas' interest was always,* it seems, *that of a poet* (although he never, so far as I know wrote poetry) *and of a literary man in the reportorial sense,* and not that of a politician or of a practical man. He wanted to see, to know, and to report, disinterestedly and without respect to anyone's policies or programs, the world of men and things as he experienced it.« (Park 1982 [1939], S. 337; meine Hervorhebungen, R. L.)

Das Bild vom Soziologen als Dichter, dem es um den Stimmungsgehalt, und als Literat, dem es um den Bericht, nicht um Berichtigung geht, verweist einmal mehr auf die Verlagerung der Wirklichkeitssicht, die sich gegen die Verstellung der Wirklichkeit durch normative Vorannahmen richtet. Nicht zufällig ist in diesem Zusammenhang vom »Poeten« die Rede. In einer normativ verstellten Kultur sind es das Einfühlungsvermögen, die Intuition und die Sensibilität des poetischen Menschen, die die Hülsen und Schalen konventionellen Denkens zu durchbrechen vermögen. Bekanntlich ist der griechische *poietes* der schöpferische Mensch.

Quellenverzeichnis

EWB Ernest W. Burgess – Papers
JTC James T. Carey – Interviews
REP Robert E. Park – Papers
REPA Robert E. Park – Addenda
SNF Samuel N. Fuller – Papers
UCP University of Chicago Press – Collections
alle in:
Joseph Regenstein Library
Special Collections Department
University of Chicago
Zitierweise: Die erste Ziffer hinter dem Quellenkürzel bezieht sich auf das jeweilige *box*, die zweite auf das *folder*.

Bibliographie

Ade, George
1931 The Old-Time Saloon, New York

Agar, Michael H.
1980 The Professional Stranger. An Informal Introduction to Ethnography, New York etc.

Alger, George W.
1905 The Literature of Exposure, in: Atlantic Monthly vol. 96, S. 210-213

Algren, Nelson
1951 Chicago: City on the make, New York

Allsop, Kenneth
1967 Hard Travellin'. The Hobo and his history, New York
1968 The Bootleggers. The Story of Chicago's Prohibition Era, Geneva

Ames, Edward S., E. C. Hughes, J. H. Nef, L. Wirth, Ch. S. Johnson
1944 Robert E. Park 1864-1944, Chicago (Privatdruck)

Anderson, Nels
1967 The Hobo. The Sociology of the Homeless Man, Chicago/London (1923)
1975 The American Hobo. An Autobiography, Leiden
1983 A Stranger at the Gate: Reflections on the Chicago School of Sociology, in: Urban Life vol. 11, S. 396-406
o. J. The Poet and the Rebel Press (unv. Manuskript)

Angell, Robert
1929/30 Cooley's Heritage To Social Research, in: Social Forces vol. 8, S. 340-347
1945 A Critical Review of the Development of the Personal Document Method in Sociology 1920-1940, in: L. Gottschalk u. a., S. 175-232

Anonym
1937 Hobo Hegemony, in: Literary Digest vol. 123, 10. April

Antonovsky, Aaron
1956 Toward a Refinement of the ›Marginal Man‹ Concept, in: Social Forces vol. 35, S. 57-62

Baker, Paul J.
1973 The Life Histories of W. I. Thomas and Robert E. Park, in: American Journal of Sociology vol. 79, S. 243-260 (deutsch in: W. Lepenies [Hg.], 1981, S. 244-270)

Baker, Ray Stannard
1911 Jacob S. Coxey, in: American Magazine vol. 72, S. 660-664
1911/12 Human Nature in Hawaii, in: American Magazine vol. 73 (dreiteilige Serie)
1964 Following the Color Line, New York (1908)

Ballowe, James (ed.)
1967 George Santayana's America, Chicago/London

Bargatzky, Thomas
1981 Das »Marginal Man«-Konzept: Ein Überblick, in: Sociologus Bd. 31, S. 141-165

Barth, Gunther
1980 City People. The Rise of Modern City Culture In Nineteenth Century America, New York/Oxford

Beck, Hanno
1982 Große Geographen, Berlin

Becker, Howard S.
1966 Introduction, in: Clifford R. Shaw, S. V-XVIII
1970 Dialogue with Howard S. Becker. An Interview Conducted and Prepared for Issues in Criminology by Julius Debro, in: Issues in Criminology vol. 5, S. 159-179

Bell, Collin/Howard Newby
1971 Community Studies, London

Belman, Lary S.
1977 John Dewey's Concept of Communication, in: Journal of Communication vol. 27, S. 29-37

Ben-David, Joseph
1960 Roles and Innovations In Medicine, in: American Journal of Sociology vol. 65, S. 557-568

Benjamin, Walter
1974 Angelus Novus, Frankfurt a. M.
1983 Das Passagenwerk (2 Bände), Frankfurt a. M.

Bennett, James
1981 Oral History and Delinquency, Chicago/London

Benson, Ben
1942 Hoboes of America (ohne Ort)

Berger, Morris Isaiah
1980 The Settlement, The Immigrant, And The Public School, New York

Berger, Morroe
1977 Real and Imagined Worlds. The Novel and Social Science, Cambridge/Mass. and London

Bergmann, Herbert
1971 Walt Whitman as a Journalist, in: Journalism Quarterly vol. 48. S. 195-204, 431-437

Bertaux, Daniel
1981 From the Life-History Approach to the Transformation of Sociological Practice, in: ders. (ed.), Biography and Society. The Life History Approach in the Social Sciences, Beverly Hills/London, S. 29-45

Berthoff, Warner
1965 The Ferment of Realism. American Literature, 1884-1919, New York

Bigelow, Donald N.
1957 Introduction, in: Jacob A. Riis, How The Other Half Lives, New York

Bleyer, Willard G.
1923 Newspaper Writing and Editing, Boston etc. (1913)

1927 Main Currents in the History of American Journalism, Boston etc.

Borenstein, Audrey
1978 Redeeming the Sin: Social Science and Literature, New York

Bowdery, Barbara Klose
1951 The Sociology of Robert E. Park, Ph. D., Columbia University

Boyce, Neith
1901 The »News« Element in Modern Fiction, in: The Bookman vol. 12, S. 149-150

Bradbury, Malcolm
1983 The Modern American Novel, Oxford/New York

Braude, Lee
1970 ›Park and Burgess‹: An Appreciation, in: American Journal of Sociology vol. 76, S. 1-10

Bremner, Robert H.
1956 From the Depths. The Discovery of Poverty in the United States, New York

Brown, Lea Ann
1984 Elizabeth Cochrane (Nellie Bly), in: Dictionary of Literary Biography vol. 25: American Newspaper Journalists, 1901-1925, Detroit, S. 58-64

Bruns, Roger A.
1986/87 King of the Hoboes, in: Chicago History vol. 15, S. 4-19
1987 The Damndest Radical, Urbana and Chicago

Bücher, Karl
1906 Die Entstehung der Volkswirtschaft, Tübingen

Bulmer, Martin
1981 Quantification and Chicago Social Science in the 1920s: A Neglected Tradition, in: Journal of the History of the Behavioral Sciences, vol. 17, S. 312-331
1983 Chicago School And The Society For Social Research. A Comment, in: Journal of the History of the Behavioral Sciences vol. 19, S. 353-357

1983 The Society for Social Research, in: Urban Life vol. 11, S. 421-439

1983 The Methodology of the Taxi-Dance Hall, in: Urban Life vol. 12, S. 95-101

1984 The Chicago School of Sociology. Institutionalization, Diversity, and the Rise of Sociological Research, Chicago and London

1985 The Chicago School of Sociology: What Made It A ›School‹?, in: History of Sociology vol. 5, S. 61-77

Bunner, Henry C.

1894 The Bowery and Bohemia, in: Scribner's vol 15, S. 452-460

1896 Jersey Street and Jersey Lane. Urban and Suburban Sketches, New York

Burgess, Ernest W.

1926 The Urban Community (ed.), Chicago

1927 Statistics and Case Studies as Methods of Sociological Research, in: Sociology and Social Research vol. 12, S. 103-120

1967 The Growth of the City: An Introduction to a Research Project, in: Park, Burgess, McKenzie, The City, Chicago, S. 47-62 (1925)

1973 On Community, Family, and Delinquency, Chicago and London

Burgess, Ernest W., Donald J. Bogue (eds.)

1964 Contributions To Urban Sociology, Chicago/London

Burgess, Robert G.

1982 Field Research: A Source Book and Field Manual, London (ed.)

1984 In The Field. An Introduction to Field Research, London

Burton, David H.

1982 Progressive Masks. Letters of Oliver Wendell Holmes, Jr., and Franklin Ford, Newark, London, Toronto

Bushnell, Charles J.

1901/02 Some Social Aspects of the Chicago Stock Yards, in: American Journal of Sociology vol. 7, 145-170, 289-330, 433-474, 687-702

Byrnes, Thomas

1969 Professional Criminals of America, New York (1886)

Cannon, Walter Bradford
o. J. Der Weg eines Forschers, München

Cantwell, Robert
1968 Journalism – The Magazines, in: Herbert Shapiro (ed.), S. 21-23

Carey, James T.
1975 Sociology and Public Affairs. The Chicago School, Beverly Hills, London

Carey, James W.
1969 The Communications Revolution and the Professional Communicator, in: Paul Halmos (ed.), The Sociology of Mass-Media Communicators (= The Sociological Review Monograph 13), Keele

Cavan, Ruth Shonle
1983 The Chicago School of Sociology, 1918-1933, in: Urban Life vol. 11, S. 407-420

Chalmers, David Mark
1974 The Muckrake Years, New York etc.

Chombart de Lauwe, Paul-Henry
1952 Paris et l'Agglomération Parisienne, 2 Bände, Paris (und Mitarbeiter)
1965 Paris. Essais de Sociologie 1952-1964, Paris

Cipriani, Roberto
1985 Quantité et qualité dans l'analyse sociologique: faux dilemme ou débat ideologique dans la connaissance scientifique?, in: Revue de l'Institut de Sociologie, Nr. 1-2, S. 181-190

Clements, Frederic Edward
1905 Research Methods in Ecology, Lincoln, Nebr.

Colbron, Grace Isabel
1903 »The Spirit of the Ghetto«. By Hutchins Hapgood (Rez.), in: The Bookman vol. 17, S. 97f.

Conrad, Else
1902 Vagabundieren mit Vagabunden, in: Archiv für Kriminalanthropologie und Kriminalstatistik Bd. 8, S. 129-165

Cook, Fred J.
1972 The Muckrakers. Crusading Journalists Who Changed America, Garden City, New York

Cooley, Charles Horton
1926 The Roots of Social Knowledge, in: American Journal of Sociology vol. 32, S. 59-79
1966 Social Process, Carbondale and Edwardsville (1918)

Coser, Lewis A.
1958 Simmel's Style Of Work: A Contribution To The Sociology Of The Sociologist, in: American Journal of Sociology vol. 63, S. 635-641
1965 Georg Simmel, Englewood Cliffs, N. J.
1977 Masters of Sociological Thought, New York
1984 Refugee Scholars In America, New Haven and London

Coughlan, Neil
1975 Young John Dewey, Chicago/London

Cressey, Paul Goalby
1983 A Comparison of the Roles of the »Sociological Stranger« and the »Anonymous Stranger« in Field Research, in: Urban Life vol. 12, S. 102-120

Czitrom, Daniel J.
1982 Media and the American Mind, Chapel Hill

Dahme, Heinz-Jürgen/Otthein Rammstedt (Hg.)
1984 Georg Simmel und die Moderne, Frankfurt a. M.

Dannenbaum, Jack
1981 The Origins of Temperance Activism and Militancy Among American Women, in: Journal of Social History vol. 15, S. 235-252

Darnell, Regna
1986 Personality and Culture: The Fate of the Sapirian Alternative, in: George W. Stocking, Jr. (ed.), S. 156-183

Darnton, Robert
1975 Writing News and Telling Stories, in: Daedalus vol. 104, S. 175-193

Deegan, Mary Jo/John S. Burger
1981 W. I. Thomas and Social Reform: His Work and Writings, in: Journal of the History of the Behavioral Sciences vol. 17, S. 114-125

Devereux, George
1976 Angst und Methode in den Verhaltenswissenschaften, München

Dewey, John
1926 Experience and Nature, Chicago/London
1927 The Public and Its Problems, New York
1929 Characters and Events, New York

Dilthey, Wilhelm
1968 Der Aufbau der geschichtlichen Welt in den Geisteswissenschaften (= Ges. Schriften, Bd. VII), Stuttgart/Göttingen

Diner, Steven J.
1975 Department and Discipline: The Department of Sociology at the University of Chicago 1892-1920, in: Minerva vol. 13, S. 514-553

Dollard, John
1938 The Life History in Community Studies, in: American Sociological Review vol. 3, S. 724-737

Douglas, Jack D. (ed.)
1970 Observations of Deviance, New York

Dovifat, Emil
1927 Der amerikanische Journalismus, Berlin/Leipzig

Downes, David/Paul Rock
1982 Understanding Deviance, Oxford

Dreiser, Theodore
1922 A Book About Myself, New York
1923 The Color of a Great City, New York

Dubin, Steven C.
1983 The Moral Continuum of Deviancy Research. Chicago Sociologists and the Dance Hall, in: Urban Life vol. 12, S. 75-94

Duncan, Hugh Dalziel
1948 Chicago as a Literary Center: Social Factors Influencing Chicago Literary Institutions from 1885 to 1920, ph. D., Chicago University
1959 Simmel's Image of Society, in: K. H. Wolff (ed.), S. 100-118
1965 Culture and Democracy, Totowa, N. J.

Earhart, Mary
1944 Frances Willard: From Prayers to Politics, Chicago

Easthope, Gary
1974 A history of social research methods, London

Emerson, Robert E.
1981 Observational Field Work, in: Annual Review of Sociology vol. 7, S. 351-378

Etulain, Richard W. (ed.)
1979 Jack London on the Road. The Tramp Diary and the Hobo Writings, Logan, Utah

Evans-Pritchard, Edward E.
1973 Some Reminiscences and Reflections on Fieldwork, in: Journal of the Anthropological Society of Oxford vol. 4, S. 1-12

Everett, George
1983 Jacob Riis, in: Dictionary of Literary Biography vol. 23: American Newspaper Journalists, 1873-1900, Detroit, S. 306-313

Fabris, Hans Heinz
1981 Objektivität und Parteilichkeit in den Sozialwissenschaften und im Journalismus, in: Publizistik 26. Jg., S. 16-24

Faris, Robert E. L.
1939 An Ecological Study of Insanity in the City, Chicago
1939 Mental Disorders in Urban Areas, Chicago (mit H. Warren Funham)
1970 Chicago Sociology 1920-1932, Chicago/London

Fei Hsiao-Tung
1980 Peasant Life in China, London (1939)
1980 China's Gentry. Essays in Rural-Urban Relations, revised and selected by Margaret Park Redfield, Chicago/London (1953)

1981 Toward a People's Anthropology, Bejing
1983 Chinese Village Close-Up, Bejing

Feied, Frederick
1964 No Pie In The Sky: The Hobo As American Cultural Hero In The Works of Jack London, John Dos Passos, and Jack Kerouac, New York

Feuer, Lewis F.
1959 John Dewey and the Back to the People movement in American thought, in: Journal of the history of ideas vol. 20, S. 545-568

Filler, Louis
1968 The Muckrakers. Crusaders for American Liberalism, Chicago
1978 Voice of the Democracy. A Critical Biography of David Graham Phillips: Journalist, Novelist, Progressive, University Park and London

Fine, David M.
1977 The City, the Immigrant and American Fiction, 1880-1920, Metuchen and London

Fishbein, Leslie
1982 Rebels in Bohemia, Chapel Hill

Fisher, Philip
1975 City Matters: City Minds, in: Jerome H. Buckley (ed.), The Worlds of Victorian Fiction, Cambridge/Mass. and London, S. 371-389

Flynt (Willard), Josiah
1895/96 How Men Become Tramps, in: Century vol. 50, S. 941-945
1900 Tramping with Tramps, London (1899)
1900 Notes of an Itinerant Policeman, Boston
1908 My Life, New York
1968 The Little Brother. A Story of Tramp Life, Upper Saddle River, N. J.

Ford, Franklin
o. J. Draft of Action, o. O. (1892)

Ford, James L.
1894 The Literary Shop and other Tales, New York

Frankenberg, Ronald
1982 Participant Observers, in: R. G. Burgess (ed.), S. 50-52

Frazier, P. Jean, Cecile Gaziano
1979 Robert Ezra Park's Theory of News, Public Opinion and Social Control (= Journalism Monographs No. 64), S. 1-47

Freedman, Florence B.
1970 A Sociologist Views a Poet: Robert Ezra Park on Walt Whitman, in: Walt Whitman Review vol. 16, S. 99-104

Frentzel-Beyme, Rainer
1985 Einführung in die Epidemiologie, Darmstadt

Friedrichs, Jürgen
1973 Teilnehmende Beobachtung abweichenden Verhaltens, Stuttgart (Hg.)
1977 Stadtanalyse. Soziale und räumliche Organisation der Gesellschaft, Reinbek bei Hamburg

Frisby, David P.
1984 Georg Simmels Theorie der Moderne, in: H.-J. Dahme, O. Rammstedt (Hg.), S. 9-79

Fuchs, Werner
1984 Biographische Forschung, Opladen

Gee, Wilson (ed.)
1929 Research in the Social Sciences. Its Fundamental Methods and Objectives, New York

Gelfant, Blanche Housman
1954 The American City Novel, Norman

Georges, Robert A., Michael O. Jones
1980 People Studying People. The Human Element in Fieldwork, Berkeley, Los Angeles, London

Gerth, Hans, Saul Landau
1959 The Relevance of History to the Sociology Ethos, in: Studies on the Left vol. 1, S. 7-14

Gilbert, James Burkhart
1968 Writers and Partisans: A History of Literary Radicalism in America, New York etc.

Ginzburg, Carlo
1983 Spurensicherungen, Berlin

Girtler, Roland
1979 Kulturanthropologie, München
1980 Vagabunden in der Großstadt, Stuttgart
1984 Methoden der qualitativen Sozialforschung. Anleitung zur Feldarbeit, Wien, Köln, Graz

Glazer, Nathan
1973 The Rise of Social Research in Europe, in: Daniel Lerner (ed.), The Human Meaning of the Social Sciences, Gloucester, Mass., S. 43-72

Goffman, Erving
1961 Asylums, New York

Goist, Park Dixon
1971 City and ›Community‹: The Urban Theory of Robert Park, in: American Quarterly vol. 23, S. 46-59

Gollomb, Joseph
1912 Abraham Cahan, in: American Magazine vol. 74, S. 672-674

Gottschalk, Louis u. a.
1945 The Use of Personal Documents in History, Anthropology and Sociology, New York

Gouldner, Alvin W.
1968 The sociologist as partisan: sociology and the welfare state, in: The American Sociologist vol. 3, S. 103-116
1973 For Sociology. Renewal and Critique in Sociology Today, London
1974 Die westliche Soziologie in der Krise, 2 Bände, Reinbek bei Hamburg
1984 Reziprozität und Autonomie, Frankfurt a. M.

Greene, Theodore P.
1970 America's Heroes. The Changing Models of Success in American Magazines, New York

Grünfeld, Ernst
1939 Die Peripheren. Ein Kapitel Soziologie, Amsterdam

Gumbrecht, Hans Ulrich
1975 Artikel »Modern, Modernität, Moderne«, in: Otto Brunner, Werner Conze, Reinhart Koselleck (Hg.), Geschichtliche Grundbegriffe, Stuttgart, S. 93-131

Gusfield, John R.
1955 Social Structure and Moral Reform: A Study of the Woman's Temperance Union, in: American Journal of Sociology vol. 61, S. 223 ff.

Haas, Hannes
1987 Die hohe Kunst der Reportage. Wechselbeziehungen zwischen Literatur, Journalismus und Sozialwissenschaften, in: Publizistik 32. Jg., S. 277-294

Habermas, Jürgen
1975 Strukturwandel der Öffentlichkeit, Neuwied/Berlin

Hakutani, Yoshinobu
1980 Young Dreiser. A Critical Study, Cranbury, N. J./London

Halbwachs, Maurice
1932 Chicago, Expérience Ethnique, in: Annales d'Histoire Economique et Sociale Tome 4, S. 11-49

Hannerz, Ulf
1980 Exploring the City. Inquiries Toward an Urban Anthropology, New York

Hapgood, Hutchins
1903 The Autobiography of a Thief, New York
1910 Types From City Streets, New York/London
1917 The Picturesque Ghetto, in: Century Magazine vol. 94, S. 469-473
1939 A Victorian in the Modern World, New York
1967 The Spirit of the Ghetto, Cambridge (1902)

Hapgood, Hutchins, Arthur Bartlett Maurice
1902 The Great Newspapers of the United States, in: The Bookman vol. 14, S. 567-584

Hapgood, Norman
1897 The Reporter and Literature, in: The Bookman vol. 5, S. 119-121

Harvey, Lee
1987 The nature of ›schools‹ in the sociology of knowledge: The case of the ›Chicago School‹, in: Sociological Review vol. 35, S. 245-278
1987 Myths of the Chicago School of Sociology, Aldershot etc.

Hawley, Amos H.
1950 Human Ecology, New York
1974 Theorie und Forschung in der Sozialökologie, in: R. König (Hg.), Handbuch der empirischen Sozialforschung, Bd. 4, Stuttgart, S. 51-81

Hayner, Norman S.
1928 Hotel Life and Personality, in: American Journal of Sociology vol. 33, S. 784-795

Heberle, Rudolf
1929 Über die Mobilität der Bevölkerung in den Vereinigten Staaten, Jena
1956 Review, ›Robert E. Park, Society‹, in: American Journal of Sociology vol. 62, S. 97f.
1981 Soziologische Lehr- und Wanderjahre, in: W. Lepenies (Hg.), Bd. 1, S. 271-298

Henderson, Charles R.
1897 The Social Spirit in America, New York
1900/01 Prison Laboratories, in: American Journal of Sociology vol. 6, S. 316-323
1906 Introduction to the Study of the Dependent, Defective, and Delinquent Classes, Boston (1893)

Hessel, Franz
1984 Ein Flaneur in Berlin, Berlin (1929)

Hettner, Alfred
1960 * 6. 8. 1859. Gedenkschrift zum 100. Geburtstag (= Heidelberger Geographische Schriften H. 6), Heidelberg/München

Hinkle, Gisela J.
1952 The »Four Wishes« in Thomas' Theory of Social Change, in: Social Research vol. 19, S. 464-484

Hodder, Alfred
1908 Josiah Flynt – An Appreciation, in: Josiah Flynt (Willard), New York, S. 341-347

Hoffman, Nicholas von
1984 Organized Crimes, New York etc.

Hofstadter, Richard
1955 The Age of Reform, New York

Holitscher, Arthur
1916 Das amerikanische Gesicht, Berlin

Honigsheim, Paul
1923 Die Bohème, in: Kölner Vierteljahreshefte für Soziologie, 3. Jg., S. 60-71

Hopkins, Charles Howard
1940 The Rise of the Social Gospel in American Protestantism 1865-1915, New Haven

Horowitz, Helen L.
1976 Culture and the City. Cultural Philanthropy in Chicago from the 1880s to 1917, Lexington

Horton, Russell M.
1974 Lincoln Steffens, Boston, Mass.

Hudson, Robert V.
1984 Will Irwin, in: Dictionary of Literary Biography vol. 25: American Newspaper Journalists, 1901-1925, Detroit, S. 136-143

Hughes, Everett C.
1949 Social Change and Status Protest: An Essay on the Marginal Man, in: Phylon vol. 10, S. 58-65

1952 Introduction: The Place of Field Work in Social Science, in: Buford H. Junker, Field Work, Chicago, S. v-xv
1971 The Sociological Eye. Selected Papers, Chicago/New York

Hughes, Helen Mac Gill
1940 News and the Human Interest Story, Chicago
1980 Robert Ezra Park. The Philosopher-Newspaperman-Sociologist, in: Robert K. Merton/W. Riley (eds.), Sociological Tradition from Generation to Generation, Norwood, N.J., S. 67-79

Hull-House
1970 Hull-House Maps and Papers, New York (1895)

Humphrey, Robert E.
1978 Children of Fantasy. The First Rebels of Greenwich Village, New York etc.

Hunter, Albert
1974 Symbolic Communities, Chicago and London

Inciardi, James A.
1977 In Search of the Class Cannon. A Field Study of Professional Pickpockets, in: Robert S. Weppner, Street Ethnography, London/Beverly Hills, S. 55-77

Irwin, Will
1909 The New York Sun, in: American Magazine vol. 67, S. 301-310
1942 The Making of a Reporter, New York
1969 The American Newspaper. A series first appearing in Colliers, January-July, 1911, with comments by Clifford F. Weigle, David G. Clark, Ames, Iowa

Jacobs, Ruth Harriet
1970 The Journalistic and Sociological Enterprises as Ideal Types, in: American Sociologist vol. 5, S. 348-350

Jaeger, Johannes
1905 Hinter Kerkermauern. Autobiographien und Selbstbekenntnisse, Aufsätze und Gedichte von Verbrechern. Ein Beitrag zur Kriminalpsychologie, in: Archiv für Kriminal-Anthropologie und Kriminalistik, 19. Bd., S. 1-48, S. 209-256 (und Fortsetzungen in Bde. 20ff.)

James, William
1949 Pragmatism. A New Name for Some Old Ways of Thinking, New York etc. (1907)
1975 The Function of Cognition, in: Ders., The Meaning of Truth (= The Works of William James vol. 2), Cambridge, Mass., and London, S. 13-32
1976 A World of Pure Experience, in: Ders., Essays in Radical Empiricism (= The Works of William James vol. 3), Cambridge, Mass., and London, S. 21-44

Janowitz, Morris
1966 Introduction, in: W. I. Thomas, On Social Organization and Social Personality, Chicago and London, S. VII-LVIII
1973 Wissenschaftshistorischer Überblick zur Entwicklung des Grundbegriffs »Soziale Kontrolle«, in: Kölner Zeitschrift für Soziologie und Sozialpsychologie Bd. 25, S. 499-514
1972 Professionalization of Sociology, in: American Journal of Sociology vol. 78, S. 105-135

Joas, Hans
1980 Praktische Intersubjektivität, Frankfurt a. M.
1988 Symbolischer Interaktionismus. Von der Philosophie des Pragmatismus zu einer soziologischen Forschungstradition, in: Kölner Zeitschrift für Soziologie und Sozialpsychologie, 40. Jg., S. 417-446

Johnson, Stanley, Julian Harriss
1948 The Complete Reporter, New York

Joseph, Isaac
1984 Urbanité et ethnicité, in: Terrain No. 3, S. 20-25

Jung, Bernhard
1984 Jacob A. Riis: Sozialreformer und Fotograf, in: Fotogeschichte, 4. Jg., S. 45-58

Käsler, Dirk
1985 Soziologische Abenteuer, Opladen

Kaplan, Justin
1974 Lincoln Steffens, New York

Kluckhohn, Clyde, Henry A. Murray (eds.)
1948 Personality in Nature, Society, and Culture, New York

König, Gerhard
1986 Wort und Weise Serendip. Zur Genealogie eines Begriffs, in: Sprache im Technischen Zeitalter Nr. 97, S. 51-66

König, René
1973 Umriß einer Theorie der Beobachtung, in: Ders. (Hg.), Handbuch der empirischen Sozialforschung, Bd. 2, S. 1-65
1978 Die Pioniere der Sozialökologie in Chicago, in: Deutsche Unesco-Kommission (Hg.), Stadtökologie, München etc., S. 56-68
1981 Die Situation der emigrierten deutschen Soziologen in Europa, in: W. Lepenies (Hg.), Bd. 4, S. 115-158
1984 Soziologie und Ethnologie, in: Kölner Zeitschrift für Soziologie und Sozialpsychologie, Sonderheft 26: Ethnologie als Sozialwissenschaft, S. 56-68

Kohl, Karl-Heinz
1979 Exotik als Beruf, Wiesbaden
1987 Abwehr und Verlangen, Frankfurt a. M., New York

Kohli, Martin
1981 (a) Biography: Account, Text, Method, in: D. Bertaux (Hg.), S. 61-75
1981 (b) Wie es zur »biographischen Methode« kam und was daraus geworden ist. Ein Kapitel aus der Geschichte der Sozialforschung, in: Zeitschrift für Soziologie, 10. Jg., S. 273-293

Korff, Gottfried
1986 Berlin-Berlin. Menschenstadt und Stadtmenschen, in: Ulrich Eckhardt (Hg.), 750 Jahre Berlin, Frankfurt/Berlin, S. 144-155
1987 »Die Stadt aber ist der Mensch ...«, in: G. Korff, R. Rürup (Hg.), Berlin-Berlin, Berlin, S. 643-663

Koselleck, Reinhart
1975 Artikel »Fortschritt«, in: O. Brunner, W. Konze, R. Koselleck (Hg.), Geschichtliche Grundbegriffe, Stuttgart, S. 351-423

Kramer, Fritz
1977 Verkehrte Welten. Zur imaginären Ethnographie des 19. Jahrhunderts, Frankfurt a. M.

1978 Die *social anthropology* und das Problem der Darstellung anderer Gesellschaften, in: Gesellschaften ohne Stadt, Bd. 1, hrsg. von F. Kramer, Chr. Sigrist, Frankfurt a. M., S. 9-27

Kreuzer, Helmut
1968 Die Bohème, Stuttgart

Kuklick, Henrika
1980 Chicago Sociology and Urban Planning Policy, in: Theory and Society vol. 9, S. 821-845

Kurtz, Lester R.
1982 Robert E. Park's ›Notes on the Origins of the Society of Social Research‹, in: Journal of the History of the Behavioral Sciences vol. 18, S. 332-340
1984 Evaluating Chicago Sociology, Chicago

Kwiat, Joseph C.
1953 The Newspaper Experience: Crane, Norris, and Dreiser, in: Nineteenth-Century Fiction vol. 3, S. 51-66

Lal, Barbara Ballis
1987 Black and blue in Chicago: Robert E. Park's perspective on race relations in urban America, 1914-44, in: British Journal of Sociology vol. 38, S. 546-560

Landesco, John
1932/33 Crime and the Failure of Institutions in Chicago's Immigrant Areas, in: Journal of Criminal Law, Criminology, and Police Science vol. 23, S. 238-248
1932/33 The Life History of a Member of the »42« Gang, in: Journal of Criminal Law, Criminology, and Police Science vol. 23, S. 964-998
1934/35 The Criminal Underworld of Chicago in the ›80's‹ and ›90's‹, in: Journal of Criminal Law, Criminology, and Police Science vol. 25, S. 341-357, S. 928-940
1968 Organized Crime in Chicago, with a new introduction by Mark H. Haller, Chicago/London (1929)

Lane, James B.
1971 Jacob A. Riis and the American City, Port Washington, N. Y., and London

Lasch, Christopher
1965 The New Radicalism in America 1889-1963, New York

Lears, T. J. Jackson
1981 No Place of Grace. Antimodernism and the Transformation of American Culture, New York

Lee, Alfred McClung
1937 The Daily Newspaper in America, New York

Lengerman, Patricia M.
1979 The Founding of the American Sociological Review: The Anatomy of a Rebellion, in: American Review of Sociology vol. 44, S. 185-198

Lepenies, Wolf
1978 Der Wissenschaftler als Autor. Über konservierende Funktionen der Literatur, in: Akzente, H. 2, S. 129-147
1981 Geschichte der Soziologie. Studien zur kognitiven, sozialen und historischen Identität einer Disziplin, 4 Bde., Frankfurt a. M. (Hg.)
1985 Die drei Kulturen. Soziologie zwischen Literatur und Wissenschaft, München/Wien

Lepenies, Wolf, Hanns Henning Ritter (Hg.)
1970 Orte des Wilden Denkens. Zur Anthropologie von Claude Lévi-Strauss, Frankfurt a. M.

Lévi-Strauss, Claude
1978 Traurige Tropen, Frankfurt a. M.

Levine, Donald N.
1959 The Structure of Simmel's Social Thought, in: K. H. Wolff (ed.), S. 9-32
1971 Introduction, in: Georg Simmel, On Individuality and Social Forms. Selected Writings, ed. by D. N. Levine, Chicago and London, S. IX-LXV
1972 Note On The Crowd And The Public, in: R. E. Park, The Crowd and the Public, Chicago and London, S. XXVII-XXXII
1977 Simmel at a Distance: On the History and Systematics of the Sociology of the Stranger, in: Sociological Focus vol. 10, S. 15-29 (revised in: W. A. Shack, E. P. Skinner [eds.], Strangers in

African Society, Berkeley, Los Angeles, London 1979, S. 21-36)
1984 Ambivalente Begegnungen: ›Negationen‹ Simmels durch Durkheim, Weber, Lukács, Park und Parsons, in: H.-J. Dahme, O. Rammstedt (Hg.), S. 318-387

Levine, Donald N., Ellwood B. Carter, Eleanor Gorman
1976 Simmel's Influence on American Sociology, II, in: American Journal of Sociology vol. 81, S. 1112-1132
1981 Simmels Einfluß auf die amerikanische Soziologie, in: W. Lepenies (Hg.), Bd. 4, S. 32-81

Lewis, J. Davis, Richard L. Smith
1980 American Sociology and Pragmatism. Mead, Chicago Sociology, and Symbolic Interaction, Chicago and London 1980

Lewis, Sinclair
1917 Hobohemia, in: The Saturday Evening Post, 7. 4. 1917, S. 3-6, 121-122, 125-126, 129-133

Lindeman, Eduard C.
1924 Social Discovery, New York

Lindner, Rolf
1985 Das Andere Ufer. Zwei-Kulturen-Metapher und Großstadtforschung, in: Großstadt. Aspekte empirischer Kulturforschung. 24. Deutscher Volkskundekongreß in Berlin vom 26. bis 30. 9. 1983. Herausgegeben von Theodor Kohlmann und Hermann Bausinger, Berlin, S. 297-304
1987 Zur kognitiven Identität der Volkskunde, in: Österreichische Zeitschrift für Volkskunde Bd. 90, S. 1-19

Lippmann, Walter
1968 The Themes of Muckraking, in: H. Shapiro (ed.), S. 14-20

Lipset, Seymour M., David Riesman
1975 Education and Politics at Harvard, New York usw.

Lofland, Lyn H.
1980 Reminiscences of Classic Chicago. The Bulmer-Hughes Talk, in. Urban Life vol. 9, S. 251-281
1983 Understanding Urban Life. The Chicago Legacy, in: Urban Life vol. 11, S. 491-511

London, Jack
1907 The Road, New York

Lubove, Roy
1974 The Progressives and the Slums. Tenement House Reform in New York City 1890-1917, Westport, Connecticut

Lyons, Louis M.
1971 100 years of the Boston Globe, Cambridge/Mass.

MacDougall, Curtis D.
1950 Interpretative Reporting, New York (1938)

MacNeil, Neil
1940 Without Fear or Favor, New York

Madge, John
1963 The Origins of Scientific Sociology, London

Makropoulos, Michael
1988 Der Mann auf der Grenze. Robert Ezra Park und die Chancen einer heterogenen Gesellschaft, in: Freibeuter, Nr. 35, S. 8-22

Malinowski, Bronislaw
1935 Coral Gardens and Their Magic vol. 2: The Language of Magic and Gardening, London
1979 Argonauten des westlichen Pazifik, Frankfurt a. M.

Mannheim, Karl
1956 Essays on the Sociology of Culture, London
1958 Mensch und Gesellschaft im Zeitalter des Umbaus, Darmstadt

Marcaccio, Michael D.
1977 The Hapgoods. Three Earnest Brothers, Charlottesville

Masuoka, Jitsuichi, Preston Valien (eds.)
1961 Race Relations Problems and Theory. Essays in Honor of Robert E. Park, Chapel Hill

Matthews, Fred H.
1977 Quest for an American Sociology. Robert E. Park and the Chicago School, Montreal and London

Matza, David
1973 Abweichendes Verhalten. Untersuchungen zur Genese abweichender Identität, Heidelberg

Maulsby, William S.
1925 Getting the News, New York

May, Henry F.
1979 The End of American Innocence, Oxford etc.

McGlashan, Zena Beth
1979/80 The Professor and the Prophet: John Dewey and Franklin Ford, in: Journalism History vol. 6, S. 107-111

McKenzie, Roderick D.
1925 The Ecological Approach to the Study of the Human Community, in: R. E. Park, E. W. Burgess, R. D. McKenzie, S. 63-79

McKinney, John C.
1966 Constructive Typology and Social Theory, New York

Mead, George Herbert
1925/26 The Nature of Aesthetic Experience, in: International Journal of Ethics vol. 36, S. 382-393
1964 On Social Psychology. Selected Papers, edited and with an Introduction by Anselm Strauss, Chicago and London
1973 Geist, Identität und Gesellschaft, Frankfurt a. M.
1987 Die Genesis der Identität und die soziale Kontrolle, in: Ders., Gesammelte Aufsätze, Bd. 1, herausgegeben von Hans Joas, Frankfurt a. M., S. 299-328

Melendy, Royal L.
1900/01 The Saloon in Chicago, in: American Journal of Sociology vol. 6, S. 289-306, 433-464

Mencken, Henry L.
1924 Puritanism as a Literary Force, in: Ders., A Book of Prefaces, New York (1917)
1975 A Gang of Pecksniffs. And Other Comments On Newspapers, Publishers, Editors and Reporters, New York (1927)

Merton, Robert K.
1968 The Bearing of Empirical Research on Sociological Theory, in: Ders., Social Theory and Social Structure, New York, London, S. 156-171
1972 Insiders and Outsiders: A Chapter in the Sociology of Knowledge, in: American Journal of Sociology vol. 78, S. 9-47
1981 Zur Geschichte und Systematik der soziologischen Theorie, in: W. Lepenies (Hg.), Bd. 1, S. 15-74

Miller, Norbert
1986 Serendipity oder die Kunst der Aufmerksamkeit, in: Sprache im Technischen Zeitalter, Nr. 98, S. 135-147

Mills, C. Wright
1963 Kritik der soziologischen Denkweise, Neuwied, Berlin

Moebus, Joachim
1976 Zur Figur des bürgerlichen Heros, in: Das Argument, Sonderband 3, Vom Faustus bis Karl Valentin. Der Bürger in Geschichte und Literatur, S. 215-243

Moore, E. C.
1897 Social Value of the Saloon, in: American Journal of Sociology vol. 3, S. 1-12

Morgan, J. Graham
1969 The Development of Sociology and the Social Gospel in America, in: Sociological Analysis vol. 30, S. 42-53

Mott, Frank Luther
1950 American Journalism (revised edition), New York (1948)
1952 The News in America, Cambridge, Mass.
1957 A History of American Magazines 1885-1905, Cambridge, Mass.

Nash, Dennison
1963 The Ethnologist As Stranger: an essay in the sociology of knowledge, in: Southwestern Journal of Anthropology vol. 19, S. 149-167

Nelissen, N. J. M.
1973 Robert Ezra Park (1864-1944). Ein Beitrag zur Geschichte der

Soziologie, in: Kölner Zeitschrift für Soziologie und Sozialpsychologie Bd. 25, S. 515-529

Nettelbeck, Uwe
1979 Fantômas. Eine Sittengeschichte des Erkennungsdienstes, Salzhausen

Nilsson, Nils Gunnar
1971 The Origin of the Interview, in: Journalism Quarterly vol. 48, S. 707-713

Nisbet, Robert
1976 Sociology as an Art Form, London

Oberschall, Anthony
1972 The Institutionalization of American Sociology, in: Ders. (ed.), The establishment of empirical sociology, New York etc., S. 187-251

O'Brien, Frank
1918 The Story of the ›Sun‹, New York

Odum, Howard W.
1951 American Sociology. The Story of Sociology in the United States through 1950, New York, London, Toronto

Ogburn, William F.
1930 (a) Die Kultursoziologie und die quantitativen Methoden, in: Zeitschrift für Völkerpsychologie und Soziologie, 6. Jg., S. 257-266
1930 (b) The Folk-Ways of a Scientific Sociology, in: The Scientific Monthly vol. 30, S. 300-306

Palermo, Patrick, F.
1978 Lincoln Steffens, Boston

Park, Robert Ezra
1893 (?) A City of Paupers
Life In A Flat
(Artikel in der Detroit Tribune, in: R. E. Park-scrap-book, REP 8)
1904 Masse und Publikum: Eine methodologische und soziologische Untersuchung, Bern

1915 The City: Suggestions for the Investigation of Human Behavior in the City Environment, in: AJS vol. 20, S. 577-612
1922 The Immigrant Press and its Control, New York
1923 The Mind of the Rover. Reflections Upon the Relation Between Mentality and Locomotion, in: The World Tomorrow, September
1925 The City: Suggestions For The Investigation Of Human Behavior In The Urban Environment, in: Park, Burgess, McKenzie, Chicago, S. 1-46
1925 The Mind of the Hobo: Reflections Upon the Relations Between Mentality and Locomotion, in: Park, Burgess, McKenzie, Chicago, S. 156-160
1926 The Urban Community as a Spacial Pattern and a Moral Order, in: E. W. Burgess (ed.), S. 3-20
1928 Human Migration And The Marginal Man, in: American Journal of Sociology vol. 33, S. 881-893 (auch in: Park 1950, S. 345-356)
1929 (a) Sociology, in: Wilson Gee (ed.), Research in the Social Sciences, New York, S. 3-33
1929 (b) The City as a Social Laboratory, in: T. V. Smith, Leonard White (eds.), S. 1-19
1929 (c) Introduction. In: Harvey W. Zorbaugh, Chicago, S. vii-x (1983, S. XVII-XX)
1931 Mentality of Racial Hybrids, in: American Journal of Sociology vol. 36, S. 534-551 (auch in: Park 1950, S. 377-392)
1933 Rezension: The Autobiography of Lincoln Steffens, by Lincoln Steffens, in: American Journal of Sociology vol. 38, S. 954-957
1936 Human Ecology, in: American Journal of Sociology vol. 42, S. 1-15 (auch in: Park 1952, S. 145-158)
1938 Reflections on Communication and Culture, in: American Journal of Sociology vol. 44, S. 187-205 (auch in: Park 1950, S. 36-52)
1940 News as a Form of Knowledge, in: American Journal of Sociology vol. 45, S. 669-686 (auch in: Park 1955, S. 71-88)
1940 Physics and Society, in: Canadian Journal of Economics and Political Science vol. 6, S. 135-152 (auch in: Park 1955, S. 301-321)
1950 Race and Culture (= Collected Papers vol. 1), Glencoe, Illinois
1950 An Autobiographical Note, in: Park 1950, S. V-IX
1952 Human Communities. The City and Human Ecology (= Collected Papers vol. 2), Glencoe, Illinois
1955 Society (= Collected Papers vol. 3), Glencoe, Illinois

1955 Natural History of the Newspaper, in: Park 1955, S. 89-104 (1923)
1955 News and the Human Interest Story, in: Park 1955, S. 105-114 (1940)
1955 News and the Power of the Press, in: Park 1955, S. 115-125 (1941)
1955 American Newspaper Literature, in: Park 1955, S. 176-184 (1927)
1961 Introduction. In: E. V. Stonequist, The Marginal Man, New York, S. xiii-xviii (1937) (unter dem Titel ›Culture Conflict and the Marginal Man‹ auch in: Park 1950, S. 372-376)
1972 The Crowd and the Public and Other Essays, Chicago and London
1982 Notes on the Origins of the Society for Social Research (1939) – siehe Kurtz, Lester R.

Park, Robert E., E. W. Burgess
1924 Introduction to the Science of Sociology, Chicago (1921)

Park, Robert E., E. W. Burgess, R. D. McKenzie
1925 The City, Chicago

Park, Robert E., H. A. Miller (W. I. Thomas)
1921 Old World Traits Transplanted, New York

Parry, Albert
1960 Garrets and Pretenders. A History of Bohemianism in America, New York

Paul, Sigrid
1979 Begegnungen. Zur Geschichte persönlicher Dokumente in Ethnologie, Soziologie und Psychologie, 2 Bde., Hohenschäftlarn

Persons, Stow
1959 American Minds. A History of Ideas, New York
1973 The Decline of American Gentility, New York, London

Peter, Armin
1985 Der Ghostwriter, in: W. Mühlbradt (Hg.), Handbuch für Öffentlichkeitsarbeit (Loseblattsammlung), Neuwied und Berlin, S. 33-40

Philpott, Thomas L.
1978 The Slum and the Ghetto. Neighborhood Deterioration and Middle-Class Reform, Chicago 1880-1930, New York

Platt, Jennifer
1983 The Development of the ›Participant Observation‹ Method in Sociology: Origin Myth and History, in: Journal of the History of the Behavioral Sciences vol. 19, S. 379-393
1985 Weber's ›verstehen‹ and the History of Qualitative Research: The Missing Link, in: British Journal of Sociology vol. 36, S. 448-466

Plessner, Helmuth
1979 Mit anderen Augen, in: Ders., Zwischen Philosophie und Gesellschaft, Frankfurt a. M., S. 201-218

Plummer, Ken
1983 Documents of Life, London

Polsky, Ned
1971 Hustlers, Beats and Others, Harmondsworth
1973 Forschungsmethode, Moral und Kriminologie, in: J. Friedrichs (Hg.), Teilnehmende Beobachtung abweichenden Verhaltens, Stuttgart, S. 51-82

Poole, Ernest
1911 Abraham Cahan: Socialist, Journalist, Friend of the Ghetto, in: Outlook vol. 99, S. 467f.

Pulitzer, Joseph
1904 The College of Journalism, in: North American Review vol. 178, S. 641-680

Raeithel, Gert
1981 »Go West«. Ein psychohistorischer Versuch über die Amerikaner, Frankfurt a. M.

Raushenbush, Winifred
1979 Robert E. Park: Biography of a Sociologist, Durham, N. C.

Reckless, Walter C.
1969 Vice in Chicago, Montclair, N. J.

Redfield, Robert

1954 Community Studies in Japan and China, in: Far Eastern Quarterly vol. 14, S. 3-10

1955 The Little Community, Uppsala, Stockholm

1962 Human Nature and the Study of Society (= The Papers of Robert Redfield vol. 1), ed. by Margaret Park Redfield, Chicago

Reed, John

1911 Charles Townsend Copeland, in: American Magazine vol. 73, S. 64-66

1977 Stationen eines Lebens, Eine Anthologie, Berlin (DDR)

Rexroth, Kenneth

1966 An Autobiographical Novel, New York

Riesman, David

1951 Some Observations Concerning Marginality, in: Phylon vol. 12, S. 113-127

Riesman, David, R. Denney, N. Glazer

1958 Die einsame Masse, Reinbek bei Hamburg

Riis, Jacob A.

1889 How The Other Half Lives: Studies Among The Tenements, in: Scribner's vol. 6, S. 643-662

1899 The Last of the Mulberry-Street Barons, in: Century Magazine vol. 58, S. 119-121

1902 A Ten Year's War, Boston, New York

1957 How The Other Half Lives, New York (1890)

1971 How The Other Half Lives, New York (illustrierte Ausgabe)

Ringenbach, Paul T.

1973 Tramps and Reformers 1873-1916. The Discovery of Unemployment in New York, Westport, Connecticut

Rischin, Moses

1953 Abraham Cahan and the New York Commercial Advertiser, in: Publications of the American Jewish Historical Society vol. 43, S. 10-36

1967 Introduction, in: H. Hapgood, The Spirit of the Ghetto, Cambridge, S. VII-XXXVII

Roosevelt, Theodore
1968 Speech, April 14, 1906, in: H. Shapiro (ed.), S. 3-8

Ross, Ishbel
1974 Ladies of the Press, New York

Rothman, Richard
1972 Social Studies Related To The Physical Structuring of Chicago: A Bibliography, Montocello, Ill.

Rühl, Manfred
1981 Journalismus und Wissenschaft – Anmerkungen zu ihrem Wirklichkeitsverständnis, in: Rundfunk und Fernsehen, 29. Jg., S. 211-222

Santayana, George
1967 The Spirit and Ideals of Harvard University, in: J. Ballowe (ed.), S. 57-67
1967 What is a Philistine?, in: J. Ballowe (ed.), S. 131-141
1967 The Genteel Tradition, ed. by D. L. Wilson, Cambridge, Mass.

Saunders, Peter
1987 Soziologie der Stadt, Frankfurt a. M., New York

Seelye, John D.
1963 The American Tramp: A Version of the Picaresque, in: American Quarterly vol. 15, S. 535-553

Shapiro, Herbert (ed.)
1968 The Muckrakers and American Society, Boston

Shaw, Clifford R.
1966 The Jack-Roller. A Delinquent Boy's Own Story, Chicago and London (1930)

Shils, Edward
1948 The Present State of American Sociology, Glencoe, Illinois
1981 Some Academics, Mainly in Chicago, in: American Scholar vol. 50, S. 179-196

Short, Jr., James F. (ed.)
1971 The Social Fabric of the Metropolis. Contributions of the Chicago School of Urban Sociology, Chicago and London

Sieburg, Friedrich
o. J. Blick durchs Fenster, Frankfurt a. M.

Simmel, Georg
1931 Soziologische Vorlesungen. Gehalten an der Universität Berlin im Wintersemester 1899, Chicago
1957 Die Großstädte und das Geistesleben (1903), in: Ders., Brücke und Tür, Stuttgart, S. 227-242
1971 On Individuality and Social Forms. Selected Writings, Chicago and London
1983 Soziologie. Untersuchungen über die Formen der Vergesellschaftung, Berlin (1908)

Skotheim, Robert Allan
1971 Introduction. In: H. Hapgood, A Victorian In The Modern World, New York, S. xv-xxiii

Small, Albion
1895 Editorial, in: American Journal of Sociology vol. 1, S. 1-15

Smith, Carl S.
1984 Chicago and the American Literary Imagination 1880-1920, Chicago and London

Smith, Thomas V., Leonard D. White (eds.)
1969 Chicago. An experiment in social science research, New York (1929)

Smith, William Carlson
1939 Americans in the Making. The Natural History of the Assimilation of Immigrants, New York

Snodgrass, Jon
1976 Clifford R. Shaw and Henry D. McKay: Chicago Criminologists, in: The British Journal of Criminology vol. 16, S. 1-19
1983 The Jack-Roller. A Fifty-Year Follow Up, in: Urban Life vol. 11, S. 440-460
1984 William Healy (1869-1963): Pioneer Child Psychiatrist and Criminologist, in: Journal of the History of the Behavioral Sciences vol. 20, S. 332-339

Spykman, Nicholas J.
1964 The Social Theory of Georg Simmel, New York

Susman, Warren I.
1984 Culture as History, New York

Sutherland, Edwin H.
1972 The Professional Thief, Chicago & London [1937]

Swados, Harvey (ed.)
1962 Years of conscience. The Muckrakers, Cleveland, New York

Szajkowski, Zosa
1951 The Attitude of American Jews To East European Jewish Immigration (1881-1893), in: American Jewish Historical Quarterly vol. XL, S. 221-280

Schemeil, Ives
1983 D'une sociologie naturaliste à une sociologie politique: Robert Park, in: Revue française de sociologie vol. 24, S. 631-651

Schudson, Michael
1978 Discovering the News. A Social History of American Newspapers, New York

Schütz, Alfred
1944 The Stranger: an essay in social psychology, in: American Journal of Sociology vol. 49, S. 499-507

Stagl, Justin
1981 Kulturanthropologie und Gesellschaft. Eine wissenschaftssoziologische Darstellung der Kulturanthropologie und Ethnologie. Zweite, durchgesehene, verbesserte und um ein Nachwort vermehrte Auflage, Berlin

Stanley, Henry Morton
1911 Mein Leben, 2 Bde., München

Stead, William T.
1894 If Christ Came To Chicago, London

Steffens, Lincoln
1903 Jacob Riis, Reporter, Reformer, and American Citizen, in: McClure's vol. 21, S. 419-425
1931 Autobiography of Lincoln Steffens, New York
1969 The Shame of the Cities, New York (1904)

Stein, Maurice R.
1960 The Eclipse of Community. An Interpretation of American Studies, Princeton, N.J.

Stipe, Claude E.
1980 Anthropologists versus Missionaries: The Influence of Presuppositions (with comments), in: Current Anthropology vol. 21, S. 165-179

Stocking, Jr., George W.
1971 What's in a Name? The Origins of the Royal Anthropological Institute (1837-71), in: Man N.S. vol. 6, S. 369-390
1979 Anthropology at Chicago: Tradition, Discipline, Department, Chicago
1986 Essays on Culture and Personality, in: Ders. (ed.), Malinowski, Rivers, Benedict and Others (= History of Anthropology vol. 4), Madison, Wisconsin, S. 3-12

Stonequist, Everett V.
1935 The Problem of the Marginal Man, in: American Journal of Sociology vol. 41, S. 1-12
1961 The Marginal Man, New York (1937)
1964 The Marginal Man: A Study in Personality and Culture Conflict, in: E. W. Burgess/D. J. Bogue (eds.), S. 327-345
o.J. Notes On The Development Of The Marginal Man Concepts (unveröffentlichtes Manuskript)

Stott, William
1973 Documentary Expression and Thirties America, New York

Taub, Arthur M.
1934 After 30 Years' Absence, Park Returns To His Alma Mater, in: Michigan Daily vom 22. 3.

Tebbel, John
1969 The American Magazine: A Compact History, New York

Tedlock, Dennis
1985 Die analogische Tradition und die Anfänge einer dialogischen Anthropologie, in: Trickster Nr. 12/13, S. 62-74

Thomas, Jim
1983 Toward a Critical Ethnography. A Reexamination of the Chicago Legacy, in: Urban Life vol. 11, S. 477-490

Thomas, William I.
1901 The Gaming Instinct, in: American Journal of Sociology vol. 6, S. 750-763
1909 Source Book for Social Origins, Boston
1912 Race Psychology: Standpoint and Questionnaire, with particular reference to the Immigrant and the Negro, in: American Journal of Sociology vol. 17, S. 725-775
1923 The Unadjusted Girl, New York
1965 Person und Sozialverhalten, hrsg. von E. H. Volkart, Neuwied und Berlin
1966 On Social Organization and Social Personality. Selected Papers. Edited and with an Introduction by Morris Janowitz, Chicago and London

Thomas, William I., Florian Znaniecki
1974 The Polish Peasant In Europe and America, 2 Bde. (1918-1920)

Thompson, Vance
1898 The Police Reporter, in: Lippincott's Monthly Magazine vol. 62, S. 283-288

Thrasher, Frederic M.
1968 The Gang, Chicago and London (1927)

Tobin, Terence (ed.)
1973 Letters of George Ade, West Lafayette, Indiana

Tolman, Frank L.
1902 The Study of Sociology in Institutions of Learning in the United States, in: American Journal of Sociology vol. 8, S. 85-121

Turner, George Kibbe
1907 The City of Chicago. A Study of the Great Immoralities, in: McClure's vol. 28, S. 575-592

Turner, Ralph H.
1967 Introduction. In: R. E. Park, On Social Control and Collective Behavior, ed. by R. H. Turner, Chicago and London, S. ix-xlvi

University of Chicago Press
1941 Catalogue of Books and Journals, 1891-1941

Vowe, Klaus Walter
1978 Gesellschaftliche Funktionen fiktiver und faktographischer Prosa: Roman und Reportage im amerikanischen Muckraking Movement, Frankfurt a. M., Bern, Las Vegas

Walther, Andreas
1927 Soziologie und Sozialwissenschaften in Amerika und ihre Bedeutung für die Pädagogik, Karlsruhe

Washington, Booker T.
1913 The Man Farthest Down. A Record of Observation and Study in Europe, New York (mit R. E. Park)
1972ff. The Booker T. Washington Papers, ed. by Louis R. Harlan, 13 Bde., Urbana

Weinberg, Martin S., C. J. Williams
1973 Soziale Beziehungen zu devianten Personen bei der Feldforschung, in: J. Friedrichs (Hg.), Teilnehmende Beobachtung abweichenden Verhaltens, Stuttgart 1973, S. 83-108

Weisberger, Bernhard A.
1961 The American Newspaperman, Chicago/London

Weppner, Robert S. (ed.)
1977 Street Ethnography, Beverly Hills/London

Wertheim, Arthur Frank
1976 The New York Little Renaissance, New York

White, Horace
1904 The School of Journalism, in: North American Review vol. 178, S. 572-582

White, Morton and Lucia
1964 The Intellectuals Versus the City: From Thomas Jefferson To Frank Lloyd Wright, New York

Willems, Emilio
1967 Artikel »Ethnologie«, in: R. König (Hg.), Soziologie, Frankfurt a. M., S. 60-69

Williams, Jesse Lynch
1898 The New Reporter, in: Scribner's vol. 23, S. 572-582

Wilson, Christopher
1981 The Era of the Reporter Reconsidered: The Case of Lincoln Steffens, in: Journal of Popular Culture vol. 15, No. 2, S. 41-49

Wirth, Louis
1926 Some Jewish Types of Personality, in: E.W. Burgess (ed.), S. 106-112
1930/31 Drei amerikanische Neuerscheinungen zur Großstadtsoziologie, in: Kölner Vierteljahreshefte für Soziologie, Bd. 9, S. 547-550
1938 Urbanism as a Way of Life, in: American Journal of Sociology vol. 44, S. 1-24
1940 Eleven Twenty-Six. A Decade of Social Science Research (ed.), Chicago
1944 Life in the City, in: Leon Carnovsky, Lowell Martin (eds.), The Library in the Community, Chicago, S. 12-22
1956 The Ghetto, Chicago (1928)
1964 On Cities and Social Life, Selected Papers, Chicago and London

Wolff, Kurt H. (ed.)
1950 The Sociology of Georg Simmel, Glencoe, Ill.
1959 Georg Simmel, 1858-1918, Columbus

Wood, Margaret Mary
1934 The Stranger: A Study in Social Relationship, New York

Würzburg, Gerd
1986 Journalistische Recherche und empirische Sozialforschung, in: Rundfunk und Fernsehen, 34. Jg., S. 501-512

Young, Erle F.
1944 A Sociological Explorer: Robert E. Park, in: Sociology and Social Research vol. 27, S. 436-439

Young, Pauline
1939 Scientific Social Surveys and Research, New York
1966 Scientific Social Surveys and Research, Englewood Cliffs, New Jersey (revised edition)

Ziff, Larzer
1966 The American 1890s. Life and Times of a Lost Generation, New York

Zorbaugh, Harvey W.
1926 The Dweller in Furnished Rooms: An Urban Type, in: E. W. Burgess (ed.), S. 98-105
1926 The Natural Areas of the City, in: E. W. Burgess (ed.), S. 219-229
1983 The Gold Coast and the Slum, Chicago and London (1929)

Zuckerman, Faye B.
1984 Winifred Black (Annie Laurie), in: Dictionary of Literary Biography vol. 25: American Newspaper Journalists, 1901-1925, Detroit, S. 12-19

Abbildungsnachweis

S. 24 Aus: Frank Luther Mott, *American Journalism*, New York 1950.

S. 53 Aus: Winifred Raushenbush, *Robert E. Park. Biography of a Sociologist*, Durham, N. C. 1979.

S. 66 The University of Chicago Library (REPA).

S. 75 The University of Chicago Library (REP).

S. 107 Aus: Ulf Hannerz, *Exploring The City*, New York 1980.

S. 131 The University of Chicago Library (UCP).

S. 222 The University of Chicago Library (REP).

S. 255 The University of Chicago Library (REP).

Personenregister

Robert E. Park wird im Personenregister nicht aufgeführt.

Presseregister

Sachregister

Alle Verweise auf die Chicagoer Soziologie (Chicago School, University of Chicago etc.) werden im Sachregister nicht aufgeführt.